台湾事务法律文件选编

（二〇一〇年十二月）

国务院台湾事务办公室　编

图书在版编目（CIP）数据

台湾事务法律文件选编／国务院台湾事务办公室编.
—北京：九州出版社，2010.11
ISBN 978－7－5108－0617－9

Ⅰ.①台…　Ⅱ.①国…　Ⅲ.①台湾问题－法规－汇编－中国　Ⅳ.①D618②D922.109

中国版本图书馆CIP数据核字（2010）第159650号

台湾事务法律文件选编

作　　者	国务院台湾事务办公室　编
出版发行	九州出版社
出 版 人	徐尚定
地　　址	北京市西城区阜外大街甲35号(100037)
发行电话	(010)68992190/2/3/5/6
网　　址	www.jiuzhoupress.com
电子信箱	jiuzhou@jiuzhoupress.com
印　　刷	三河市东方印刷有限公司
开　　本	720毫米×1020毫米　16开
印　　张	25.5
字　　数	405千字
版　　次	2011年3月第1版
印　　次	2011年3月第1次印刷
书　　号	ISBN 978－7－5108－0617－9
定　　价	59.00元

编辑说明

根据2010年形成中国特色社会主义法律体系及2014年基本实现建设法治政府目标的要求,我们对调整涉及台湾事务的法律、法规、规章及规范性文件进行了汇总编辑,共收录文件107件。

本书按照宪法、经济法、行政法、民法商法、社会法、诉讼法等分类进行编辑。此外,附列两岸协议。希望本书的编辑出版,有助于政府机关及广大民众学法、用法和执法,有利于维护两岸同胞合法权益,开展两岸人员往来及经贸文化等交流,促进两岸关系和平发展,推动祖国和平统一进程。

本书由国务院台湾事务办公室法规局负责编辑审核。编辑过程中,得到国务院法制办公室和有关部门的大力支持和协助,在此表示诚挚的感谢。

国务院台湾事务办公室

二〇一〇年十二月三十一日

目　　录

一、宪法类

二、经济法类

三、行政法类

四、民法商法类

五、社会法类

六、诉讼法类

附：两岸协议

一、宪 法 类

中华人民共和国宪法

（1982 年 12 月 4 日第五届全国人民代表大会第五次会议通过
1982 年 12 月 4 日全国人民代表大会公告公布施行
根据 1988 年 4 月 12 日第七届全国人民代表大会第一次会议通过的《中华人民共和国宪法修正案》、1993 年 3 月 29 日第八届全国人民代表大会第一次会议通过的《中华人民共和国宪法修正案》、1999 年 3 月 15 日第九届全国人民代表大会第二次会议通过的《中华人民共和国宪法修正案》和 2004 年 3 月 14 日第十届全国人民代表大会第二次会议通过的《中华人民共和国宪法修正案》修正）

目　　录

序　　言

中国是世界上历史最悠久的国家之一。中国各族人民共同创造了光辉灿烂的文化，具有光荣的革命传统。

一八四〇年以后，封建的中国逐渐变成半殖民地、半封建的国家。中国人民为国家独立、民族解放和民主自由进行了前仆后继的英勇奋斗。

二十世纪，中国发生了翻天覆地的伟大历史变革。

一九一一年孙中山先生领导的辛亥革命，废除了封建帝制，创立了中华民国。但是，中国人民反对帝国主义和封建主义的历史任务还没有完成。

一九四九年，以毛泽东主席为领袖的中国共产党领导中国各族人民，在经历了长期的艰难曲折的武装斗争和其他形式的斗争以后，终于推翻了帝国主义、封建主义和官僚资本主义的统治，取得了新民主主义革命的伟大胜利，建立了中华人民共和国。从此，中国人民掌握了国家的权力，成为国家的主人。

中华人民共和国成立以后，我国社会逐步实现了由新民主主义到社会主义的过渡。生产资料私有制的社会主义改造已经完成，人剥削人的制度已经消灭，社会主义制度已经确立。工人阶级领导的、以工农联盟为基础的人民民主专政，实质上即无产阶级专政，得到巩固和发展。中国人民和中国人民解放军战胜了帝国主义、霸权主义的侵略、破坏和武装挑衅，维护了国家的独立和安全，增强了国防。经济建设取得了重大的成就，独立的、比较完整的社会主义工业体系已经基本形成，农业生产显著提高。教育、科学、文化等事业有了很大的发展，社会主义思想教育取得了明显的成效。广大人民的生活有了较大的改善。

中国新民主主义革命的胜利和社会主义事业的成就，是中国共产党领导中国各族人民，在马克思列宁主义、毛泽东思想的指引下，坚持真理，修正错误，战胜许多艰难险阻而取得的。我国将长期处于社会主义初级阶段。国家的根本任务是，沿着中国特色社会主义道路，集中力量进行社会主义现代化建设。中国各族人民将继续在中国共产党领导下，在马克思列宁主义、毛泽东思想、邓小平理论和“三个代表”重要思想指引下，坚持人民民主专政，坚持社会主义道路，坚持改革开放，不断完善社会主义的各项制度，发展社会主义市场经济，发展社会主义民主，健全社会主义法制，自力更生，艰苦奋斗，逐步实现工业、农业、国防和科学技术的现代化，推动物质文明、政治文明和精神文明协调发展，把我国建设成为富强、民主、文明的社会主义国家。

在我国，剥削阶级作为阶级已经消灭，但是阶级斗争还将在一定范围内长期存在。中国人民对敌视和破坏我国社会主义制度的国内外的敌对势力和敌对分子，必须进行斗争。

台湾是中华人民共和国的神圣领土的一部分。完成统一祖国的大业是包括台湾同胞在内的全中国人民的神圣职责。

社会主义的建设事业必须依靠工人、农民和知识分子，团结一切可以团结的力量。在长期的革命和建设过程中，已经结成由中国共产党领导的，有各民主党派和各人民团体参加的，包括全体社会主义劳动者、社会主义事业的建设者、拥护社会主义的爱国者和拥护祖国统一的爱国者的广泛的爱国统一战线，这个统一战线将继续巩固和发展。中国人民政治协商会议是有广泛代表性的统一战线组织，过去发挥了重要的历史作用，今后在国家政治生活、社会生活和对外友好活动中，在进行社会主义现代化建设、维护国家的统一和团结的斗争中，将进一步发挥它的重要作用。中国共产党领导的多党合作和政治协商制度将长期存在和发展。

中华人民共和国是全国各族人民共同缔造的统一的多民族国家。平等、团结、互助的社会主义民族关系已经确立，并将继续加强。在维护民族团结的斗争中，要反对大民族主义，主要是大汉族主义，也要反对地方民族主义。国家尽一切努力，促进全国各民族的共同繁荣。

中国革命和建设的成就是同世界人民的支持分不开的。中国的前途是同世界的前途紧密地联系在一起的。中国坚持独立自主的对外政策，坚持互相尊重主权和领土完整、互不侵犯、互不干涉内政、平等互利、和平共处的五项原则，发展同各国的外交关系和经济、文化的交流；坚持反对帝国主义、霸权主义、殖民主义，加强同世界各国人民的团结，支持被压迫民族和发展中国家争取和维护民族独立、发展民族经济的正义斗争，为维护世界和平和促进人类进步事业而努力。

本宪法以法律的形式确认了中国各族人民奋斗的成果，规定了国家的根本制度和根本任务，是国家的根本法，具有最高的法律效力。全国各族人民、一切国家机关和武装力量、各政党和各社会团体、各企业事业组织，都必须以宪法为根本的活动准则，并且负有维护宪法尊严、保证宪法实施的职责。

第一章 总 纲

第一条 中华人民共和国是工人阶级领导的、以工农联盟为基础的人民民主专政的社会主义国家。

社会主义制度是中华人民共和国的根本制度。禁止任何组织或者个人破坏社会主义制度。

第二条 中华人民共和国的一切权力属于人民。

人民行使国家权力的机关是全国人民代表大会和地方各级人民代表大会。

人民依照法律规定，通过各种途径和形式，管理国家事务，管理经济和文化事业，管理社会事务。

第三条 中华人民共和国的国家机构实行民主集中制的原则。

全国人民代表大会和地方各级人民代表大会都由民主选举产生，对人民负责，受人民监督。

国家行政机关、审判机关、检察机关都由人民代表大会产生，对它负责，受它监督。

中央和地方的国家机构职权的划分，遵循在中央的统一领导下，充分发挥地方的主动性、积极性的原则。

第四条 中华人民共和国各民族一律平等。国家保障各少数民族的合法的权利和利益，维护和发展各民族的平等、团结、互助关系。禁止对任何民族的歧视和压迫，禁止破坏民族团结和制造民族分裂的行为。

国家根据各少数民族的特点和需要，帮助各少数民族地区加速经济和文化的发展。

各少数民族聚居的地方实行区域自治，设立自治机关，行使自治权。各民族自治地方都是中华人民共和国不可分离的部分。

各民族都有使用和发展自己的语言文字的自由，都有保持或者改革自己的风俗习惯的自由。

第五条 中华人民共和国实行依法治国，建设社会主义法治国家。

国家维护社会主义法制的统一和尊严。

一切法律、行政法规和地方性法规都不得同宪法相抵触。

一切国家机关和武装力量、各政党和各社会团体、各企业事业组织都必须遵守宪法和法律。一切违反宪法和法律的行为，必须予以追究。

任何组织或者个人都不得有超越宪法和法律的特权。

第六条 中华人民共和国的社会主义经济制度的基础是生产资料的社会主义公有制，即全民所有制和劳动群众集体所有制。社会主义公有制消灭人剥削人的制度，实行各尽所能、按劳分配的原则。

国家在社会主义初级阶段，坚持公有制为主体、多种所有制经济共同发展的基本经济制度，坚持按劳分配为主体、多种分配方式并存的分配制度。

第七条 国有经济，即社会主义全民所有制经济，是国民经济中的主导力量。国家保障国有经济的巩固和发展。

第八条 农村集体经济组织实行家庭承包经营为基础、统分结合的双层经营体制。农村中的生产、供销、信用、消费等各种形式的合作经济，是社会主义劳动群众集体所有制经济。参加农村集体经济组织的劳动者，有权在法律规定的范围内经营自留地、自留山、家庭副业和饲养自留畜。

城镇中的手工业、工业、建筑业、运输业、商业、服务业等行业的各种形式的合作经济，都是社会主义劳动群众集体所有制经济。

国家保护城乡集体经济组织的合法的权利和利益，鼓励、指导和帮助集体经济的发展。

第九条 矿藏、水流、森林、山岭、草原、荒地、滩涂等自然资源，都属于国家所有，即全民所有；由法律规定属于集体所有的森林和山岭、草原、荒地、滩涂除外。

国家保障自然资源的合理利用，保护珍贵的动物和植物。禁止任何组织或者个人用任何手段侵占或者破坏自然资源。

第十条 城市的土地属于国家所有。

农村和城市郊区的土地，除由法律规定属于国家所有的以外，属于集体所有；宅基地和自留地、自留山，也属于集体所有。

国家为了公共利益的需要，可以依照法律规定对土地实行征收或者征用并给予补偿。

任何组织或者个人不得侵占、买卖或者以其他形式非法转让土地。土地的使用权可以依照法律的规定转让。

一切使用土地的组织和个人必须合理地利用土地。

第十一条 在法律规定范围内的个体经济、私营经济等非公有制经济，是社会主义市场经济的重要组成部分。

国家保护个体经济、私营经济等非公有制经济的合法的权利和利益。国家鼓励、支持和引导非公有制经济的发展，并对非公有制经济依法实行监督和管理。

第十二条 社会主义的公共财产神圣不可侵犯。

国家保护社会主义的公共财产。禁止任何组织或者个人用任何手段侵占或者破坏国家的和集体的财产。

第十三条 公民的合法的私有财产不受侵犯。

国家依照法律规定保护公民的私有财产权和继承权。

国家为了公共利益的需要，可以依照法律规定对公民的私有财产实行征收或者征用并给予补偿。

第十四条 国家通过提高劳动者的积极性和技术水平，推广先进的科学技术，完善经济管理体制和企业经营管理制度，实行各种形式的社会主义责任制，改进劳动组织，以不断提高劳动生产率和经济效益，发展社会生产力。

国家厉行节约，反对浪费。

国家合理安排积累和消费，兼顾国家、集体和个人的利益，在发展生产的基础上，逐步改善人民的物质生活和文化生活。

国家建立健全同经济发展水平相适应的社会保障制度。

第十五条 国家实行社会主义市场经济。

国家加强经济立法，完善宏观调控。

国家依法禁止任何组织或者个人扰乱社会经济秩序。

第十六条 国有企业在法律规定的范围内有权自主经营。

国有企业依照法律规定，通过职工代表大会和其他形式，实行民主管理。

第十七条 集体经济组织在遵守有关法律的前提下，有独立进行经济活动的自主权。

集体经济组织实行民主管理，依照法律规定选举和罢免管理人员，决定经营管理的重大问题。

第十八条 中华人民共和国允许外国的企业和其他经济组织或者个人依照中华人民共和国法律的规定在中国投资，同中国的企业或者其他经济组织进行各种形式的经济合作。

在中国境内的外国企业和其他外国经济组织以及中外合资经营的企业，都必须遵守中华人民共和国的法律。它们的合法的权利和利益受中华人民共和国法律的保护。

第十九条 国家发展社会主义的教育事业，提高全国人民的科学文化水平。

国家举办各种学校，普及初等义务教育，发展中等教育、职业教育和高等教育，并且发展学前教育。

国家发展各种教育设施，扫除文盲，对工人、农民、国家工作人员和其他劳动者进行政治、文化、科学、技术、业务的教育，鼓励自学成才。

国家鼓励集体经济组织、国家企业事业组织和其他社会力量依照法律规定举办各种教育事业。

国家推广全国通用的普通话。

第二十条 国家发展自然科学和社会科学事业，普及科学和技术知识，奖励科学研究成果和技术发明创造。

第二十一条 国家发展医疗卫生事业，发展现代医药和我国传统医药，鼓励和支持农村集体经济组织、国家企业事业组织和街道组织举办各种医疗卫生设施，开展群众性的卫生活动，保护人民健康。

国家发展体育事业，开展群众性的体育活动，增强人民体质。

第二十二条 国家发展为人民服务、为社会主义服务的文学艺术事业、新闻广播电视事业、出版发行事业、图书馆博物馆文化馆和其他文化事业，开展群众性的文化活动。

国家保护名胜古迹、珍贵文物和其他重要历史文化遗产。

第二十三条 国家培养为社会主义服务的各种专业人才，扩大知识分子的队伍，创造条件，充分发挥他们在社会主义现代化建设中的作用。

第二十四条 国家通过普及理想教育、道德教育、文化教育、纪律和法制教育，通过在城乡不同范围的群众中制定和执行各种守则、公约，加强社会主义精神文明的建设。

国家提倡爱祖国、爱人民、爱劳动、爱科学、爱社会主义的公德，在人民中进行爱国主义、集体主义和国际主义、共产主义的教育，进行辩证唯物主义和历史唯物主义的教育，反对资本主义的、封建主义的和其他的腐朽思想。

第二十五条 国家推行计划生育，使人口的增长同经济和社会发展计划相适应。

第二十六条 国家保护和改善生活环境和生态环境，防治污染和其他公害。

国家组织和鼓励植树造林，保护林木。

第二十七条 一切国家机关实行精简的原则，实行工作责任制，实行工作人员的培训和考核制度，不断提高工作质量和工作效率，反对官僚主义。

一切国家机关和国家工作人员必须依靠人民的支持，经常保持同人民的密切联系，倾听人民的意见和建议，接受人民的监督，努力为人民服务。

第二十八条 国家维护社会秩序，镇压叛国和其他危害国家安全的犯罪活动，制裁危害社会治安、破坏社会主义经济和其他犯罪的活动，惩办和改造犯罪分子。

第二十九条 中华人民共和国的武装力量属于人民。它的任务是巩固国防，抵抗侵略，保卫祖国，保卫人民的和平劳动，参加国家建设事业，努力为人民服务。

国家加强武装力量的革命化、现代化、正规化的建设，增强国防力量。

第三十条 中华人民共和国的行政区域划分如下：

（一）全国分为省、自治区、直辖市；

（二）省、自治区分为自治州、县、自治县、市；

（三）县、自治县分为乡、民族乡、镇。

直辖市和较大的市分为区、县。自治州分为县、自治县、市。

自治区、自治州、自治县都是民族自治地方。

第三十一条 国家在必要时得设立特别行政区。在特别行政区内实行的制度按照具体情况由全国人民代表大会以法律规定。

第三十二条 中华人民共和国保护在中国境内的外国人的合法权利和利益，在中国境内的外国人必须遵守中华人民共和国的法律。

中华人民共和国对于因为政治原因要求避难的外国人，可以给予受庇护的权利。

第二章　公民的基本权利和义务

第三十三条　凡具有中华人民共和国国籍的人都是中华人民共和国公民。

中华人民共和国公民在法律面前一律平等。

国家尊重和保障人权。

任何公民享有宪法和法律规定的权利，同时必须履行宪法和法律规定的义务。

第三十四条　中华人民共和国年满十八周岁的公民，不分民族、种族、性别、职业、家庭出身、宗教信仰、教育程度、财产状况、居住期限，都有选举权和被选举权；但是依照法律被剥夺政治权利的人除外。

第三十五条　中华人民共和国公民有言论、出版、集会、结社、游行、示威的自由。

第三十六条　中华人民共和国公民有宗教信仰自由。

任何国家机关、社会团体和个人不得强制公民信仰宗教或者不信仰宗教，不得歧视信仰宗教的公民和不信仰宗教的公民。

国家保护正常的宗教活动。任何人不得利用宗教进行破坏社会秩序、损害公民身体健康、妨碍国家教育制度的活动。

宗教团体和宗教事务不受外国势力的支配。

第三十七条　中华人民共和国公民的人身自由不受侵犯。

任何公民，非经人民检察院批准或者决定或者人民法院决定，并由公安机关执行，不受逮捕。

禁止非法拘禁和以其他方法非法剥夺或者限制公民的人身自由，禁止非法搜查公民的身体。

第三十八条　中华人民共和国公民的人格尊严不受侵犯。禁止用任何方法对公民进行侮辱、诽谤和诬告陷害。

第三十九条　中华人民共和国公民的住宅不受侵犯。禁止非法搜查或者非法侵入公民的住宅。

第四十条　中华人民共和国公民的通信自由和通信秘密受法律的保护。除因国家安全或者追查刑事犯罪的需要，由公安机关或者检察机关依照法律规定的程序对通信进行检查外，任何组织或者个人不得以任何理由侵犯公民的通信自由和通信秘密。

第四十一条 中华人民共和国公民对于任何国家机关和国家工作人员，有提出批评和建议的权利；对于任何国家机关和国家工作人员的违法失职行为，有向有关国家机关提出申诉、控告或者检举的权利，但是不得捏造或者歪曲事实进行诬告陷害。

对于公民的申诉、控告或者检举，有关国家机关必须查清事实，负责处理。任何人不得压制和打击报复。

由于国家机关和国家工作人员侵犯公民权利而受到损失的人，有依照法律规定取得赔偿的权利。

第四十二条 中华人民共和国公民有劳动的权利和义务。

国家通过各种途径，创造劳动就业条件，加强劳动保护，改善劳动条件，并在发展生产的基础上，提高劳动报酬和福利待遇。

劳动是一切有劳动能力的公民的光荣职责。国有企业和城乡集体经济组织的劳动者都应当以国家主人翁的态度对待自己的劳动。国家提倡社会主义劳动竞赛，奖励劳动模范和先进工作者。国家提倡公民从事义务劳动。

国家对就业前的公民进行必要的劳动就业训练。

第四十三条 中华人民共和国劳动者有休息的权利。

国家发展劳动者休息和休养的设施，规定职工的工作时间和休假制度。

第四十四条 国家依照法律规定实行企业事业组织的职工和国家机关工作人员的退休制度。退休人员的生活受到国家和社会的保障。

第四十五条 中华人民共和国公民在年老、疾病或者丧失劳动能力的情况下，有从国家和社会获得物质帮助的权利。国家发展为公民享受这些权利所需要的社会保险、社会救济和医疗卫生事业。

国家和社会保障残废军人的生活，抚恤烈士家属，优待军人家属。

国家和社会帮助安排盲、聋、哑和其他有残疾的公民的劳动、生活和教育。

第四十六条 中华人民共和国公民有受教育的权利和义务。

国家培养青年、少年、儿童在品德、智力、体质等方面全面发展。

第四十七条 中华人民共和国公民有进行科学研究、文学艺术创作和其他文化活动的自由。国家对于从事教育、科学、技术、文学、艺术和其他文化事业的公民的有益于人民的创造性工作，给以鼓励和帮助。

第四十八条 中华人民共和国妇女在政治的、经济的、文化的、社会的和家庭的生活等各方面享有同男子平等的权利。

国家保护妇女的权利和利益，实行男女同工同酬，培养和选拔妇女干部。

第四十九条 婚姻、家庭、母亲和儿童受国家的保护。

夫妻双方有实行计划生育的义务。

父母有抚养教育未成年子女的义务，成年子女有赡养扶助父母的义务。

禁止破坏婚姻自由，禁止虐待老人、妇女和儿童。

第五十条 中华人民共和国保护华侨的正当的权利和利益，保护归侨和侨眷的合法的权利和利益。

第五十一条 中华人民共和国公民在行使自由和权利的时候，不得损害国家的、社会的、集体的利益和其他公民的合法的自由和权利。

第五十二条 中华人民共和国公民有维护国家统一和全国各民族团结的义务。

第五十三条 中华人民共和国公民必须遵守宪法和法律，保守国家秘密，爱护公共财产，遵守劳动纪律，遵守公共秩序，尊重社会公德。

第五十四条 中华人民共和国公民有维护祖国的安全、荣誉和利益的义务，不得有危害祖国的安全、荣誉和利益的行为。

第五十五条 保卫祖国、抵抗侵略是中华人民共和国每一个公民的神圣职责。

依照法律服兵役和参加民兵组织是中华人民共和国公民的光荣义务。

第五十六条 中华人民共和国公民有依照法律纳税的义务。

第三章 国家机构

第一节 全国人民代表大会

第五十七条 中华人民共和国全国人民代表大会是最高国家权力机关。它的常设机关是全国人民代表大会常务委员会。

第五十八条 全国人民代表大会和全国人民代表大会常务委员会行使国家立法权。

第五十九条 全国人民代表大会由省、自治区、直辖市、特别行政区和军队选出的代表组成。各少数民族都应当有适当名额的代表。

全国人民代表大会代表的选举由全国人民代表大会常务委员会主持。

全国人民代表大会代表名额和代表产生办法由法律规定。

第六十条 全国人民代表大会每届任期五年。

全国人民代表大会任期届满的两个月以前，全国人民代表大会常务委员会必须完成下届全国人民代表大会代表的选举。如果遇到不能进行选举的非常情况，由全国人民代表大会常务委员会以全体组成人员的三分之二以上的多数通过，可以推迟选举，延长本届全国人民代表大会的任期。在非常情况结束后一年内，必须完成下届全国人民代表大会代表的选举。

第六十一条 全国人民代表大会会议每年举行一次，由全国人民代表大会常务委员会召集。如果全国人民代表大会常务委员会认为必要，或者有五分之一以上的全国人民代表大会代表提议，可以临时召集全国人民代表大会会议。

全国人民代表大会举行会议的时候，选举主席团主持会议。

第六十二条 全国人民代表大会行使下列职权：

（一）修改宪法；

（二）监督宪法的实施；

（三）制定和修改刑事、民事、国家机构的和其他的基本法律；

（四）选举中华人民共和国主席、副主席；

（五）根据中华人民共和国主席的提名，决定国务院总理的人选；根据国务院总理的提名，决定国务院副总理、国务委员、各部部长、各委员会主任、审计长、秘书长的人选；

（六）选举中央军事委员会主席；根据中央军事委员会主席的提名，决定中央军事委员会其他组成人员的人选；

（七）选举最高人民法院院长；

（八）选举最高人民检察院检察长；

（九）审查和批准国民经济和社会发展计划和计划执行情况的报告；

（十）审查和批准国家的预算和预算执行情况的报告；

（十一）改变或者撤销全国人民代表大会常务委员会不适当的决定；

（十二）批准省、自治区和直辖市的建置；

（十三）决定特别行政区的设立及其制度；

（十四）决定战争和和平的问题；

（十五）应当由最高国家权力机关行使的其他职权。

第六十三条 全国人民代表大会有权罢免下列人员：

（一）中华人民共和国主席、副主席；

（二）国务院总理、副总理、国务委员、各部部长、各委员会主任、审计长、秘书长；

（三）中央军事委员会主席和中央军事委员会其他组成人员；

（四）最高人民法院院长；

（五）最高人民检察院检察长。

第六十四条 宪法的修改，由全国人民代表大会常务委员会或者五分之一以上的全国人民代表大会代表提议，并由全国人民代表大会以全体代表的三分之二以上的多数通过。

法律和其他议案由全国人民代表大会以全体代表的过半数通过。

第六十五条 全国人民代表大会常务委员会由下列人员组成：

委员长，

副委员长若干人，

秘书长，

委员若干人。

全国人民代表大会常务委员会组成人员中，应当有适当名额的少数民族代表。

全国人民代表大会选举并有权罢免全国人民代表大会常务委员会的组成人员。

全国人民代表大会常务委员会的组成人员不得担任国家行政机关、审判机关和检察机关的职务。

第六十六条 全国人民代表大会常务委员会每届任期同全国人民代表大会每届任期相同，它行使职权到下届全国人民代表大会选出新的常务委员会为止。

委员长、副委员长连续任职不得超过两届。

第六十七条 全国人民代表大会常务委员会行使下列职权：

（一）解释宪法，监督宪法的实施；

（二）制定和修改除应当由全国人民代表大会制定的法律以外的其他

法律；

（三）在全国人民代表大会闭会期间，对全国人民代表大会制定的法律进行部分补充和修改，但是不得同该法律的基本原则相抵触；

（四）解释法律；

（五）在全国人民代表大会闭会期间，审查和批准国民经济和社会发展计划、国家预算在执行过程中所必须作的部分调整方案；

（六）监督国务院、中央军事委员会、最高人民法院和最高人民检察院的工作；

（七）撤销国务院制定的同宪法、法律相抵触的行政法规、决定和命令；

（八）撤销省、自治区、直辖市国家权力机关制定的同宪法、法律和行政法规相抵触的地方性法规和决议；

（九）在全国人民代表大会闭会期间，根据国务院总理的提名，决定部长、委员会主任、审计长、秘书长的人选；

（十）在全国人民代表大会闭会期间，根据中央军事委员会主席的提名，决定中央军事委员会其他组成人员的人选；

（十一）根据最高人民法院院长的提请，任免最高人民法院副院长、审判员、审判委员会委员和军事法院院长；

（十二）根据最高人民检察院检察长的提请，任免最高人民检察院副检察长、检察员、检察委员会委员和军事检察院检察长，并且批准省、自治区、直辖市的人民检察院检察长的任免；

（十三）决定驻外全权代表的任免；

（十四）决定同外国缔结的条约和重要协定的批准和废除；

（十五）规定军人和外交人员的衔级制度和其他专门衔级制度；

（十六）规定和决定授予国家的勋章和荣誉称号；

（十七）决定特赦；

（十八）在全国人民代表大会闭会期间，如果遇到国家遭受武装侵犯或者必须履行国际间共同防止侵略的条约的情况，决定战争状态的宣布；

（十九）决定全国总动员或者局部动员；

（二十）决定全国或者个别省、自治区、直辖市进入紧急状态；

（二十一）全国人民代表大会授予的其他职权。

第六十八条　全国人民代表大会常务委员会委员长主持全国人民代表大

会常务委员会的工作，召集全国人民代表大会常务委员会会议。副委员长、秘书长协助委员长工作。

委员长、副委员长、秘书长组成委员长会议，处理全国人民代表大会常务委员会的重要日常工作。

第六十九条 全国人民代表大会常务委员会对全国人民代表大会负责并报告工作。

第七十条 全国人民代表大会设立民族委员会、法律委员会、财政经济委员会、教育科学文化卫生委员会、外事委员会、华侨委员会和其他需要设立的专门委员会。在全国人民代表大会闭会期间，各专门委员会受全国人民代表大会常务委员会的领导。

各专门委员会在全国人民代表大会和全国人民代表大会常务委员会领导下，研究、审议和拟订有关议案。

第七十一条 全国人民代表大会和全国人民代表大会常务委员会认为必要的时候，可以组织关于特定问题的调查委员会，并且根据调查委员会的报告，作出相应的决议。

调查委员会进行调查的时候，一切有关的国家机关、社会团体和公民都有义务向它提供必要的材料。

第七十二条 全国人民代表大会代表和全国人民代表大会常务委员会组成人员，有权依照法律规定的程序分别提出属于全国人民代表大会和全国人民代表大会常务委员会职权范围内的议案。

第七十三条 全国人民代表大会代表在全国人民代表大会开会期间，全国人民代表大会常务委员会组成人员在常务委员会开会期间，有权依照法律规定的程序提出对国务院或者国务院各部、各委员会的质询案。受质询的机关必须负责答复。

第七十四条 全国人民代表大会代表，非经全国人民代表大会会议主席团许可，在全国人民代表大会闭会期间非经全国人民代表大会常务委员会许可，不受逮捕或者刑事审判。

第七十五条 全国人民代表大会代表在全国人民代表大会各种会议上的发言和表决，不受法律追究。

第七十六条 全国人民代表大会代表必须模范地遵守宪法和法律，保守国家秘密，并且在自己参加的生产、工作和社会活动中，协助宪法和法律的实施。

全国人民代表大会代表应当同原选举单位和人民保持密切的联系，听取和反映人民的意见和要求，努力为人民服务。

第七十七条 全国人民代表大会代表受原选举单位的监督。原选举单位有权依照法律规定的程序罢免本单位选出的代表。

第七十八条 全国人民代表大会和全国人民代表大会常务委员会的组织和工作程序由法律规定。

第二节 中华人民共和国主席

第七十九条 中华人民共和国主席、副主席由全国人民代表大会选举。

有选举权和被选举权的年满四十五周岁的中华人民共和国公民可以被选为中华人民共和国主席、副主席。

中华人民共和国主席、副主席每届任期同全国人民代表大会每届任期相同，连续任职不得超过两届。

第八十条 中华人民共和国主席根据全国人民代表大会的决定和全国人民代表大会常务委员会的决定，公布法律，任免国务院总理、副总理、国务委员、各部部长、各委员会主任、审计长、秘书长，授予国家的勋章和荣誉称号，发布特赦令，宣布进入紧急状态，宣布战争状态，发布动员令。

第八十一条 中华人民共和国主席代表中华人民共和国，进行国事活动，接受外国使节；根据全国人民代表大会常务委员会的决定，派遣和召回驻外全权代表，批准和废除同外国缔结的条约和重要协定。

第八十二条 中华人民共和国副主席协助主席工作。

中华人民共和国副主席受主席的委托，可以代行主席的部分职权。

第八十三条 中华人民共和国主席、副主席行使职权到下届全国人民代表大会选出的主席、副主席就职为止。

第八十四条 中华人民共和国主席缺位的时候，由副主席继任主席的职位。

中华人民共和国副主席缺位的时候，由全国人民代表大会补选。

中华人民共和国主席、副主席都缺位的时候，由全国人民代表大会补选；在补选以前，由全国人民代表大会常务委员会委员长暂时代理主席职位。

第三节 国　务　院

第八十五条 中华人民共和国国务院，即中央人民政府，是最高国家权力机关的执行机关，是最高国家行政机关。

第八十六条 国务院由下列人员组成：

总理，

副总理若干人，

国务委员若干人，

各部部长，

各委员会主任，

审计长，

秘书长。

国务院实行总理负责制。各部、各委员会实行部长、主任负责制。

国务院的组织由法律规定。

第八十七条 国务院每届任期同全国人民代表大会每届任期相同。

总理、副总理、国务委员连续任职不得超过两届。

第八十八条 总理领导国务院的工作。副总理、国务委员协助总理工作。

总理、副总理、国务委员、秘书长组成国务院常务会议。

总理召集和主持国务院常务会议和国务院全体会议。

第八十九条 国务院行使下列职权：

（一）根据宪法和法律，规定行政措施，制定行政法规，发布决定和命令；

（二）向全国人民代表大会或者全国人民代表大会常务委员会提出议案；

（三）规定各部和各委员会的任务和职责，统一领导各部和各委员会的工作，并且领导不属于各部和各委员会的全国性的行政工作；

（四）统一领导全国地方各级国家行政机关的工作，规定中央和省、自治区、直辖市的国家行政机关的职权的具体划分；

（五）编制和执行国民经济和社会发展计划和国家预算；

（六）领导和管理经济工作和城乡建设；

（七）领导和管理教育、科学、文化、卫生、体育和计划生育工作；

（八）领导和管理民政、公安、司法行政和监察等工作；

（九）管理对外事务，同外国缔结条约和协定；

（十）领导和管理国防建设事业；

（十一）领导和管理民族事务，保障少数民族的平等权利和民族自治地方的自治权利；

（十二）保护华侨的正当的权利和利益，保护归侨和侨眷的合法的权利和利益；

（十三）改变或者撤销各部、各委员会发布的不适当的命令、指示和规章；

（十四）改变或者撤销地方各级国家行政机关的不适当的决定和命令；

（十五）批准省、自治区、直辖市的区域划分，批准自治州、县、自治县、市的建置和区域划分；

（十六）依照法律规定决定省、自治区、直辖市的范围内部分地区进入紧急状态；

（十七）审定行政机构的编制，依照法律规定任免、培训、考核和奖惩行政人员；

（十八）全国人民代表大会和全国人民代表大会常务委员会授予的其他职权。

第九十条　国务院各部部长、各委员会主任负责本部门的工作；召集和主持部务会议或者委员会会议、委务会议，讨论决定本部门工作的重大问题。

各部、各委员会根据法律和国务院的行政法规、决定、命令，在本部门的权限内，发布命令、指示和规章。

第九十一条　国务院设立审计机关，对国务院各部门和地方各级政府的财政收支，对国家的财政金融机构和企业事业组织的财务收支，进行审计监督。

审计机关在国务院总理领导下，依照法律规定独立行使审计监督权，不受其他行政机关、社会团体和个人的干涉。

第九十二条　国务院对全国人民代表大会负责并报告工作；在全国人民代表大会闭会期间，对全国人民代表大会常务委员会负责并报告工作。

第四节　中央军事委员会

第九十三条　中华人民共和国中央军事委员会领导全国武装力量。

中央军事委员会由下列人员组成：

主席，

副主席若干人，

委员若干人。

中央军事委员会实行主席负责制。

中央军事委员会每届任期同全国人民代表大会每届任期相同。

第九十四条 中央军事委员会主席对全国人民代表大会和全国人民代表大会常务委员会负责。

第五节 地方各级人民代表大会和地方各级人民政府

第九十五条 省、直辖市、县、市、市辖区、乡、民族乡、镇设立人民代表大会和人民政府。

地方各级人民代表大会和地方各级人民政府的组织由法律规定。

自治区、自治州、自治县设立自治机关。自治机关的组织和工作根据宪法第三章第五节、第六节规定的基本原则由法律规定。

第九十六条 地方各级人民代表大会是地方国家权力机关。

县级以上的地方各级人民代表大会设立常务委员会。

第九十七条 省、直辖市、设区的市的人民代表大会代表由下一级的人民代表大会选举；县、不设区的市、市辖区、乡、民族乡、镇的人民代表大会代表由选民直接选举。

地方各级人民代表大会代表名额和代表产生办法由法律规定。

第九十八条 地方各级人民代表大会每届任期五年。

第九十九条 地方各级人民代表大会在本行政区域内，保证宪法、法律、行政法规的遵守和执行；依照法律规定的权限，通过和发布决议，审查和决定地方的经济建设、文化建设和公共事业建设的计划。

县级以上的地方各级人民代表大会审查和批准本行政区域内的国民经济和社会发展计划、预算以及它们的执行情况的报告；有权改变或者撤销本级人民代表大会常务委员会不适当的决定。

民族乡的人民代表大会可以依照法律规定的权限采取适合民族特点的具体措施。

第一百条 省、直辖市的人民代表大会和它们的常务委员会，在不同宪法、法律、行政法规相抵触的前提下，可以制定地方性法规，报全国人民代表大会常务委员会备案。

第一百零一条 地方各级人民代表大会分别选举并且有权罢免本级人民政府的省长和副省长、市长和副市长、县长和副县长、区长和副区长、乡长和副乡长、镇长和副镇长。

县级以上的地方各级人民代表大会选举并且有权罢免本级人民法院院长和本级人民检察院检察长。选出或者罢免人民检察院检察长，须报上级人民检察院检察长提请该级人民代表大会常务委员会批准。

第一百零二条 省、直辖市、设区的市的人民代表大会代表受原选举单位的监督；县、不设区的市、市辖区、乡、民族乡、镇的人民代表大会代表受选民的监督。

地方各级人民代表大会代表的选举单位和选民有权依照法律规定的程序罢免由他们选出的代表。

第一百零三条 县级以上的地方各级人民代表大会常务委员会由主任、副主任若干人和委员若干人组成，对本级人民代表大会负责并报告工作。

县级以上的地方各级人民代表大会选举并有权罢免本级人民代表大会常务委员会的组成人员。

县级以上的地方各级人民代表大会常务委员会的组成人员不得担任国家行政机关、审判机关和检察机关的职务。

第一百零四条 县级以上的地方各级人民代表大会常务委员会讨论、决定本行政区域内各方面工作的重大事项；监督本级人民政府、人民法院和人民检察院的工作；撤销本级人民政府的不适当的决定和命令；撤销下一级人民代表大会的不适当的决议；依照法律规定的权限决定国家机关工作人员的任免；在本级人民代表大会闭会期间，罢免和补选上一级人民代表大会的个别代表。

第一百零五条 地方各级人民政府是地方各级国家权力机关的执行机关，是地方各级国家行政机关。

地方各级人民政府实行省长、市长、县长、区长、乡长、镇长负责制。

第一百零六条 地方各级人民政府每届任期同本级人民代表大会每届任期相同。

第一百零七条 县级以上地方各级人民政府依照法律规定的权限，管理本行政区域内的经济、教育、科学、文化、卫生、体育事业、城乡建设事业和财政、民政、公安、民族事务、司法行政、监察、计划生育等行政工作，发布决定和命令，任免、培训、考核和奖惩行政工作人员。

乡、民族乡、镇的人民政府执行本级人民代表大会的决议和上级国家行政机关的决定和命令，管理本行政区域内的行政工作。

省、直辖市的人民政府决定乡、民族乡、镇的建置和区域划分。

第一百零八条 县级以上的地方各级人民政府领导所属各工作部门和下级人民政府的工作，有权改变或者撤销所属各工作部门和下级人民政府的不适当的决定。

第一百零九条 县级以上的地方各级人民政府设立审计机关。地方各级审计机关依照法律规定独立行使审计监督权，对本级人民政府和上一级审计机关负责。

第一百一十条 地方各级人民政府对本级人民代表大会负责并报告工作。县级以上的地方各级人民政府在本级人民代表大会闭会期间，对本级人民代表大会常务委员会负责并报告工作。

地方各级人民政府对上一级国家行政机关负责并报告工作。全国地方各级人民政府都是国务院统一领导下的国家行政机关，都服从国务院。

第一百一十一条 城市和农村按居民居住地区设立的居民委员会或者村民委员会是基层群众性自治组织。居民委员会、村民委员会的主任、副主任和委员由居民选举。居民委员会、村民委员会同基层政权的相互关系由法律规定。

居民委员会、村民委员会设人民调解、治安保卫、公共卫生等委员会，办理本居住地区的公共事务和公益事业，调解民间纠纷，协助维护社会治安，并且向人民政府反映群众的意见、要求和提出建议。

第六节 民族自治地方的自治机关

第一百一十二条 民族自治地方的自治机关是自治区、自治州、自治县的人民代表大会和人民政府。

第一百一十三条 自治区、自治州、自治县的人民代表大会中，除实行区域自治的民族的代表外，其他居住在本行政区域内的民族也应当有适当名额的代表。

自治区、自治州、自治县的人民代表大会常务委员会中应当有实行区域自治的民族的公民担任主任或者副主任。

第一百一十四条 自治区主席、自治州州长、自治县县长由实行区域自治的民族的公民担任。

第一百一十五条 自治区、自治州、自治县的自治机关行使宪法第三章第五节规定的地方国家机关的职权，同时依照宪法、民族区域自治法和其他法律规定的权限行使自治权，根据本地方实际情况贯彻执行国家的法律、政策。

第一百一十六条 民族自治地方的人民代表大会有权依照当地民族的政治、经济和文化的特点，制定自治条例和单行条例。自治区的自治条例和单行条例，报全国人民代表大会常务委员会批准后生效。自治州、自治县的自治条例和单行条例，报省或者自治区的人民代表大会常务委员会批准后生效，并报全国人民代表大会常务委员会备案。

第一百一十七条 民族自治地方的自治机关有管理地方财政的自治权。凡是依照国家财政体制属于民族自治地方的财政收入，都应当由民族自治地方的自治机关自主地安排使用。

第一百一十八条 民族自治地方的自治机关在国家计划的指导下，自主地安排和管理地方性的经济建设事业。

国家在民族自治地方开发资源、建设企业的时候，应当照顾民族自治地方的利益。

第一百一十九条 民族自治地方的自治机关自主地管理本地方的教育、科学、文化、卫生、体育事业，保护和整理民族的文化遗产，发展和繁荣民族文化。

第一百二十条 民族自治地方的自治机关依照国家的军事制度和当地的实际需要，经国务院批准，可以组织本地方维护社会治安的公安部队。

第一百二十一条 民族自治地方的自治机关在执行职务的时候，依照本民族自治地方自治条例的规定，使用当地通用的一种或者几种语言文字。

第一百二十二条 国家从财政、物资、技术等方面帮助各少数民族加速发展经济建设和文化建设事业。

国家帮助民族自治地方从当地民族中大量培养各级干部、各种专业人才和技术工人。

第七节　人民法院和人民检察院

第一百二十三条　中华人民共和国人民法院是国家的审判机关。

第一百二十四条　中华人民共和国设立最高人民法院、地方各级人民法院和军事法院等专门人民法院。

最高人民法院院长每届任期同全国人民代表大会每届任期相同，连续任职不得超过两届。

人民法院的组织由法律规定。

第一百二十五条　人民法院审理案件，除法律规定的特别情况外，一律公开进行。被告人有权获得辩护。

第一百二十六条　人民法院依照法律规定独立行使审判权，不受行政机关、社会团体和个人的干涉。

第一百二十七条　最高人民法院是最高审判机关。

最高人民法院监督地方各级人民法院和专门人民法院的审判工作，上级人民法院监督下级人民法院的审判工作。

第一百二十八条　最高人民法院对全国人民代表大会和全国人民代表大会常务委员会负责。地方各级人民法院对产生它的国家权力机关负责。

第一百二十九条　中华人民共和国人民检察院是国家的法律监督机关。

第一百三十条　中华人民共和国设立最高人民检察院、地方各级人民检察院和军事检察院等专门人民检察院。

最高人民检察院检察长每届任期同全国人民代表大会每届任期相同，连续任职不得超过两届。

人民检察院的组织由法律规定。

第一百三十一条　人民检察院依照法律规定独立行使检察权，不受行政机关、社会团体和个人的干涉。

第一百三十二条　最高人民检察院是最高检察机关。

最高人民检察院领导地方各级人民检察院和专门人民检察院的工作，上级人民检察院领导下级人民检察院的工作。

第一百三十三条　最高人民检察院对全国人民代表大会和全国人民代表大会常务委员会负责。地方各级人民检察院对产生它的国家权力机关和上级人民检察院负责。

第一百三十四条 各民族公民都有用本民族语言文字进行诉讼的权利。人民法院和人民检察院对于不通晓当地通用的语言文字的诉讼参与人，应当为他们翻译。

在少数民族聚居或者多民族共同居住的地区，应当用当地通用的语言进行审理；起诉书、判决书、布告和其他文书应当根据实际需要使用当地通用的一种或者几种文字。

第一百三十五条 人民法院、人民检察院和公安机关办理刑事案件，应当分工负责，互相配合，互相制约，以保证准确有效地执行法律。

第四章 国旗、国歌、国徽、首都

第一百三十六条 中华人民共和国国旗是五星红旗。

中华人民共和国国歌是《义勇军进行曲》。

第一百三十七条 中华人民共和国国徽，中间是五星照耀下的天安门，周围是谷穗和齿轮。

第一百三十八条 中华人民共和国首都是北京。

反分裂国家法

（2005 年 3 月 14 日第十届全国人民代表大会第三次会议通过
2005 年 3 月 14 日中华人民共和国主席令第 34 号公布）

第一条 为了反对和遏制“台独”分裂势力分裂国家，促进祖国和平统一，维护台湾海峡地区和平稳定，维护国家主权和领土完整，维护中华民族的根本利益，根据宪法，制定本法。

第二条 世界上只有一个中国，大陆和台湾同属一个中国，中国的主权和领土完整不容分割。维护国家主权和领土完整是包括台湾同胞在内的全中国人民的共同义务。

台湾是中国的一部分。国家绝不允许“台独”分裂势力以任何名义、任何方式把台湾从中国分裂出去。

第三条 台湾问题是中国内战的遗留问题。

解决台湾问题，实现祖国统一，是中国的内部事务，不受任何外国势力的干涉。

第四条 完成统一祖国的大业是包括台湾同胞在内的全中国人民的神圣职责。

第五条 坚持一个中国原则，是实现祖国和平统一的基础。

以和平方式实现祖国统一，最符合台湾海峡两岸同胞的根本利益。国家以最大的诚意，尽最大的努力，实现和平统一。

国家和平统一后，台湾可以实行不同于大陆的制度，高度自治。

第六条 国家采取下列措施，维护台湾海峡地区和平稳定，发展两岸关系：

（一）鼓励和推动两岸人员往来，增进了解，增强互信；

（二）鼓励和推动两岸经济交流与合作，直接通邮通航通商，密切两岸经济关系，互利互惠；

（三）鼓励和推动两岸教育、科技、文化、卫生、体育交流，共同弘扬中华文化的优秀传统；

（四）鼓励和推动两岸共同打击犯罪；

（五）鼓励和推动有利于维护台湾海峡地区和平稳定、发展两岸关系的其他活动。

国家依法保护台湾同胞的权利和利益。

第七条 国家主张通过台湾海峡两岸平等的协商和谈判，实现和平统一。协商和谈判可以有步骤、分阶段进行，方式可以灵活多样。

台湾海峡两岸可以就下列事项进行协商和谈判：

（一）正式结束两岸敌对状态；

（二）发展两岸关系的规划；

（三）和平统一的步骤和安排；

（四）台湾当局的政治地位；

（五）台湾地区在国际上与其地位相适应的活动空间；

（六）与实现和平统一有关的其他任何问题。

第八条 “台独”分裂势力以任何名义、任何方式造成台湾从中国分裂出去的事实，或者发生将会导致台湾从中国分裂出去的重大事变，或者和平统一的可能性完全丧失，国家得采取非和平方式及其他必要措施，捍卫国家主权和领土完整。

依照前款规定采取非和平方式及其他必要措施，由国务院、中央军事委员会决定和组织实施，并及时向全国人民代表大会常务委员会报告。

第九条 依照本法规定采取非和平方式及其他必要措施并组织实施时，国家尽最大可能保护台湾平民和在台湾的外国人的生命财产安全和其他正当权益，减少损失；同时，国家依法保护台湾同胞在中国其他地区的权利和利益。

第十条 本法自公布之日起施行。

中华人民共和国全国人民代表大会常务委员会告台湾同胞书

（1978 年 12 月 26 日中华人民共和国第五届全国人民代表大会常务委员会第五次会议讨论并通过）

亲爱的台湾同胞：

今天是一九七九年元旦。我们代表祖国大陆的各族人民，向诸位同胞致以亲切的问候和衷心的祝贺。

昔人有言："每逢佳节倍思亲"。在这欢度新年的时刻，我们更加想念自己的亲骨肉——台湾的父老兄弟姐妹。我们知道，你们也无限怀念祖国和大陆上的亲人。这种绵延了多少岁月的相互思念之情与日俱增。自从一九四九年台湾同祖国不幸分离以来，我们之间音讯不通，来往断绝，祖国不能统一，亲人无从团聚，民族、国家和人民都受到了巨大的损失。所有中国同胞以及全球华裔，无不盼望早日结束这种令人痛心的局面。

我们中华民族是伟大的民族，占世界人口近四分之一，享有悠久的历史和优秀的文化，对世界文明和人类发展的卓越贡献，举世公认。台湾自古就是中国不可分割的一部分。中华民族是具有强大生命力和凝聚力的。尽管历史上有过多少次外族入侵和内部纷争，都不曾使我们的民族陷于长久分裂。近三十年台湾同祖国的分离，是人为的，是违反我们民族的利益和愿望的，决不能再这样下去了。每一个中国人，不论是生活在台湾的还是生活在大陆上的，都对中华民族的生存、发展和繁荣负有不容推诿的责任。统一祖国这样一个关系全民族前途的重大任务，现在摆在我们大家的面前，谁也不能回避，谁也不应回避。如果我们还不尽快结束目前这种分裂局面，早日实现祖国的统一，我们何以告慰于列祖列宗？何以自解于子孙后代？人同此心，心同此理，凡属黄帝子孙，谁愿成为民族的千古罪人？

近三十年来，中国在世界上的地位已发生根本变化。我国国际地位越来越高，国际作用越来越重要。各国人民和政府为了反对霸权主义、维护亚洲和世界的和平稳定，几乎莫不对我们寄予极大期望。每一个中国人都为祖国的日见强盛而感到自豪。我们如果尽快结束目前的分裂局面，把力量合在一起，则所能贡献于人类前途者，自更不可限量。早日实现祖国统一，不仅是全中国人民包括台湾同胞的共同心愿，也是全世界一切爱好和平的人民和国家的共同希望。

今天，实现中国的统一，是人心所向，大势所趋。世界上普遍承认只有一个中国，承认中华人民共和国政府是中国唯一合法的政府。最近中日和平友好条约的签订，和中美两国关系正常化的实现，更可见潮流所至，实非任何人所得而阻止。目前祖国安定团结，形势比以往任何时候都好。在大陆上的各族人民，正在为实现四个现代化的伟大目标而同心戮力。我们殷切期望台湾早日归回祖国，共同发展建国大业。我们的国家领导人已经表示决心，一定要考虑现实情况，完成祖国统一大业，在解决统一问题时尊重台湾现状和台湾各界人士的意见，采取合情合理的政策和办法，不使台湾人民蒙受损失。台湾各界人士也纷纷抒发怀乡思旧之情，诉述“认同回归”之愿，提出种种建议，热烈盼望早日回到祖国的怀抱。时至今日，种种条件都对统一有利，可谓万事俱备，任何人都不应当拂逆民族的意志，违背历史的潮流。

我们寄希望于一千七百万台湾人民，也寄希望于台湾当局。台湾当局一贯坚持一个中国的立场，反对台湾独立。这就是我们共同的立场，合作的基础。我们一贯主张爱国一家。统一祖国，人人有责。希望台湾当局以民族利益为重，对实现祖国统一的事业作出宝贵的贡献。

中国政府已经命令人民解放军从今天起停止对金门等岛屿的炮击。台湾海峡目前仍然存在着双方的军事对峙，这只能制造人为的紧张。我们认为，首先应当通过中华人民共和国政府和台湾当局之间的商谈结束这种军事对峙状态，以便为双方的任何一种范围的交往接触创造必要的前提和安全的环境。

由于长期隔绝，大陆和台湾的同胞互不了解，对于双方造成各种不便。远居海外的许多侨胞都能回国观光，与家人团聚。为什么近在咫尺的大陆和台湾的同胞却不能自由来往呢？我们认为，这种藩篱没有理由继续存在。我们希望双方尽快实现通航通邮，以利双方同胞直接接触，互通讯息，探亲访友，旅游参观，进行学术文化体育工艺观摩。

台湾和祖国大陆，在经济上本来是一个整体。这些年来，经济联系不幸中断。现在，祖国的建设正在蓬勃发展，我们也希望台湾的经济日趋繁荣。我们相互之间完全应当发展贸易，互通有无，进行经济交流。这是相互的需要，对任何一方都有利而无害。

亲爱的台湾同胞：

我们伟大祖国的美好前途，既属于我们，也属于你们。统一祖国，是历史赋予我们这一代人的神圣使命。时代在前进，形势在发展。我们早一天完成这一使命，就可以早一天共同创造我国空前未有的光辉灿烂的历史，而与各先进强国并驾齐驱，共谋世界的和平、繁荣和进步。让我们携起手来，为这一光荣目标共同奋斗！

中央人民政府处理“九七”后香港涉台问题的基本原则和政策

（1995年6月22日国务院副总理钱其琛在香港特别行政区筹备委员会预备工作委员会第五次全体会议上代表国务院宣布）

中华人民共和国政府恢复对香港行使主权，是包括香港同胞、台湾同胞在内的全体中国人民长期以来的共同愿望。“九七”以后香港特别行政区与台湾地区的关系，是两岸关系的特殊组成部分。“九七”后香港的涉台问题，凡属涉及国家主权和两岸关系的事务，由中央人民政府安排处理，或由香港特别行政区政府在中央人民政府的指导下处理。港台两地的民间交往，香港同胞、台湾同胞的正当权益应予以维护，以促进两地共同繁荣。

中央人民政府确定的处理“九七”后香港涉台问题的基本原则和政策是：

一、港、台两地现有的各种民间交流交往关系，包括经济文化交流、人员往来等，基本不变。

二、鼓励、欢迎台湾居民和台湾各类资本到香港从事投资、贸易和其他工商活动。台湾居民和台湾各类资本在香港的正当权益依法受到保护。

三、根据“一个中国”的原则，香港特别行政区与台湾地区间的空中航线和海上运输航线，按“地区特殊航线”管理。香港特别行政区与台湾地区间的海、空航运交通，依双向互惠原则进行。

四、台湾居民可根据香港特别行政区法律进出香港地区，或在当地就学、就业、定居。为方便台湾居民出入香港，中央人民政府将就其所持证件等问题作出安排。

五、香港特别行政区的教育、科学、技术、文化、艺术、体育、专业、医疗卫生、劳工、社会福利、社会工作等方面的民间团体和宗教组织，在互不隶属、互不干涉和互相尊重的原则基础上，可与台湾地区的有关民间团体和组织保持和发展关系。

六、香港特别行政区与台湾地区之间以各种名义进行的官方接触往来、商谈、签署协议和设立机构，须报请中央人民政府批准，或经中央人民政府具体授权，由特别行政区行政长官批准。

七、台湾现有在香港的机构及人员可继续留存，他们在行动上要严格遵守《中华人民共和国香港特别行政区基本法》，不得违背“一个中国”的原则，不得从事损害香港的安定繁荣以及与其注册性质不符的活动。我们鼓励、欢迎他们为祖国的统一和保持香港的繁荣稳定作出贡献。

以上各项政策的依据是“一个中国”的原则和“一国两制”的方针。我们要求台湾当局认清形势，面对现实，采取务实的态度，消除各种障碍，不要企图在港台关系上搞“两个中国”、“一中一台”的活动。我们也要求台湾在港的机构和人员严格遵守《中华人民共和国香港特别行政区基本法》，用以规范自己的行为，不违背“一个中国”的原则，不从事有损香港安定繁荣的事。

中央人民政府处理“九九”后澳门涉台问题的基本原则和政策

（1999 年 1 月 15 日　国务院副总理钱其琛在澳门特别行政区筹备委员会第五次全体会议开幕式上代表国务院宣布）

中华人民共和国政府恢复对澳门行使主权后，是包括澳门同胞、台湾同胞在内的全体中国人民的共同愿望。“九九”以后澳门特别行政区与台湾地区的关系，是两岸关系的特殊组成部分。“九九”后澳门的涉台问题，凡属涉及国家主权和两岸关系的事务，由中央人民政府安排处理，或者由澳门特别行政区政府在中央人民政府的指导下处理。依据“一个中国”的原则和“一国两制”方针，中央人民政府确定的处理“九九”后澳门涉台问题的基本原则和政策是：

一、澳、台两地现有的各种民间交流交往关系，包括经济文化交流、人员往来等，基本不变。

二、鼓励、欢迎台湾居民和台湾各类资本到澳门从事投资、贸易和其他工商活动。台湾居民和台湾各类资本在澳门的正当权益依法受到保护。

三、根据“一个中国”的原则，澳门特别行政区与台湾地区间的空中航线和海上运输航线，按“地区特殊航线”管理。澳门特别行政区与台湾地区间的海、空航运交通，依双向互惠原则进行。

四、台湾居民可根据澳门特别行政区法律进出澳门地区，或在当地就学、就业、定居。现行的入出境方式基本不变。为方便台湾居民出入澳门，中央人民政府将就其所持证件等问题作出安排。

五、澳门特别行政区的教育、科学、技术、文化、新闻、出版、体育、康乐、专业、医疗卫生、劳工、妇女、青年、归侨、社会福利、社会工作等方面的民间团体和宗教组织，在互不隶属、互不干涉和互相尊重的原则基础上，可与台湾地区的有关民间团体和组织保持和发展关系。

六、澳门特别行政区与台湾地区之间以各种名义进行的官方接触往来、商谈、签署协议和设立机构，须报请中央人民政府批准，或经中央人民政府具体授权，由特别行政区行政长官批准。

七、台湾现有在澳门的机构可以适当的名称继续留存，这些机构和人员在行动上要严格遵守《中华人民共和国澳门特别行政区基本法》，不得违背“一个中国”的原则，不得从事损害澳门的安定繁荣以及与其注册性质不符的活动。我们鼓励、欢迎他们为祖国的统一和保持澳门的稳定发展作出贡献。

我们要求台湾方面顺应民心，正视现实，在澳门的活动必须严格遵守“一个中国”的原则，决不允许进行“两个中国”、“一中一台”等破坏祖国统一的分裂活动。我们也要求台湾在澳门以适当名称继续留存的机构和人员严格遵守《中华人民共和国澳门特别行政区基本法》，用它来规范自己的行为，不违背“一个中国”的原则，不从事有损澳门安定发展的事。

二、经济法类

（一）投 资

中华人民共和国台湾同胞投资保护法

（1994 年 3 月 5 日第八届全国人民代表大会常务委员会第六次会议通过
1994 年 3 月 5 日中华人民共和国主席令第 20 号）

第一条 为了保护和鼓励台湾同胞投资，促进海峡两岸的经济发展，制定本法。

第二条 台湾同胞投资适用本法；本法未规定的，国家其他有关法律、行政法规对台湾同胞投资有规定的，依照该规定执行。

本法所称台湾同胞投资是指台湾地区的公司、企业、其他经济组织或者个人作为投资者在其他省、自治区和直辖市投资。

第三条 国家依法保护台湾同胞投资者的投资、投资收益和其他合法权益。

台湾同胞投资必须遵守国家的法律、法规。

第四条 国家对台湾同胞投资者的投资不实行国有化和征收；在特殊情况下，根据社会公共利益的需要，对台湾同胞投资者的投资可以依照法律程序实行征收，并给予相应的补偿。

第五条 台湾同胞投资者投资的财产、工业产权、投资收益和其他合法权益，可以依法转让和继承。

第六条 台湾同胞投资者可以用可自由兑换货币、机器设备或者其他实物、工业产权、非专利技术等作为投资。

台湾同胞投资者可以用投资获得的收益进行再投资。

第七条 台湾同胞投资，可以举办合资经营企业、合作经营企业和全部资本由台湾同胞投资者投资的企业（以下统称台湾同胞投资企业），也可以采用法律、行政法规规定的其他投资形式。

举办台湾同胞投资企业，应当符合国家的产业政策，有利于国民经济的发展。

第八条 设立台湾同胞投资企业，应当向国务院规定的部门或者国务院规定的地方人民政府提出申请，接到申请的审批机关应当自接到全部申请文件之日起四十五日内决定批准或者不批准。

设立台湾同胞投资企业的申请经批准后，申请人应当自接到批准证书之日起三十日内，依法向企业登记机关登记注册，领取营业执照。

第九条 台湾同胞投资企业依照法律、行政法规和经审批机关批准的合同、章程进行经营管理活动，其经营管理的自主权不受干涉。

第十条 在台湾同胞投资企业集中的地区，可以依法成立台湾同胞投资企业协会，其合法权益受法律保护。

第十一条 台湾同胞投资者依法获得的投资收益、其他合法收入和清算后的资金，可以依法汇回台湾或者汇往境外。

第十二条 台湾同胞投资者可以委托亲友作为其投资的代理人。

第十三条 台湾同胞投资企业依照国务院关于鼓励台湾同胞投资的有关规定，享受优惠待遇。

第十四条 台湾同胞投资者与其他省、自治区和直辖市的公司、企业、其他经济组织或者个人之间发生的与投资有关的争议，当事人可以通过协商或者调解解决。

当事人不愿协商、调解的，或者经协商、调解不成的，可以依据合同中的仲裁条款或者事后达成的书面仲裁协议，提交仲裁机构仲裁。

当事人未在合同中订立仲裁条款，事后又未达成书面仲裁协议的，可以向人民法院提起诉讼。

第十五条 本法自公布之日起施行。

中华人民共和国台湾同胞投资保护法实施细则

（1999年12月5日　国务院第274号令）

第一条　为了保护和鼓励台湾同胞投资，促进海峡两岸的经济发展，实施《中华人民共和国台湾同胞投资保护法》，制定本实施细则。

第二条　本实施细则所称台湾同胞投资是指台湾地区的公司、企业、其他经济组织或者个人作为投资者在其他省、自治区和直辖市（以下简称大陆）的投资。

第三条　国家依法保护台湾同胞投资。

台湾同胞投资者的投资、投资收益和其他合法权益受国家法律保护，任何机关、单位或者个人不得侵占、损害。

第四条　国家依法鼓励台湾同胞投资。

台湾同胞投资依照国家有关法律、行政法规和本实施细则的规定，享受优惠待遇。

第五条　台湾同胞投资适用《中华人民共和国台湾同胞投资保护法》和本实施细则；《中华人民共和国台湾同胞投资保护法》和本实施细则未规定的，比照适用国家有关涉外经济法律、行政法规。

第六条　台湾同胞投资，应当与国家国民经济和社会发展规划相适应，符合国家产业政策和投资导向的要求，比照适用国家关于指导外商投资方向的规定。

第七条　台湾同胞投资者可以用可自由兑换货币、机器设备或者其他实物、工业产权、非专利技术等作为投资。

台湾同胞投资者可以用投资获得的收益进行再投资。

第八条　台湾同胞投资，可以依法采用下列投资形式：

（一）举办合资经营企业、合作经营企业或者全部资本由台湾同胞投资者投资的企业（以下统称台湾同胞投资企业）；

（二）合作勘探开发自然资源；

（三）开展补偿贸易、加工装配、合作生产；

（四）购买企业的股票、债券；

（五）购置房产；

（六）取得土地使用权，开发经营；

（七）购买国有小型企业或者集体企业、私营企业；

（八）法律、行政法规允许的其他投资形式。

第九条 台湾同胞投资者进行投资，需要审批的，依照国家有关法律、行政法规规定的程序办理审批手续。

第十条 设立台湾同胞投资企业，应当向对外贸易经济合作部或者国务院授权的部门和地方人民政府提出申请，接到申请的审批机关应当自接到全部申请文件之日起45日内决定批准或者不批准。

设立台湾同胞投资企业的申请经批准后，申请人应当自接到批准证书之日起30日内，依法向企业登记机关登记注册，领取营业执照。

第十一条 设立台湾同胞投资企业，台湾同胞投资者应当依法向审批机关提交申请文件；必要时，还应当附具由国务院台湾事务办公室或者地方人民政府台湾事务办事机构出具的有关证明文件。

第十二条 审批机关审批台湾同胞投资，应当提高办事效率，减少管理层次，简化审批程序，做到管理制度统一、公开、透明。

第十三条 台湾同胞投资企业依照国家有关法律、行政法规的规定，享受税收优惠待遇。

第十四条 投资于大陆中西部地区的台湾同胞投资项目，可以按照国家有关规定给予鼓励或者适当放宽限制。

第十五条 台湾同胞投资企业符合贷款原则的，可以按照国家有关规定给予必要的信贷支持。

第十六条 台湾同胞投资者个人及其随行家属和台湾同胞投资企业中的台湾同胞职工及其随行家属，可以依照国家有关法律、行政法规的规定，向公安机关申请办理一定期限多次入出境手续和相应期限的暂住手续。台湾同胞投资企业中的外籍职工的入出境和暂住手续，依照国家有关法律、行政法规的规定办理。

第十七条 台湾同胞投资者个人的子女和台湾同胞投资企业中的台湾同胞职工的子女，可以按照国家有关规定进入大陆的小学、中学和高等学校接受教育。

台湾同胞投资者或者台湾同胞投资企业协会在台湾同胞投资集中的地区，可以按照国家有关规定申请设立台湾同胞子女学校。经批准设立的台湾同胞子女学校应当接受教育行政部门的监督。

第十八条 台湾同胞投资企业依照国家有关法律、行政法规和经审批机关批准的合同、章程，享有经营管理的自主权。

台湾同胞投资企业经营管理的自主权受国家法律保护，不受任何机关、单位或者个人的非法干预和侵犯。

第十九条 台湾同胞投资企业在购买机器设备、原材料及辅料等物资以及获得水、电、热、货物运输、劳务、广告、通信等服务方面，享有与大陆其他同类企业同等的待遇。

台湾同胞投资者个人和台湾同胞投资企业中的台湾同胞职工在交通、通信、旅游、旅馆住宿、房产购置等方面，享有与大陆同胞同等的待遇。

第二十条 台湾同胞投资者投资的财产、工业产权、投资收益和其他合法权益，可以依法转让和继承。

第二十一条 台湾同胞投资者依法获得的投资收益、其他合法收入和清算后的资金，可以依法汇回台湾或者汇往境外。

台湾同胞投资企业中的台湾同胞职工的合法收入，可以依法汇回台湾或者汇往境外。

第二十二条 台湾同胞投资者可以委托亲友或者他人作为其投资的代理人，代理人应当持有具有法律效力的授权委托书。

第二十三条 国家机关对台湾同胞投资企业收费的项目和标准，应当与大陆其他同类企业相同。任何机关或者单位不得对台湾同胞投资企业另立收费项目或者提高收费标准。

任何机关或者单位不得向台湾同胞投资企业摊派人力、物力、财力，不得对台湾同胞投资企业进行法律、法规规定以外的检查、罚款，不得违反国家规定强制或者变相强制台湾同胞投资企业参加各类培训、评比、鉴定、考核等活动。

台湾同胞投资企业对违反上述规定的行为，有权拒绝并向政府有关部门举报。接受举报的政府部门应当依法作出处理，并为举报人保密。

第二十四条 国家对台湾同胞投资者的投资不实行国有化和征收；在特殊情况下，根据社会公共利益的需要，对台湾同胞投资者的投资可以依照法律程序实行征收，并给予相应的补偿。补偿相当于该投资在征收决定前一刻的价值，包括从征收之日起至支付之日止按合理利率计算的利息，并可以依法兑换外汇、汇回台湾或者汇往境外。

第二十五条 国家依法保护台湾同胞投资者个人及其随行家属和台湾同胞投资企业中的台湾同胞职工及其随行家属的人身自由和人身安全。除依照国家有关法律规定办理的外，不得对台湾同胞采取限制人身自由的强制措施。

第二十六条 在台湾同胞投资企业集中的地区，可以依法成立台湾同胞投资企业协会。

台湾同胞投资企业协会的合法权益以及按照其章程所进行的合法活动，受法律保护。

第二十七条 各级人民政府应当对台湾同胞投资提供优质、规范、方便的服务。各级人民政府台湾事务办事机构应当做好台湾同胞投资的法律宣传与咨询、投诉受理和纠纷解决等工作。

第二十八条 台湾同胞投资者、台湾同胞投资企业、台湾同胞投资企业协会认为行政机关或者行政机关工作人员的具体行政行为侵犯其合法权益的，可以依照国家有关法律、行政法规的规定，申请行政复议或者提起行政诉讼。

第二十九条 台湾同胞投资者与大陆的公司、企业、其他经济组织或者个人之间发生的与投资有关的争议，当事人可以通过协商或者调解解决。

当事人不愿协商、调解的，或者经协商、调解不成的，可以依照合同中的仲裁条款或者事后达成的书面仲裁协议，提交中国的仲裁机构仲裁。大陆的仲裁机构可以按照国家有关规定聘请台湾同胞担任仲裁员。

当事人未在合同中订立仲裁条款，事后又未达成书面仲裁协议的，可以向人民法院提起诉讼。

第三十条 台湾同胞以其设在其他国家或者地区的公司、企业或者其他经济组织作为投资者在大陆投资的，可以比照适用本实施细则。

第三十一条 本实施细则自发布之日起施行。

关于印发《大陆企业赴台湾地区投资管理办法》的通知

（2010 年 11 月 9 日　国家发展改革委、商务部、国务院台办
发改外资［2010］2661 号）

各省、自治区、直辖市及计划单列市、新疆生产建设兵团发展改革委、商务主管部门、台办，各中央管理企业：

为推动海峡两岸投资合作，实现两岸经济互利共赢，推动两岸关系和平发展，我们联合制定了《大陆企业赴台湾地区投资管理办法》。现印发你们，请按照执行。

附件：《大陆企业赴台湾地区投资管理办法》

国家发展改革委
商　　务　　部
国 务 院 台 办

附件：

大陆企业赴台湾地区投资管理办法

第一条　为进一步鼓励、引导和规范大陆企业赴台湾地区直接投资，实现两岸经济互利共赢，推动两岸关系和平发展，特制定本办法。

第二条　鼓励和支持大陆企业积极稳妥地赴台湾地区投资，形成互补互利的格局。大陆企业赴台湾地区投资应遵循互利共赢和市场经济原则。

第三条　大陆企业赴台湾地区投资，应主动适应两岸经济和产业发展特点，结合自身优势和企业发展战略，精心选择投资领域和项目；认真了解并遵守当地法律法规，尊重当地风俗习惯，注重环境保护，善尽必要的社会

责任。

第四条 大陆投资主体赴台湾地区投资，应符合以下条件：

（一）在大陆依法注册、经营的企业法人；

（二）具备投资所申报项目的行业背景、资金、技术和管理实力；

（三）有利于两岸关系和平发展，不危害国家安全、统一。

第五条 大陆企业赴台湾地区投资项目，地方企业向所在地省级发展改革委提出申请，由省级发展改革委初审后，报国家发展改革委核准。中央企业直接向国家发展改革委申请核准。

第六条 大陆企业赴台湾地区投资设立企业或非企业法人，由商务部核准。地方企业由所在地省级商务主管部门初审后向商务部提出申请；中央企业直接向商务部提出申请。

第七条 国家发展改革委按照《境外投资项目核准暂行管理办法》（国家发展改革委令第21号）对赴台投资项目进行核准，并在审核时征求国务院台办的意见，国家发展改革委的核准文件抄送商务部、国务院台办等有关部门。

第八条 对已经国家发展改革委核准的赴台投资项目，商务部核准时不再征求国务院台办的意见。

第九条 大陆企业赴台湾地区投资设立企业或非企业法人，商务部收到申请后，征求国务院台办意见。在征得国务院台办同意后，商务部按照《境外投资管理办法》（商务部令2009年第5号）进行核准，并颁发《企业境外投资证书》或《企业境外机构证书》。

第十条 大陆企业凭相关部门的投资项目和企业设立（含机构）核准文件、《企业境外投资证书》或《企业境外机构证书》，办理相关人员赴台审批、外汇登记等相关手续。

第十一条 赴台湾地区投资设立的企业或非企业法人在当地注册后，大陆企业应于15个工作日内将有关注册文件报国家发展改革委、商务部和国务院台办备案。

第十二条 对获得核准的赴台湾地区投资，大陆企业可凭核准文件和《企业境外投资证书》或《企业境外机构证书》享受国家有关政策支持。

第十三条 大陆企业如获得服务提供者等相关认证后，可享受两岸签署的有关协议项下给予的待遇。

第十四条 国家发展改革委、商务部、国务院台办加强大陆企业赴台湾地区投资的引导和服务，通过对外投资合作信息服务系统、投资指南等渠道，为企业提供有效指导。

第十五条 国家发展改革委、商务部、国务院台办加强对大陆企业赴台湾地区投资的培训工作，特别是政策、人员和投资环境等方面的培训，提高企业赴台湾地区投资的针对性和可操作性。

第十六条 鼓励各有关协会、商会、咨询机构加强对台湾地区投资环境、市场信息和产业发展状况的研究分析，发布研究和发展报告，为大陆企业赴台湾地区投资提供参考。

第十七条 大陆企业在台湾地区的投资如变更或终止，应按照《境外投资项目核准暂行管理办法》、《境外投资管理办法》办理相关手续。

第十八条 大陆企业通过境外企业到台湾地区投资，应按规定到国家发展改革委履行核准手续，到商务部履行备案手续。

第十九条 大陆企业如违反规定在台湾地区投资，国家发展改革委、商务部将会同国务院台办按有关规定予以处罚。

第二十条 本办法自发布之日起生效。国家发展改革委和国务院台办发布的《关于大陆企业赴台湾地区投资项目管理有关规定的通知》（发改外资［2008］3503号)、商务部和国务院台办发布的《关于大陆企业赴台湾地区投资或设立非企业法人有关事项的通知》（商合发［2009］219号）同时废止。

（二）贸　易

对台湾地区贸易管理办法

（2000 年 12 月 29 日　对外贸易经济合作部公布）

第一条　为了发展大陆与台湾地区间的贸易，维护海峡两岸正常的贸易秩序，促进海峡两岸经济的发展，制定本办法。

第二条　本办法适用于大陆与台湾地区间的货物贸易、技术贸易和服务贸易（以下简称对台贸易）。

第三条　从事对台贸易，应当遵守法律、行政法规和国家其他有关规定，不得损害国家安全和社会公共利益。

第四条　中华人民共和国对外贸易经济合作部是对台贸易的主管机关。有关省、自治区和直辖市人民政府对外经济贸易主管部门负责管理本行政区域内的对台贸易工作。

第五条　依法从事对外贸易经营活动的法人和其他组织，包括依法设立的外商投资企业，可以在其经营范围内与台湾地区的法人和其他组织或者个人进行对台贸易。

第六条　对台贸易合同以及货物上不得出现违反一个中国原则的字样和标记，不得出现有碍祖国统一的内容。

第七条　对台贸易的货物及其包装上需要标明原产地的，台湾货物及其包装上应当标明原产地为台湾，大陆货物及其包装上根据实际情况可以采用中性包装。

第八条　间接进行对台贸易的，应当通过在香港特别行政区或者澳门特别行政区登记注册的工商企业进行。

第九条　大陆货物经香港特别行政区或者澳门特别行政区转口、转运至台湾地区的，应当遵守国家对香港特别行政区、澳门特别行政区贸易的有关规定。

第十条 对台贸易中涉及国家统一、联合经营或者总量控制的商品，以及许可证、配额管理的商品，按照国家有关进出口的规定办理。

第十一条 对台贸易的货物由海关依照有关法律、行政法规的规定，按照优惠税率征收关税，并依法征收进口环节的税收。

第十二条 对台贸易中发生纠纷时，由当事人通过协议或者调解解决。当事人不愿协商、调解的或者协商、调解不成的，可以依据合同中的仲裁条款或者事后达成的书面仲裁协议，提交中国的仲裁机构仲裁。当事人未在合同中订立仲裁条款，事后又未达成书面仲裁协议的，可以依法向人民法院提起诉讼。

第十三条 大陆与台湾地区间的小额贸易，适用对外贸易经济合作部、海关总署发《对台湾地区小额贸易的管理办法》。

第十四条 对台贸易中的有关事项，本办法未作规定的，参照国家有关货物进出口、技术进出口和国际服务贸易的规定执行。

第十五条 本办法自2000年12月29日起执行。

对台湾地区小额贸易的管理办法

（1993年9月25日　对外贸易经济合作部、海关总署公布
［1993］外经贸台发第285号）

第一条　为便于大陆沿海省市与台湾地区的货物交流，引导海峡两岸民间小额贸易正常开展，特制定本办法。

第二条　对台湾地区小额贸易（以下简称对台小额贸易）是指台湾地区居民在大陆沿海指定口岸（福建、广东、浙江、江苏、山东、上海）依照有关规定进行的货物交易。

第三条　对台小额贸易只能由台湾地区居民同大陆的对台小额贸易公司进行。

台湾居民是指持有有效、完整的台湾渔民证、身份证等有关身份证明的人员。

第四条　对台小额贸易公司应由对外贸易经济合作部（以下简称外经贸部）授权的沿海省市对外经贸主管机关批准，并在工商行政管理部门登记注册。

对台小额贸易公司只准开展对台湾地区小额贸易，不得经营一般进出口业务。

第五条　对台小额贸易每船每航次进出口限额各为十万美元。

第六条　对台小额贸易所经营的货物限于非国家专营、禁止、限制进出口的，非进出口配额许可证管理的货物。

确需出口少量配额许可证管理货物的，应由对台小额贸易公司报上级外经贸机关按照一般贸易和对台贸易的有关规定办理审批手续，经批准同意后申领出口许可证，海关凭证验放。

第七条　对台小额贸易进口的货物仅限于原产地为台湾的货物。海关必要时应审阅进口货物的产地证明书。

第八条 对台小额贸易只能使用一百吨以下（含一百吨）的台湾船只。台湾船只系指在台湾地区正式登记注册、可供在海上进行正常作业和航行的载体。

对台小额贸易的船只所载未能成交的货物，应原船退回。

第九条 对台小额贸易只能在指定的口岸进行。

对台小额贸易口岸由外经贸部授权的沿海省市对外经贸主管机关商当地公安、边检、海关、交通、台办等部门指定。

经授权的沿海省市对外经贸主管机关应及时将本地区所确定的对台小额贸易公司和口岸情况向外经贸部备案并知会海关总署和国务院台湾事务办公室。外经贸部在收到对台小额贸易公司和口岸全部材料之日起三十天内，若未提出异议，备案自动生效。

第十条 对台小额贸易应以易货形式为主进行，易货货物均需以美元计价。

采用现汇形式进行的对台小额贸易，应以国家允许兑换的外币进行结算。双方所得现汇均应按国家外汇管理的有关规定进行处理。

出口收入的外汇由对台小额贸易公司实行全额留成。

第十一条 所有对台小额贸易进出口的货物和船只及船上人员必须接受当地海关、边检及其他港口联检部门的监管，并照章交纳税、费。

对台小额贸易货物和船只均不得出现违反“一个中国”即中华人民共和国的字样及旗、徽、号等标记。

船员个人携带自用物品应以自用合理数量为限。船员不得携带规定禁止进出境的物品，个人不得利用船舶为他人携带物品。船舶带进的航行必需的设备、燃料、物料，应原船带出。上述物品不得作为货物交易。

未经向海关申报并办理验放手续，不得擅自卸、装货物。

第十二条 除国家另有规定外，对台小额贸易进出口货物由海关按照《中华人民共和国海关进出口税则》的优惠税率和《中华人民共和国产品税条例》、《中华人民共和国增值税条例》征税，并按海关有关征税规定进行管理。

第十三条 对台小额贸易公司如违反本管理办法，原审批机关可视情节轻重分别给予警告、严重警告、撤销其经营权的处罚。作出撤销经营权处罚的，应及时报外经贸部和海关总署备案。

对于不具备开展对台小额贸易条件的对台小额贸易公司和口岸，外经贸部有权予以撤销。

对违反海关规定的，由海关按照《中华人民共和国海关法》及有关法规进行查处。构成犯罪的，移交司法机关追究刑事责任。

第十四条 开展对台小额贸易的省市对外经贸主管机关应于每年一月底前将本省市前一年的对台小额贸易情况总结上报外经贸部。

第十五条 本办法由对外贸易经济合作部、海关总署负责解释并监督执行。

第十六条 本办法自发布之日起施行。以前有关规定与本办法不一致者，以本办法为准。

（三）企 业

关于颁发台港澳侨投资企业批准证书的通知

（1994年3月29日 对外贸易经济合作部公布
［1994］外经贸资综函字第162号）

各省、自治区、直辖市、经济特区、计划单列市经贸委（厅、局）、上海市外资委，厦门市外资委，湖南省招商局，深圳市外资办，海南省合作厅：

我国吸收海外投资已有十五个年头，并且已具有一定规模，其中台湾、香港、澳门和海外华侨投资者在大陆投资举办的企业占有相当大的比重，尤其是近几年，随着海峡两岸经济技术等方面的交流，台商来大陆投资已跃居海外在大陆投资的第三位。为了进一步鼓励台、港、澳、侨投资者来大陆投资，同时，也考虑到很多台、港、澳、侨投资者希望将台、港、澳、侨投资企业与外国投资企业区别开来的意愿，根据全国人大最近颁布的《台湾同胞投资保护法》的有关规定，我部今后对批准设立的台、港、澳、侨投资企业颁发"台、港、澳、侨投资企业批准证书"。现将有关规定通知如下：

一、台、港、澳、侨投资者指台湾、香港、澳门同胞，海外华侨同胞以及他们在台、港、澳地区注册的公司、企业。台、港、澳、侨投资企业指台、港、澳、侨投资者单独或联合来大陆投资举办的企业，或与大陆公司或企业共同投资举办的合资、合作企业。

外国公司在台湾、香港、澳门注册的子公司、分公司，或者外国公司或个人与台、港、澳、侨投资者联合来大陆投资举办的企业，不认定为台、港、澳、侨投资企业，仍颁发外商投资企业批准证书。

二、颁发台、港、澳、侨投资企业批准证书，依据以下有效证明：

台、港、澳投资者以公司、企业身份投资的，依据公司、企业所在地有关机关颁发的注册登记证、营业执照。

台、港、澳投资者以个人身份投资的，依据居住地有关机关颁发的身份证件。

华侨投资者依据外国政府颁发的长期居住证和中国护照。

三、从一九九四年五月一日起批准的台、港、澳、侨投资企业，各级外商投资企业审批机关按上述规定颁发“台、港、澳、侨投资企业批准证书”。对在此之前已颁发外商投资企业批准证书的台、港、澳、侨投资企业，经过审核，符合条件的，可以换发“台、港、澳、侨投资企业批准证书”。对某些因特殊原因，不愿意申领“台、港、澳、侨投资企业批准证书”的，可以继续颁发外商投资企业批准证书。

四、“台、港、澳、侨投资企业批准证书”的印制、编号、签章与外商投资企业批准证书相同。

台湾同胞投资企业协会管理暂行办法

（2003 年 3 月 20 日　国务院台湾事务办公室　民政部公布）

第一条　为了保障台湾同胞投资企业协会（以下简称台资企业协会）的合法权益，促进海峡两岸经济交流与合作，规范管理，依据《中华人民共和国台湾同胞投资保护法》和《社会团体登记管理条例》，制定本办法。

第二条　台资企业协会是指以在祖国大陆登记注册的台湾同胞投资企业（以下简称台资企业）为主体，依法自愿组成的社会团体。

第三条　台资企业协会必须遵守国家宪法、法律、法规，不得危害国家的统一、安全和民族团结，不得损害国家利益、社会公共利益及公民合法权益。

第四条　国家依法保护台资企业协会及其会员的合法权益，以及按照章程所进行的合法活动。

第五条　台资企业协会以服务会员、推动海峡两岸经济交流与合作为宗旨。主要业务范围是：

（一）开展会员间的联谊和交流活动；

（二）为会员提供国家有关法律、法规以及经济信息等方面的咨询服务；

（三）沟通会员与当地政府及有关部门的联系，反映会员有关生产经营等方面的意见、建议和要求，维护会员的合法权益；

（四）促进当地与台湾地区之间的经济交流与合作；

（五）举办社会公益活动；

（六）帮助会员解决工作和生活中的有关困难。

第六条　国务院台湾事务办公室和有关地方人民政府台湾事务部门是台资企业协会的业务主管单位。有关地方人民政府台湾事务部门和民政部门负责本行政区域内台资企业协会的业务指导和登记管理工作。

第七条　台资企业协会分单位会员和个人会员，以单位会员为主体。

单位会员是登记注册地台资企业以本企业名义加入的会员。

个人会员是在登记注册地台资企业从业的台湾同胞以本人名义加入的会员，以及台资企业协会注册地为协会服务的有关人员以适当名义加入的会员。

第八条 成立台资企业协会，应当具备下列条件：

（一）台资企业比较集中的地区；

（二）有50个以上的发起会员，其中单位会员不得少于30个；

（三）有固定的办公地点；

（四）有适应开展业务活动所需要的专职工作人员；

（五）有合法的经费来源；

（六）法律、法规、规章规定的其他条件。

第九条 成立台资企业协会，应当经业务主管单位审查同意，依照有关规定进行登记，并按照程序报国务院台湾事务办公室备案。

第十条 所在地人民政府台湾事务部门履行业务主管单位的职责，为台资企业协会提供服务和帮助。

（一）指导台资企业协会依法开展章程规定的各项活动；

（二）协助台资企业协会联系当地政府及有关部门，安排相关活动；

（三）协助台资企业协会组织有关重要经贸交流活动、重大会务活动；

（四）协助台资企业协会组织有关法律和经济业务等培训；

（五）为台资企业协会举办社会公益活动提供帮助；

（六）为台资企业协会业务活动中遇到的问题，以及会员在生产经营和生活中遇到的困难提供帮助；

（七）提供其他必要的帮助。

第十一条 台资企业协会会长由台商担任。会长、副会长应具备下列条件：

（一）遵守一个中国原则，拥护国家统一，愿意为促进两岸经济交流与合作积极努力；

（二）台商本人投资企业有一定规模，具有一定经济实力；

（三）个人素质较好，在当地台商中有一定威望；

（四）热心协会工作，有较强工作能力；

（五）身体健康，能够坚持正常工作；

（六）未在其他社会团体担任法定代表人；

（七）具有完全民事行为能力。

第十二条 为了便于台资企业协会联系政府有关部门，更好地为会员提供服务，所在地人民政府台湾事务部门相关负责人可接受台资企业协会聘请担任相应职务。受聘人员由台资企业协会按章程规定程序产生，不领取台资企业协会的报酬。

第十三条 台资企业协会聘用一般工作人员，应当按照国家有关规定办理。

第十四条 台资企业协会接待台湾地区重要团组和人士来访，应事先向所在地业务主管单位报备。

台资企业协会举办成立、换届、庆典等重要活动，应报业务主管单位批准。

台资企业协会举办跨地区的活动，应由业务主管单位报上级业务主管单位批准。

第十五条 台资企业协会不得加入外国商会及境外社团组织。

台资企业协会依照章程独立自主开展活动，与其他任何组织没有隶属关系，不得接受任何组织和个人委托从事与章程规定不符的活动。

第十六条 台资企业协会收取会费、接受捐赠和资助必须符合章程规定的宗旨与业务范围，并应当向业务主管单位和登记管理机关报告接受和使用会费、捐赠与资助的有关情况，同时应当将有关情况以适当方式向社会公布。

第十七条 台资企业协会依法开展业务活动做出突出成绩的，业务主管单位和登记管理机关以适当方式予以鼓励和表彰。

第十八条 本办法施行前已经成立的台资企业协会，如与本办法规定不符的，应当自本办法施行之日起六个月内依照本办法有关规定自行修正。

第十九条 本办法没有规定的，依照《社会团体登记管理条例》和国家有关规定执行。

第二十条 本办法由国务院台湾事务办公室负责解释。

第二十一条 本办法自2003年4月20日起施行。

（四）交通运输邮电

台湾海峡两岸直航船舶监督管理暂行办法

（2008年12月15日　中华人民共和国海事局　海船舶［2008］597号）

第一章　总　　则

第一条　为保障人民及财产安全，防止船舶污染水域，促进海峡两岸经贸交流，便利人员往来，依据《海峡两岸海运协议》和相关法律法规的规定以及航海惯例，制定本办法。

第二条　本办法适用于从事两岸间客货直接运输的船舶（以下简称直航船舶）及有关单位和个人。

第三条　海事管理机构按照《关于台湾海峡两岸间海上直航实施事项的公告》的相关要求，依照本办法对直航船舶实施监督管理。

第二章　公司、船舶和船员

第四条　从事两岸间客货直接运输的航运公司应持有《台湾海峡两岸间水路运输许可证》，直航船舶应持有《台湾海峡两岸间船舶营运证》。

第五条　直航船舶应持有符合船籍港规定的有效船舶证书和文书。

在申请核发《台湾海峡两岸间水路运输许可证》、《台湾海峡两岸间船舶营运证》时，直航船舶的船舶证书和文书应经海事管理机构审核。

第六条　直航船舶应至少满足近海航区等级的要求。

在大陆登记直航船舶应按照海事管理机构的要求进行技术条件复核。

第七条　直航船舶应按船籍港的要求配备适任船员，直航船舶的船员所持的适任证书应满足船籍港的规定要求。

第三章　航行、停泊和作业

第八条　直航船舶进出两岸对方港口期间只悬挂公司旗。

第九条　直航船舶航行、停泊和作业，应遵守当地的有关安全和防污染管理规定。

第十条　直航船舶进出港口应配备满足航行安全要求的最新航海图书资料，及时报告船舶动态，接收航行安全信息。

第十一条　直航船舶拟进入大陆港口，船方或具备相应资质的船舶代理人应在直航船舶驶离上一港口时向抵达港的口岸查验部门提出申请，经许可后方可进港。

第十二条　直航船舶进出大陆港口，船方或具备相应资质的船舶代理人应向海事管理机构申请办理进出港查验手续。

船舶在港停泊时间不足24小时的，经海事管理机构同意，进出港查验手续可以同时办理。船舶领取出港许可证后，情况发生变化或者24小时内未能驶离港口的，应重新办理出港手续。

第十三条　海事管理机构在办理直航船舶进出港查验手续时，必须查验下列证书和资料：

（1）船舶登记证书；

（2）船舶检验证书；

（3）船员适任证书（包括其他特殊培训证书）；

（4）《船舶最低安全配员证书》；

（5）危险货物申报单（适用于装载危险货物的船舶）；

（6）《台湾海峡两岸间水路运输许可证》和《台湾海峡两岸间船舶营运证》；

（7）安全监督管理所需要的其他证书。

对未经许可擅自从事两岸间航运业务的船舶，海事管理机构不得为其办理进出港手续，并通报交通主管部门。

第十四条　直航船舶进出港申请、许可和查验使用专用单证格式和专用印章。

第十五条　直航船舶进出中国大陆港口可申请引航。但有下列情形时，应申请引航：

（一）直航船舶的船长首次到港；

（二）按内河航行规定需要引航的船舶；

（三）因安全原因海事管理机构认为需要引航的船舶。

第十六条 直航船舶在港内进行安全作业、危险货物和防污染作业应遵守港口有关安全和防污染管理规定，并办理相关手续。

第十七条 直航船舶在航行途中，因遇险、发生故障、船员或旅客患急病、避风等特殊情况，需临时进港的或者需要进入非直航港口临时停泊的，应事先向海事管理机构报告，经批准后方可进入。

第四章 监督检查

第十八条 海事管理机构应对直航船舶依法实施监督检查，直航船舶应主动接受、配合海事管理机构的监督检查。

第十九条 海事管理机构对直航船舶实施安全检查应依照有关船舶安全检查程序规定并参照船籍港有关船舶、船员管理规定和标准实施。

对在台湾登记的直航船舶实施安全检查后，由具有授权的人员另纸签发《船舶安全检查通知书》。

第二十条 直航船舶有下列情形之一的，海事管理机构有权责令其整改；未按要求整改的，海事管理机构有权禁止其进、离港，并将情况通报有关部门。

（一）处于不适航状态；

（二）船舶证书、船舶配员及其船员适任证书不符合船籍港有关规定的；

（三）发生水上交通或污染事故且事故手续未清的；

（四）未缴付应承担的款项，又未提供适当担保者；

（五）按照规定应禁止进、离港的情形。

第二十一条 直航船舶需要进行临时技术性检验，可以向海事管理机构指定的船舶检验机构提出申请。

第二十二条 直航船舶及其船员违反有关法律法规和本办法规定的，由海事管理机构依据有关法律法规进行处理。

第五章 应急处置和事故调查

第二十三条 直航船舶应熟悉所到港口的防抗台风、搜救、水上污染处置等突发事件应急要求，并按照要求做好防范措施和应急反应。

第二十四条 直航船舶发生水上交通事故和污染事故，应采取一切有效措施组织自救，防止损失扩大，并立即向事故发生地海事管理机构和搜救中心报告。

第二十五条 海事管理机构和搜救中心接到事故报告后，应立即组织救助。直航船舶和参加事故救助的船舶、设施，必须听从指挥。

第二十六条 直航船舶发生水上交通事故，应按规定向事发地或第一个抵达港口的海事管理机构提交海上交通事故报告，并接受调查处理。

第二十七条 海事管理机构接到事故报告后，应立即派员前往现场，进行调查和取证，查明事故发生的原因，判明当事人的责任。

第二十八条 接受海事管理机构调查、取证的有关人员，应当如实提供有关情况和证据，不得谎报或者隐匿、毁灭证据。

第六章 附 则

第二十九条 本办法所称“直航船舶”，是指从事台湾海峡两岸间海上直接运输业务，使用两岸资本并在两岸登记的船舶。

第三十条 属于两岸资本且经许可从事两岸间客货直接运输的外国籍船舶，应持有《台湾海峡两岸间水路运输许可证》和《台湾海峡两岸间船舶营运证》，进出大陆港口按照外国籍船舶实施管理。

第三十一条 属于两岸资本并在香港登记的经许可从事两岸间客货直接运输的船舶，应持有《台湾海峡两岸间水路运输许可证》和《台湾海峡两岸间船舶营运证》，进出大陆港口参照港澳航线船舶实施管理。

第三十二条 福建沿海地区与金门、马祖、澎湖间海上直航的船舶，按照《福建沿海地区与金门、马祖、澎湖间海上直接通航运输管理暂行规定》和相关规定实施监督管理。

第三十三条 本办法未明确的其他事项，按照相关规定执行。

第三十四条 本办法自2008年12月15日起施行。

福建沿海地区与金门、马祖、澎湖间海上直接通航运输管理暂行规定

（2006年8月2日发布福建省交通厅，福建省台湾事务办公室）

第一条 为维护福建沿海地区与金门、马祖、澎湖间海上直接通航秩序，保障运输安全，依据《台湾海峡两岸间航运管理办法》（交通部令1996年第6号）、《关于实施（台湾海峡两岸间航运管理办法）有关问题的通知》（交水发［1996］941号）和《关于加强台湾海峡两岸不定期船舶运输管理的通知》（交水发［2002］552号）等有关规定，制定本管理规定。

第二条 国务院交通主管部门对从事福建沿海地区与金门、马祖、澎湖间海上直接通航的航运企业实施行政许可制度，并根据国家有关政策和市场供需情况决定许可或者不许可。通航的运输管理工作由福建省交通厅实施。

第三条 福建沿海地区与金门、马祖、澎湖间海上直接通航由在两岸注册的航运公司使用其所有或经营的在两岸登记注册的船舶经营，外轮（包括方便旗船）不得介入。现阶段原则上由在福建省和金门、马祖、澎湖注册的航运公司经营，未经国务院交通主管部门许可，在其他省市注册的航运公司暂不参与。

第四条 申请经营福建沿海地区与金门、马祖、澎湖间海上直接运输的航运公司，应向福建省交通厅提交申请书（福建省交通厅水路运输行政许可受理处设在福建省运输管理局），由福建省交通厅审核后转报国务院交通主管部门审批。

航运公司提交申请书时应同时提供下列材料：

一、船舶资料，包括所有权证书、船籍证书、吨位证书、适航证书，租船的还应提供光租或期租合同复印件；

二、海运提单（样本）；

三、公司资信证明；

四、公司营业执照（复印件）；

五、董事会成员名单（无董事会可免交）；

六、董事长或公司法人代表身份证明；

七、公司旗标识图案。

台湾地区的航运公司还应提供经国务院交通主管部门认可的金门、马祖、澎湖有关机构出具的见证文书。

第五条 福建省省属航运公司直接向福建省交通厅提出申请；福建省非省属航运公司通过所在地设区市交通主管部门向福建省交通厅提出申请。

台湾地区航运公司委托其在福建的船舶代理公司向福建省交通厅提出申请。

第六条 福建省交通厅对台湾地区航运公司提供的船舶技术资料，应在转报国务院交通主管部门前征求福建海事局意见。

第七条 经许可从事福建沿海地区与金门、马祖、澎湖间海上直接运输业务的航运公司及船舶，由国务院交通主管部门核发《台湾海峡两岸间水路运输许可证》和《台湾海峡两岸间船舶营运证》。

前款证书有效期满需继续经营的，航运公司应按第四条和第五条的规定提前30个工作日提交申请。

第八条 福建沿海地区与金门、马祖、澎湖间海上直接通航的船舶代理业务，由具有代理外贸运输船舶经营权的船舶代理公司经营。船舶代理公司由航运公司在上述公司中自行选择。

第九条 船舶代理公司与所代理的航运公司签订代理合同后15日内，应将所代理的航运公司的公司名称、船舶名称、公司旗标识图案、船舶航线等情况报福建省口岸与海防管理委员办公室和福建省交通厅备案。

船舶代理公司应在每月10日前将上一月所代理船舶的统计资料报送福建省交通厅，由福建省交通厅汇总后，按季度报送国务院交通主管部门。

第十条 直航船舶在双方通航港口间航行和进出对方港口时只挂公司旗，不升挂对方旗。

直航船舶进出港口，除航行安全、防止污染或其他特殊原因外，不强制引航。

直航船舶在福建省沿海港口的费用参照现行《交通部港口收费规则》（外贸部分）标准计收，相关港口可根据本港具体情况和金门、马祖、澎湖港口对大陆船舶的收费情况制定优惠办法，报国务院交通主管部门、福建省交通厅、福建省价格主管部门备案后施行。

第十一条 从事福建沿海地区与金门、马祖、澎湖间海上直接通航业务的公司及船舶，应严格按照许可范围经营，并随船携带国务院交通主管部门核发的《台湾海峡两岸间船舶营运证》，接受海事部门监督检查，严禁无证营运或超范围营运。

第十二条 违反本规定的，由相关主管部门按照国家有关规定实施处罚。

第十三条 本规定自发布之日起实施。

关于台湾海峡两岸间海上直航实施事项的公告

（2008 年 12 月 12 日　中华人民共和国交通运输部　［2008］第 38 号）

根据《海峡两岸海运协议》以及相关法律、行政法规、规章的规定，现将海峡两岸海上客货直接运输的实施事项公告如下：

一、管理模式

两岸间航运业务实行特殊管理，交通运输部对经营两岸间航运业务的航运公司和营运船舶实施行政许可。

二、航运公司

在两岸注册的两岸资本且具有企业法人资格的航运公司，经许可后，方可从事两岸间海上直接运输业务。

三、营运船舶

从事两岸间海上直接运输业务，须使用两岸资本并在两岸登记的船舶。直航船舶在进出直航港口期间，应符合《海峡两岸海运协议》关于船舶识别的约定。

四、直航港口

海峡两岸直航港口名单见附件，今后将根据实际需要，适时增加直航港口。

五、申请程序

在大陆注册的航运公司申请经营两岸间航运业务，应当向交通运输部报送申请文件，同时将申请文件抄报公司所在地的省、自治区、直辖市交通运输主管部门。

其他航运公司应当委托其在大陆的船舶代理人，向交通运输部报送申请文件。

六、申请文件

申请经营两岸间航运业务的航运公司，应当提交下列文件：

（一）申请书（须经公司法定代表人签署）；

（二）营业执照复印件和公司旗标识彩色图案；

（三）公司安全管理符合证明（DOC 证书）复印件；

（四）船舶资料（包括：船舶登记证书、检验证书、安全管理证书等复印件；使用期租或光租船舶的，应提交船舶租赁合同复印件；必要时，需提供两岸资本证明材料）；

（五）提单样本；从事集装箱班轮运输的，应提交航线挂港、班期和运价本；从事旅客运输（含邮轮运输）的，还应提交客票样本。

七、审核时限

交通运输部自收到齐全、有效的申请文件之日起 20 日内，决定许可或者不许可，并书面通知申请人。

省、自治区、直辖市交通运输主管部门应在收到抄报的申请文件后 10 日内提出意见报送交通运输部。

八、许可证书

获准许可的航运公司及其船舶，由交通运输部分别核发新的《台湾海峡两岸间水路运输许可证》和《台湾海峡两岸间船舶营运证》，并使用“台湾海峡两岸间水路运输审批专用章”。

班轮航线挂港、营运船舶发生变更的，航运公司应提前 10 日申请换发《台湾海峡两岸间船舶营运证》。

原《台湾海峡两岸间水路运输许可证》和《台湾海峡两岸间船舶营运证》自 2009 年 1 月 1 日起停止使用。

获准许可的航运公司及其船舶名单将在交通运输部网站公布。

九、特别事项

（一）运力投放按照平等参与、有序竞争、双向直航、互惠互利的原则，结合两岸贸易、人员往来需求和航运市场状况，合理安排运力。

（二）两岸资本并在香港特别行政区登记的船舶，经许可，可参与两岸间海上直接运输，在进出两岸直航港口期间，其船舶识别方式应符合《海峡两岸海运协议》附件第一项的规定。

（三）本公告发布前经许可已经从事两岸试点直航运输、两岸三地集装箱班轮运输、砂石运输的两岸资本的方便旗船，航运公司应向交通运输部申请特别许可并换发《台湾海峡两岸间水路运输许可证》和《台湾海峡两岸间船舶营运证》后，方可从事两岸间海上直接运输。

（四）本公告发布前经许可已经取得两岸间不定期船舶运输经营资格的航运公司，符合直航条件的，应向交通运输部申请并换发《台湾海峡两岸间水路运输许可证》和《台湾海峡两岸间船舶营运证》后，方可从事两岸间海上直接运输；不符合直航条件的，经交通运输部特别许可，可临时从事两岸间海上运输，保持原有航行模式不变。

（五）未经特别许可，外国航运公司及外国籍船舶不得从事两岸间航运业务。经个案特别许可，临时经营两岸间单航次贸易货物运输的外国航运公司及外国籍船舶，保持原有航行模式不变。

（六）福建沿海地区与金门、马祖、澎湖间海上直航，仍依照《福建沿海地区与金门、马祖、澎湖间海上直接通航运输管理暂行规定》办理。

（七）经营两岸航运业务，不得有下列行为：以低于正常、合理水平提供运价服务，妨碍公平竞争；在会计账簿之外暗中给予托运人回扣，承揽货物；以歧视性价格或其他限制性条件给交易对方造成损害；其他损害交易对方或者损害航运市场秩序的行为。

十、监管措施

海事管理机构对从事经营两岸间航运业务的船舶依法实施监管。对未经许可擅自从事经营两岸间航运业务的船舶，海事管理机构不得为其办理进出港口手续，对非法从事经营两岸间航运业务的船舶依法处罚。交通运输部将对违规从事经营两岸间航运业务的航运公司及其船舶代理人依法予以查处。

十一、互设机构

两岸航运公司可在对方设立办事机构及经营性机构，开展相关业务。

台湾航运公司申请在大陆设立经营性机构，按照《关于促进台湾海峡两岸海上直航政策措施及实施事项的公告》（交通部2007年第22号公告）规定办理。

十二、互免税收

两岸航运公司参与两岸船舶运输在对方取得的运输收入，相互免征营业税及所得税。

台湾航运公司应依照大陆财政、税务主管部门的相关规定，办理大陆的免税手续。

十三、联系协商

两岸海上直航实施中需要进一步细化的事项，由海峡两岸航运交流协会和台湾海峡两岸航运协会联系协商后，报请有关单位研究解决。

十四、生效日期

本公告自2008年12月15日起施行。

附件：海峡两岸海上直航大陆港口（港区）名单

附件：

海峡两岸海上直航大陆港口（港区）名单

（共计63个）

丹东、大连、营口、唐山、锦州、秦皇岛、天津、黄骅、威海、烟台、龙口、岚山、日照、青岛、连云港、大丰、上海、宁波、舟山、台州、嘉兴、温州、福州、松下、宁德、泉州、肖厝、秀屿、漳州、厦门、汕头、潮州、惠州、蛇口、盐田、赤湾、妈湾、虎门、广州、珠海、茂名、湛江、北海、防城、钦州、海口、三亚、洋浦等48个海港，以及太仓、南通、张家港、江阴、扬州、常熟、常州、泰州、镇江、南京、芜湖、马鞍山、九江、武汉、城陵矶等15个河港。

注：台湾方面直航港口为11个，包括：基隆（含台北）、高雄（含安平）、台中、花莲、麦寮、布袋（先采专案方式办理）等6个港口，以及金门料罗、水头、马祖福澳、白沙、澎湖马公等5个“小三通”港口。

关于促进两岸海上直航政策措施的公告

（2009 年 6 月 19 日　中华人民共和国交通运输部　［2009］第 21 号）

为贯彻落实《海峡两岸海运协议》，进一步推动海峡两岸全面双向直航，为两岸贸易和人员往来提供更加便利海运服务，我部于 2009 年 5 月 16 日发布了大陆方面促进两岸海上直航的九项政策措施，现公告如下：

一、关于直航港口

大陆方面增加以下 5 个直航港口（港区）：铜陵港，石岛港、莱州港，台州港大麦屿港区，宁波—舟山港沈家门港区。截至目前，大陆方面共有 68 个港口（港区）为两岸海运直航港口。

二、关于运力调控

根据《海峡两岸海运协议》确定的“平等参与、有序竞争，根据市场需求，合理安排运力”的原则，为避免运力盲目增长，导致恶性竞争，交通运输部将根据市场供求关系，以集装箱班轮、客船和散装液货船为重点进行运力宏观调控。

三、关于砂石运输

为两岸砂石贸易提供运输便利，更好地满足台湾方面砂石运输需求，促进两岸经贸发展，不再对天然砂运输船实行单独发证，将天然砂运输船的业务范围统一调整为“砂石运输”，同时加强对老旧船舶安全检查。

四、关于互免税收

自 2008 年 12 月 15 日起，大陆方面对台湾航运公司从事海峡两岸海上直航业务在大陆取得的运输收入和所得，免征营业税和企业所得税。

五、关于互设机构

大陆方面已就落实《海峡两岸海运协议》确定的互设机构做好了安排，欢迎台湾航运公司在大陆投资设立经营性机构，大陆相关部门将积极提供协助和便利。同时，大陆方面支持两岸验船机构开展合作交流，积极促成互在对方设立办事处；在设立办事处前，为验船人员来往两岸开展业务提供便利，及时执行检验和处理紧急事务。

六、关于两岸登记船舶

允许两岸登记的非运输两岸间贸易货物的船舶，从两岸港口或第三地港口进入对方港口，挂旗方式按照《海峡两岸海运协议》规定的船舶识别方式执行。如上述船舶运送两岸之间的贸易货物或中转货物，应按照两岸主管部门对直航船舶的管理规定办理。

七、关于非商业运输船舶

对两岸资本的非商业运输船舶（如：航海教学实习船、海洋科学考察船、工程船、救助打捞船等）进入对方港口，按照《海峡两岸海运协议》确定的精神，予以支持，按个案方式予以审批。

八、关于《海峡两岸海运协议》联系实施机制

大陆方面的海峡两岸航运交流协会将进一步加强与台湾方面相应机构的联系，为两岸相关行业主管部门指定人员提供便利的联络渠道和服务，及时协调处理《海峡两岸海运协议》实施中的相关事务。

九、关于海上安全

大陆方面将继续推动两岸海上安全等方面的交流和合作，加强对口磋商，共同保障海上人命、环境和航行安全，并尽快协商编制两岸直航船舶共同技术标准和监管办法。

关于公布进一步促进海峡两岸海上直航政策措施的公告

（2009 年 12 月 14 日　中华人民共和国交通运输部公告　［2009］第 54 号）

为更好地贯彻落实《海峡两岸海运协议》，现将促进两岸海上直航的三项政策措施公告如下：

一、关于两岸间空箱调运

从事国际集装箱班轮运输且在两岸登记的船舶，可在两岸港口间承运经营者自有的、租用的或其他公司拥有的空集装箱。经营者应提前向交通运输部备案，取得《台湾海峡两岸间空箱调运备案证明书》后，方可从事空集装箱调运业务。经营者应在每年 1 月 10 日前，将上一年度所运送空集装箱数量报交通运输部。

二、关于两岸间集装箱直航运输

经交通运输部批准从事两岸间集装箱直航运输的船舶，可运输两岸贸易货物，也可运输中转货物。

未经交通运输部批准，取得两岸直航集装箱班轮运输资格的经营者，不得向不具备经营两岸直航集装箱班轮运输资格的经营者出租舱位，或者用两岸直航班轮航线的舱位与其他航线的舱位进行互换；也不得以任何方式将其经营资格转让他人使用。

三、关于两岸间海上客运

从事两岸间海上客运的船舶应经验船机构检验，符合有关公约的技术标准，持有两岸相互认可的有效证书；客船经营公司应建立安全管理体系，并依法办理船东责任和旅客意外伤害有关保险。

根据《海峡两岸海运协议》确定的“平等参与、有序竞争，根据市场需求，合理安排运力”的原则，并有利于两岸间客运市场的培育和发展，目前每条客运航线只投入一艘船舶，自船舶首航之日起，一段时期内原则上不安排新的船舶运力。

台湾海峡两岸间航运管理办法

（1996年8月19日　经第14次部长办公会议通过　交通部［1996］第6号令　自1996年8月20日起施行）

第一条　为了促进海峡两岸间航运事业的发展，维护正常航运秩序，发展两岸经贸关系，根据一个中国、双向直航、互惠互利的原则，制定本办法。

第二条　本办法适用于中国大陆港口与台湾地区港口之间的海上直达客货运输（以下简称两岸航运）。

第三条　两岸航运属于特殊管理的国内运输。

第四条　中华人民共和国交通部（以下简称交通部）是两岸航运业务的主管机关。

第五条　在中国大陆和台湾地区登记注册的符合下列条件的航运公司，经交通部批准，方可以其所有的或者经营的船舶，从事两岸航运业务：

（一）中国大陆或者台湾地区的独资航运公司；

（二）中国大陆和台湾地区的合资航运公司。

第六条　申请经营两岸航运业务的，在中国大陆注册的地方航运公司应当经所在的省、自治区、直辖市交通主管部门审核后转报交通部批准；国务院各部门所属的航运公司由有关主管部门核转交通部批准。

在中国台湾地区注册的航运公司应当委托其在大陆的船舶代理公司代为提出申请，经该船舶代理公司所在的省、自治区、直辖市交通主管部门审核后转报交通部批准。

第七条　申请经营两岸航运业务的航运公司，应当提交下列文件：

（一）申请书；

（二）船舶资料；

（三）海运提单样本；

（四）交通部要求的其他文件。

从事班轮运输的，除提供上述文件外，还应当提供港航间班轮运输协议和运价本。

第八条 交通部应当自收到申请文件之日起45天内，决定批准或者不批准，并书面通知申请人。

第九条 经批准经营两岸航运业务的航运公司及其船舶，由交通部核发《台湾海峡两岸间水路运输许可证》和《台湾海峡两岸间船舶营运证》。

前款证书有效期为一年。

第十条 非经交通部批准，外国航运公司不得经营台湾海峡两岸间双向直达的或者中转的货物运输和旅客运输。

第十一条 为两岸航运业务提供服务的大陆港口和船舶代理公司，由交通部批准并予公布。

任何大陆港口和船舶代理公司，未经批准，不得从事与两岸航运相关的服务。

第十二条 未经交通部批准从事两岸航运业务的航运公司的船舶，港务监督机构不得为其办理进出港口签证，港口不得为其装卸货物，船舶代理公司不得为其办理代理业务。

第十三条 不符合本办法第五条、第十一条的规定，未经批准擅自经营两岸航运及其相关业务的，由交通部给予警告、没收违法所得。

第十四条 港口经营人、船舶代理公司违反本办法第十二条的规定，为没有两岸航运经营资格的航运公司的船舶提供相关服务的，由交通部给予警告、没收违法所得；情节严重的，可以并处取消其从事与两岸航运相关服务的资格。

第十五条 本办法自1996年8月20日起施行。

关于实施《台湾海峡两岸间航运管理办法》有关问题的通知

（1996 年 10 月 31 日　交通部公布）

各沿海省、直辖市、自治区交通厅（局、委、办）、各直属和双重领导港口、各海监局：

《台湾海峡两岸间航运管理办法》（以下简称《管理办法》）业经交通部令（1996 年第 6 号）颁布实施。现就实施中的有关问题通知如下：

一、关于对中国大陆港口与台湾地区港口之间的海上直达客货运输（以下简称两岸航运）的市场准入管理

（一）经营两岸航运的企业必须是在海峡两岸之一方登记注册，其资本为大陆资本或台湾资本或大陆与台湾合资的航运公司及其全资子公司。

（二）大陆从事两岸航运业务的港口、船舶代理公司和航运公司由交通部指定或批准并公布。

现阶段，厦门港（厦门市行政区划内各对外开放港口码头及其相关水域和漳州港尾中银开发区对外开放码头及其相关水域）、福州港（福州市行政区划内各对外开放港口码头及其相关水域）和中国外轮代理总公司（含中国厦门外轮代理公司、中国福州外轮代理公司）中国船务代理总公司（含中国厦门船务代理公司、中国福州船务代理公司）为大陆经营两岸间航运业务的港口和船舶代理公司。

（三）台湾航运公司及其全资子公司经营两岸航运业务须按《管理办法》规定的程序，委托其在大陆的船舶代理公司为代为提出申请，经该船舶代理公司所在的省、自治区、直辖市交通主管部门审核后报交通部批准。大陆航运公司及其全资子公司经营两岸航运业务，应当经所在的省、自治区、直辖市交通主管部门审核后转报交通部批准；国务院各部门所属的航运公司由有

关主管部门核转交通部批准。

（四）有关的省、自治区、直辖市交通主管部门在接到齐备的申报材料9日内审核转报交通部；交通部在收到核转的齐备申报材料45日内做出批准或不批准的决定，并将决定意见抄送省、自治区、直辖市交通主管部门。

（五）申请经营两岸间双向直达运输的航运公司和船舶，均须按本通知规定的程序事先分别取得交通部颁发的《台湾海峡两岸间水路运输许可证》和《台湾海峡两岸间船舶营运证》（证件样本见附件一）。许可证、营运证有效期为一年，届时如继续经营两岸间航运，应提前四十天按本通知规定的程序提出书面申请。

（六）《台湾海峡两岸间水路运输许可证》、《台湾海峡两岸间船舶营运证》以及"台海峡两岸间水路运输审批专用章"（审批专用章式样见附件二）自本通知下达之日起启用。

（七）未经批准，经营两岸航运的定期班轮不得擅自停航撤线。

二、关于交通部对申请经营台湾海峡两岸间航运的企业要求提供的申报资料

（一）《管理办法》第七条规定的交通部要求的其他申报文件是指：

1. 两岸的航运公司及其全资子公司认证资料：公司资信证明、营业执照、章程、股东或董事会名册、股东或董事身份证明等相关资料的影印件。

2. 两岸的航运公司所有或经营船舶的认证资料：有关船舶所有权或船舶期租合同或相应的文件。期租船舶的租期必须在1年以上。

3. 大陆的航运公司及其全资子公司拟委托的台湾船舶代理公司的资信证明、营业执照、股东或董事会名册、股东或董事身份证明。

台湾航运公司提交的上述资料必须经交通部认可的台湾有关机构或人士提供见证文书。

（二）所有申报资料均需一式两份，经省、自治区、直辖市交通主管部门核转报交通部。

三、关于对台湾海峡两岸航运船舶的管理

（一）在台湾海峡两岸登记的航运公司及其全资子公司在现阶段可用悬挂方便旗的所有或经营船舶在两岸间营运；所租用的船舶必须为两岸航运公

司的资本所拥有的方便旗船舶。进出经交通部批准的港口的上述船舶应按交通部对外贸船舶的有关规定进行管理。

（二）两岸航运属于特殊管理的国内航线，按外贸运输进行管理，其货物运输合同适用《中华人民共和国海商法》（简称《海商法》）第四章的规定；从事两岸间运输的船舶按外贸运输船舶进行管理，在大陆港口的费用按外贸船舶标准收取；运输中发生的海事赔偿责任限额，适用《海商法》第七章规定的限额；《海商法》没有规定的，适用大陆有关的涉外法律规定，大陆的法律没有规定的，适用国际惯例。

四、关于台湾海峡两岸航运业务的经营管理

为及时掌握两岸航运市场的动态，各有关船舶代理公司要在每月 10 日前向交通部报送上个月所代理的两岸双向直航船舶统计资料（一式两份，内容见附件三），同时抄报省、直辖市、自治区交通主管部门。

五、检查与处罚

（一）授权厦门、福州港监部门查验交通部颁发的《台湾海峡两岸间水路运输许可证》和《台湾海峡两岸间船舶营运证》，严禁无证营运或超过规定范围营运。

（二）两岸的航运公司、大陆港口经营人、船舶代理公司违反《管理办法》第五条、第十一条的规定，由交通部给予警告、没收违法所得的处罚。上述处罚由交通部委托省、自治区、直辖市交通主管部门负责实施。

（三）违反《管理办法》第十二条、本通知第三条第三款的规定，由交通部给予警告、没收违法所得、并处以取消从事与两岸航运相关服务资格的处罚。上述处罚由交通部委托省、自治区、直辖市交通主管部门负责实施。

（四）凡被取消从事台湾海峡两岸间航运业务资格的港口、船舶代理公司由交通部予以公布。

附件：

一、《台湾海峡两岸间水路运输许可证》及《台湾海峡两岸间船舶营运证》样本（略）

二、台湾海峡两岸间水路运输审批专用章式样（略）

三、两岸直航船舶统计资料表（略）

关于台湾海峡两岸间货物运输代理业管理办法

（1996年8月21日　对外贸易经济合作部［1996］外经贸运发第461号）

第一条　为促进台湾海峡两岸间经济贸易交流和航海运输业发展，维护正常的货物运输代理经营秩序，根据国家有关法律、法规以及“一个中国、双向直航、互惠互利”的原则，制定本办法。

第二条　本办法适用于对从事代理台湾海峡两岸间直达航海货物运输业务的管理。

第三条　中国大陆港口与台湾地区港口之间的海上直达货物运输属于特殊管理的国内运输。中华人民共和国对外贸易经济合作部（以下简称外经贸部）是台湾海峡两岸间货物运输代理业务的主管机关。

外经贸部根据国家有关法律规定和台湾海峡两岸间货物运输市场的供求情况，对经营有关货物运输代理业务的企业实施行业管理。

第四条　从事经营台湾海峡两岸间货物运输代理业务必须经外经贸部批准。未经外经贸部批准的任何企业和个人一律不得从事该项业务。

第五条　申请经营台湾海峡两岸间货物运输代理业务的企业仅限于以下两类：

（一）经外经贸部批准设立的全部资本来源于中国大陆的国际货物运输代理企业；

（二）经外经贸部批准设立的中国大陆和台湾地区投资者合资或合作的国际货物运输代理企业。

第六条　申请经营台湾海峡两岸间货物运输代理业务的企业，应经所在省、自治区、直辖市、经济特区对外贸易经济合作主管部门审核后转报外经贸部批准。外经贸部自收到本办法第七条规定的申请文件之日起45天内决定批准或不批准。

外经贸部向批准经营台湾海峡两岸间货物运输代理业务的企业核发经营许可证。

经营许可证有效期为3年。经营许可证有效期届满时，需要继续从事有关代理业务的，应在经营许可证有效期届满的30天前向外经贸部申请换领经营许可证。未依照本款规定申请换领经营许可证的，其从事有关代理业务的资格自经营许可证有效期届满时，自动取消。

第七条 申请经营台湾海峡两岸间货物运输代理业务的企业，应提交下列文件：

（一）申请书；

（二）可行性研究报告；

（三）资信证明；

（四）外经贸部要求的其他文件。

第八条 外经贸部定期集中公布从事台湾海峡两岸间货物运输代理业务的企业名录。

第九条 从事台湾海峡两岸间直达航海货物运输业务的企业必须在外经贸部公布的从事有关货物运输代理业务的企业中选择代理。海关不得为未经外经贸部批准从事有关代理业务的企业办理清关手续。

第十条 经批准的从事代理台湾海峡两岸间直达航海货物运输业务的企业应遵照国家法律、法规及有关行业管理规定，为台湾海峡两岸货物收发货人和直达航运船舶提供优质服务，每季度第1个月上旬将上1季度有关经营情况以书面形式报企业所在地外经贸主管部门并抄报外经贸部。

第十一条 对违反国家有关法律、法规及本办法规定的从事台湾海峡两岸间货物运输代理业务的企业，外经贸部将根据国家有关法律予以处罚。

第十二条 关于从事台湾海峡两岸间货物运输代理业务，本办法未规定的有关事宜参照《中华人民共和国国际货物运输代理业管理规定》执行。

第十三条 本办法自公布之日起实施。

第十四条 本办法由外经贸部负责解释。

关于实施《关于台湾海峡两岸间货物运输代理业管理办法》有关问题的通知

（1997年3月12日　对外贸易经济合作部公布
［1997］外经贸运发第91号）

各省、自治区、直辖市、计划单列市外经贸委（厅、局），沈阳、长春、哈尔滨、南京、武汉、广州、成都、西安、济南、杭州市外经贸委：

1996年8月21日，外经贸部发布实施《关于台湾海峡两岸间货物运输代理业管理办法》（以下简称《管理办法》），现就实施中的有关问题通知如下：

一、申请经营台湾海峡两岸间货物运输代理业务的企业，必须是外经贸部批准的、全部资本来源于中国大陆或中国大陆和台湾地区投资者合资合作的国际货物运输代理企业，并且具备以下两个条件：

（一）在属地同行业中有较大的经营规模和较强的经济实力；

（二）有良好的国际货物运输代理经营实绩和商业资信。

二、外经贸部向批准经营台湾海峡两岸间货物运输代理业务的企业核发经营许可证。

三、《管理办法》第七条规定的外经贸部要求的其他文件是指：

（一）企业营业执照、企业章程影印件；

（二）会计师事务所出具的验资报告书；

（三）企业投资者情况说明；

（四）台湾投资者提交的材料必须附有经外经贸部认可的台湾有关机构提供的见证文书；

（五）申请者上一年度经营实绩、利润及上缴税额报告影印件。

中外合资、合作国际货物运输代理企业还需根据外商投资企业法律、法规的规定提供有关文件。

四、鉴于厦门港（厦门市行政区划内各对外开放港口码头及其相关水域和漳州港尾中银开发区对外开放码头及其相关水域）、福州港（福州市行政区划内各对外开放港口码头及相关水域）为两岸间船舶直航的试点口岸，目前仅受理福建省内国际货物运输代理企业的申请。

五、现阶段，为及时掌握台湾海峡两岸间货物运输情况，各有关货物运输代理企业须于每月 3 日前向省、自治区、直辖市和经济特区人民政府外经贸主管部门（以下简称地方外经贸主管部门）报送业务统计报表；地方外经贸主管部门应于每月 10 日前将业务统计表报外经贸部。

六、对未经外经贸部批准擅自经营海峡两岸间货物运输代理业务的，由地方外经贸主管部门取缔非法经营活动。

对未经外经贸部批准擅自经营海峡两岸间货物运输代理业务的国际货物运输代理企业，外经贸部视情节轻重分别给予警告或责令停业整顿处罚。

台湾海峡两岸间货物运输代理企业，未及时向地方外经贸主管部门报送业务统计报表的，由地方外经贸主管部门给予警告处罚；情节严重的，可建议外经贸部责令该企业停业整顿；对其他违反《中华人民共和国国际货物运输代理业管理规定》和《管理办法》以及相关规定的，由外经贸部视情节轻重分别给予警告、暂停经营台湾海峡两岸间货物运输代理权、撤销经营台湾海峡两岸间货物运输代理权、撤销国际货物运输代理权等处罚。

凡被取消从事台湾海峡两岸间货物运输代理业务的企业由外经贸部予以公布。

关于网上办理台湾海峡两岸间船舶营运证的通知

（2008 年 7 月 9 日　交通运输部办公厅　厅水字［2008］62 号公布）

各有关船舶运输、船舶代理企业：

为提高行政效率，便于船舶运输企业或其船舶代理人申请办理《台湾海峡两岸间船舶营运证》（单航次），我部决定自 2008 年 8 月 1 日起，试行网上受理行政许可申请。现将有关事项通知如下：

一、网上办理的范围

网上办理仅适用于台湾海峡间不定期船舶运输的单航次审批。

二、申请人资格主体及身份确认

为保证申请人网上提交申请材料的真实性、可靠性、安全性，根据有关法律法规的规定，申请人应事先申请取得“企业网上电子身份证书”（以下称“电子钥匙”）。下列两类经营人应办理“电子钥匙”：

1. 经营两岸航运的大陆船舶运输企业；

2. 为两岸航运船舶提供代理服务的大陆船舶代理企业。

“电子钥匙”申领程序见附件 1“企业网上电子身份证书申领流程”，由中交网科技有限公司代办“电子钥匙”。

三、办理程序

1. 申请人事先申请取得“电子钥匙”；

2. 登陆交通运输部政府网站（www. mot. gov. cn）后，在网站首页“办事服务”栏目凭“电子钥匙”进入台湾海峡两岸船舶运输业务网上办理系统；

3. 在网上填报申请并将申请材料扫描后即时传输，申请材料填报方法详见附件2“《台湾海峡两岸间船舶营运证》网上办理指南”；

4. 我部依据《台湾海峡两岸间航运管理办法》（交通部令1996年第6号）等有关规定进行审批，并在网上公布审批结果；

5. 申请人在网上自行打印《台湾海峡两岸间船舶营运证》，并提交口岸海事部门查验。

四、其他事项

申请人在使用网上办理系统前应认真阅读使用指南，并保证申请材料的真实、齐全、有效；发现有虚假内容的，将按有关规定严肃处理。使用过程中如有疑问，请通过下列电话咨询：

（010）64442842（中交网科技有限公司）

（010）65292656（水运司）

附件：

1. “企业网上电子身份证书申领流程”（略）
2. 《台湾海峡两岸间船舶营运证》网上办理指南（略）

关于加强台湾海峡两岸不定期船舶运输管理的通知

（2002年11月26日　交通部交水［2002］552号）

各省、自治区、直辖市交通厅（局、委员会）、海事局，计划单列市交通局（委员会）、海事局，各对外开放港口港务局、港务集团公司、海事局：

根据交通部1996年8月发布的《台湾海峡两岸间航运管理办法》和国务院2001年12月发布的《中华人民共和国国际海运条例》的有关规定，未经国务院交通主管部门批准，任何企业和船舶不得经营中国内地与台湾地区之间的双向直航和经第三地的船舶运输业务。

几年来，交通部依法对两岸班轮运输业务进行了有效管理，两岸班轮运输秩序井然，为两岸贸易提供了高效、可靠的运输服务。最近发现，一些从事两岸不定期运输业务的船公司并未执行上述规定，特别是有少数外国船公司擅自经营了两岸运输业务，严重违反了有关两岸运输政策和规定。

为严格执行法规，促进两岸尽快实现海上全面、直接通航，须依法加强对两岸不定期船舶运输的管理力度，所有从事两岸运输业务的船公司应尽快按照规定向交通部办理审批手续。自本通知发布之日起至2002年12月31日，对已经签订了两岸货物运输合同，需要在今年内运输的，可以按照个案报批方式，大陆船公司直接向交通部提出申请；台、港、澳地区船公司通过在大陆的具有外贸运输船舶代理权的船舶代理公司直接向交通部提出申请；确有必要时，外国船公司也可通过其在中国大陆的上述船舶代理公司直接向交通部提出申请。交通部对以上申请将采取个案办法审批。申请时应提供下列材料：

申请书（包括拟承运的货物、挂靠港口、起讫时间）、营业执照（复印件）及船舶资料（包括船级、船籍、船舶所有权证书等）。以期租船或光船租赁方式经营两岸间不定期船运输的，还应提供租赁合同或相应文件的复印件。

对申请从事2003年1月1日以后两岸不定期船舶运输的，申请人应为在大陆登记注册的具有外贸运输资格的船公司；在香港、澳门登记注册，且为香港或澳门永久居民或大陆、台湾居民资本的船公司以及在台湾登记注册的船公司。其中大陆船公司为直接申请人，香港、澳门或台湾船公司应委托其在大陆的具有外贸运输船舶代理权的船舶代理公司代为提出申请。上述船公司应使用《台湾海峡两岸间航运管理办法》规定的船舶从事两岸不定期运输业务，除非特别需要，不允许使用外国公司的船舶。

申请程序按《台湾海峡两岸间航运管理办法》（中华人民共和国交通部令1996年第6号）和“关于实施《台湾海峡两岸间航运管理办法》有关问题的通知”（交水发［1996］941号）的有关规定，经申请人或代理申请人所在地的省、自治区、直辖市交通主管部门审核后转报交通部审批，交通部在收到核转齐备的申请材料45日内做出批准或不批准的决定，并将决定意见抄送核转的省、自治区、直辖市交通主管部门。

申请材料包括：申请书，申请船公司使用的海运提单样本，申请船公司的资信证明、营业执照（复印件）及船舶资料（包括船级、船籍、船舶所有权证书等），使用期租或光租船舶经营两岸不定期运输的，还应提供期租合同或相应文件的复印件。

经交通部批准同意经营两岸不定期船舶运输的船公司和船舶由交通部核发《台湾海峡两岸间水路运输许可证》和《台湾海峡两岸间船舶营运证》。许可证和营运证的有效期为3年。届时如需继续经营两岸不定期船舶运输，有关船公司应提前40天按上述申请程序提出书面申请。两岸实现真正意义上的直接通航后，如有新的规定，按新的规定办理。

从2003年1月1日起，各口岸有关部门应严格进行查验，对没有《台湾海峡两岸间水路运输许可证》和《台湾海峡两岸间船舶营运证》，擅自从事两岸运输的公司依法严肃处理。

关于推进澳门特别行政区和台湾地区来话主叫号码传送工作的通知

（信息产业部信部电［2007］557号）

内地与澳门特别行政区、台湾地区联系较为紧密，广大电信用户对澳门特别行政区、台湾地区来话主叫号码的真实传送有着迫切的需求。为了向用户提供更优质的服务，现通知如下：

一、请各基础电信业务经营者与澳门特别行政区、台湾地区的相关运营企业积极洽谈主叫号码传送业务，争取在2008年5月1日前，全面实现澳门特别行政区、台湾地区来话主叫号码的透传。

二、澳门特别行政区、台湾地区来话主叫号码的传送格式应当符合《网间主叫号码的传送（补充件2）》（YD/T 1157.2－2003）的要求。

（五）农　业

关于促进两岸农业合作、惠及台湾农民的若干政策措施

（2007 年 1 月 11 日　中共中央台湾工作办公室、财政部、国土资源部、交通部、农业部、商务部、海关总署、国家税务总局、国家工商行政管理总局、国家质量监督检验检疫总局、国家林业局　中台发［2007］1 号）

一、关于进一步完善海峡两岸农业合作试验区和台湾农民创业园建设方面

1. 欢迎台湾农民合作经济组织、台资农业企业和农民参与大陆海峡两岸农业合作试验区和台湾农民创业园的建设与发展；鼓励和支持台湾农民合作经济组织与大陆农民专业合作经济组织之间开展合作与交流活动。

2. 来园区从事农业合作项目的台湾农民，可依照大陆有关法律、法规和规章直接申请设立个体工商户。具体登记办法由有关部门另行制定。

3. 简化园区台资农业企业在项目核准、企业立项、税务征收、检验检疫通关等相关审批办理手续，降低企业的运营成本。

4. 对台湾农民创业园内的基础设施建设给予积极财政支持。对创业园的重点农业高新技术项目予以优先立项、重点扶持。

5. 积极做好用地服务，支持海峡两岸农业合作试验区和台湾农民创业园的发展建设。对试验区和创业园的用地规模和布局，将在地方土地利用总体规划中统筹安排和落实，予以重点倾斜。对试验区内符合条件的已核准、签约的台资农业发展项目，在依法、节约、高效的前提下，优先协调用地。

6. 经有关部门批准，四川新津、重庆北碚台湾农民创业园，上海郊区、

江苏昆山和扬州两岸农业合作试验区正式投入运行。

二、关于鼓励和支持两岸农业合作与技术推广，扩大合作领域方面

7. 为鼓励两岸农业合作与技术推广，大陆有关部门将运用农业技术推广资金予以支持，具体项目由有关省市组织申报。

8. 积极支持台湾各类各级农民合作经济组织、农业企业和台湾农民来大陆参加农产品的展览及推销活动，并在检疫审批、查验放行、检验检疫监管等方面继续提供便利措施。进一步为台湾农产品进口提供通关便利措施及优质的通关服务。

9. 优先安排台湾产兽药产品在大陆审批和注册，取得《兽药注册证书》后，可通过在大陆设立销售机构或委托符合条件的大陆代理机构在大陆销售。

10. 对台湾渔船自捕水产品进口，在原来允许输往福建的基础上，增加允许输往广东汕头。

11. 充分发挥大陆现有的出口加工区及保税仓库、出口监管仓库的作用，鼓励和支持两岸农业界开展农牧产品、水产品等深加工，促进两岸农业合作和贸易往来。

12. 加强台资农业企业在大陆投资经营的咨询服务工作。农业、商务主管部门和海峡两岸经贸交流协会在网站上设立投资大陆农业政策专栏，向台湾农民介绍有关政策法规。

三、关于优化服务，便利两岸农产品贸易和大陆台资农业企业产品销售方面

13. 为方便大陆台商引进农作物优质种子种苗，增强其在大陆拓展业务的竞争能力，大陆有关行政主管部门缩短台商自岛内引进种子种苗及其栽培介质检疫许可的审批周期，自受理台商进口申请之日起20个工作日内完成审批工作。大陆检验检疫机构提供相关检验检疫便捷措施。

14. 在大陆的台资农业企业自岛内进口自用的与农林业生产密切相关的种源品种，经向当地农业行政主管部门提出进口申请并报农业部审批后，可以零关税进口。如果在进口年度计划额度内，可享受免进口环节增值税的优惠政策。

15. 凡涉及野生动植物及其产品（包括人工繁殖、人工培植）贸易，有关台资企业可向省、市、自治区林业或渔业行政主管部门事先备案并提出相应的进出口管理计划（包括种类和数量），大陆野生动植物行政主管部门和大陆濒危物种进出口管理办公室在审批相关计划及核发相关证书时，在依法的前提下，实行最为简便的办理手续，缩短工作时限，便利企业。

16. 凡涉及人工培植来源的蝴蝶兰、大花蕙兰、仙人掌类、仙客来、云木香、天麻、西洋参、芦荟植物种标本贸易，大陆濒危物种进出口管理办公室在各地的办事处可根据林业主管部门批准文件，直接核发相关证书，减少审批环节，提高效率。

17. 对台湾农渔产品进口商提出的“网上支付”申请，海关部门将优先受理、审批并安排相关设备。海关总署深圳原产地管理办公室设立联络人和专线电话，提供台湾农渔产品进口通关涉及相关业务的咨询和答疑。

18. 进一步完善台湾鲜活农产品公路运输“绿色通道”，提供台湾鲜活农产品在大陆的运输服务和通行保障，包括可以享受沿线省级人民政府制定的“绿色通道”通行费优惠政策和通过沿线收费站设置的专用“绿色通道”优先通行。

四、关于保护台湾农产品知识产权，维护台湾农民正当权益方面

19. 为规范台湾水果的市场经营行为，保护台湾水果品牌和形象，工商行政管理机关将加强市场监督管理，严格区分“台湾产地水果”和“台湾品种水果”。凡是销售非原产于台湾岛内的台湾品种水果，均需在包装物和价格标签上注明产地。对以非原产于台湾的水果假冒台湾产地水果进行销售的行为予以制止，并按照《反不正当竞争法》的有关规定予以处罚。加强对相关广告宣传的监管力度，对违法广告行为将依据《广告法》等法律规定予以处罚。

20. 欢迎台湾农产品生产商和经销商在大陆通过注册普通商标、证明商标或集体商标等方式，获得《商标法》的保护。对侵犯台湾农产品注册商标专用权的，按照《商标法》的有关规定予以处罚。

关于扩大台湾水果、蔬菜和水产品准入种类的公告

（2006 年 4 月 19 日　国家质量监督检验检疫总局公告第 58 号）

根据有关法律法规的规定，自 2006 年 5 月 1 日起，允许产自台湾地区进入大陆的水果种类从 18 种增加到 22 种，具体包括：菠萝、香蕉、番荔枝、木瓜、杨桃、芒果、番石榴、莲雾、槟榔、橘、柚、枣、椰子、枇杷、梅、李、柿子、桃、柠檬、橙、火龙果、哈密瓜；允许产自台湾地区的蔬菜 11 种进入大陆，具体种类为：莴苣、丝瓜、清江菜、小白菜、苦瓜、芋头、甘蓝、花椰菜、胡萝卜、洋葱、山葵；允许来自台湾渔船自捕的水产品输往福建，参照大陆自捕渔船做法，凭公海自捕鱼许可证、贸易合同、发票等资料向检验检疫部门报检，不再要求提供台湾主管部门出具的卫生证书。

特此公告。

关于对来自台湾水果实施便捷检验检疫措施的通知

（2005年6月1日　国家质量监督检验检疫总局
国质检动函［2005］388号）

各直属检验检疫局：

为促进台湾农产品在大陆销售，总局于2005年5月23日发布第83号公告，允许产自台湾地区进入大陆销售的水果种类由原来的12种增加到18种。为确保台湾水果能够顺利进入大陆市场，请有关检验检疫机构采取以下便捷检验检疫措施：

一、提供热线咨询。总局和有关口岸检验检疫机构开设咨询服务热线或窗口，及时解答有关台湾水果检验检疫问题。总局咨询电话：010－82261905、82261898，传真：010－82260157、82260159。

二、加快检疫审批。入境口岸直属检验检疫机构对台湾水果从快办理检疫预审批，并通过电子审批的方式报总局核批。对到大陆参展水果由总局委托入境口岸直属检验检疫机构直接办理检疫审批手续。

三、快速受理报检。入境口岸检验检疫机构全天候提供预约报检和提前报检服务。

四、实施快速查验。对到港台湾水果实施优先查验、快速查验。对送实验室检测的样品，优先送样、优先检测，保证台湾水果随到随检。

五、加快放行速度。经检验检疫合格的，立即签发《入境货物通关单》；发现疫情的，作检疫除害处理合格后予以放行。

六、加强与台湾企业、协会等有关方面的沟通，及时解决台湾水果在大陆销售中遇到的检验检疫问题。

请各有关检验检疫局高度重视，认真落实上述对台水果便捷检验检疫措施，并尽快将咨询电话、传真报总局动植司，以便统一在总局网站上公布。执行中，如遇问题请及时报告总局。

（六）工商税务

关于海峡两岸海上直航营业税和企业所得税政策的通知

（2009 年 1 月 19 日　财政部　国家税务总局　财税［2009］4 号）

各省、自治区、直辖市、计划单列市财政厅（局）、国家税务局、地方税务局，新疆生产建设兵团财务局：

为推动海峡两岸海上直航业务有关税收政策通知如下：

一、自 2008 年 12 月 15 日起，对台湾航运公司从事海峡两岸海上直航业务在大陆取得的运输收入，免征营业税。

对台湾航空公司在 2008 年 12 月 15 日至文到之日已缴纳应予免征的营业税，从以后应缴的营业税税款中抵减，年度内抵减不完的予以退税。

二、自 2008 年 12 月 15 日起，对台湾航运公司从事海峡两岸海上直航业务取得的来源于大陆的所得，免征企业所得税。

享受企业所得税免税政策的台湾航运公司应当按照企业所得税法实施条例的有关规定，单独核算其上述业务在大陆取得的收入和发生的成本、费用；为单独核算的，不得享受免征所得税政策。

三、本通知所称台湾航运公司，是指取得交通运输部颁发的“台湾海峡两岸间水路运输许可证”且上述许可证上注明的公司登记地址在台湾的航运公司。

关于福建沿海与金门、马祖、澎湖海上直航业务有关税收政策的通知

（2007 年 8 月 16 日　财政部、国家税务总局　财税［2007］91 号）

福建省、厦门市财政厅（局）、国家税务局、地方税务局：

为推动海峡两岸直航进程，经国务院批准，现对福建沿海与金门、马祖、澎湖海上直航业务有关税收政策通知如下：

一、自 2007 年 5 月 1 日起，对海峡两岸船运公司从事福建沿海与金门、马祖、澎湖海仁直航业务在大陆取得的运输收入，免征营业税。

享受营业税免税政策的纳税人应按照现行营业税政策的有关规定，单独核算其免税业务收入，未单独核算的，不得享受免征营业税政策。

对上述船运公司在 2007 年 5 月 1 日至文到之日已缴纳应予免征的营业税，可以从以后应缴的营业税税款中抵减，年度内抵减不完的可以予以退税。

二、自 2007 年 5 月 1 日起，对上述船运公司从事上述业务取得的所得，免征企业所得税。

享受企业所得税免税政策的纳税人应按照现行企业所得税政策的有关规定，单独核算从事上述业务在大陆取得的收入、成本。未单独核算的，不得享受免征企业所得税政策。

台湾农民在海峡两岸农业合作试验区和台湾农民创业园申办个体工商户登记管理工作的若干意见

（2007年11月16日　国家工商行政管理总局
工商个字［2007］247号）

台湾同胞是发展两岸关系的重要力量。允许来大陆海峡两岸农业合作试验区和台湾农民创业园从事农业合作项目的台湾农民直接申办个体工商户，有利于增进两岸同胞的共同利益，有利于密切两岸经济关系，有利于推进祖国和平统一大业。根据《关于促进两岸农业合作、惠及台湾农民的若干政策措施》（中台发［2007］1号）的有关规定（详见上文），依照《行政许可法》、《台湾同胞投资保护法》、《台湾同胞投资保护法实施细则》、《城乡个体工商户管理暂行条例》、《个体工商户登记程序规定》等有关法律、行政法规和规章，对台湾农民在海峡两岸农业合作试验区和台湾农民创业园申办个体工商户的登记管理工作提出如下意见：

一、自2007年12月1日起，台湾农民在海峡两岸农业合作试验区和台湾农民创业园申请设立个体工商户，由经营所在地的县（市）工商行政管理局以及大中城市的工商行政管理分局（以下简称“登记机关”）依照国家有关法律、行政法规和规章直接予以登记，无需经过外资主管部门审批。（《海峡两岸农业合作试验区和台湾农民创业园目录》见附件）

二、台湾农民可以申请登记的经营范围包括：种植业、饲养业、养殖业、农产品及农副产品加工业、农产品等自产产品零售业（不包括烟草零售和特许经营）、农产品和农业技术进出口、农业科技交流和推广。

台湾农民个体工商户的组成形式仅限于个人经营；其从业人员不超过8人；经营场所的面积不超过300平方米，但从事种植业、饲养业或养殖业的不受此限制。

三、台湾农民申请个体工商户设立登记，应当提交下列文件：

1. 申请人签署的《个体工商户（台湾农民）设立登记申请书》；

2. 申请人的身份证件及农民身份证明文件：①台湾居民身份证件原件及复印件；②台湾居民来往大陆通行证或旅行证原件及复印件；③台湾农民身份有关证明的原件及复印件，包括加入台湾农业组织证明或台湾农民健康保险证明或台湾农民老年津贴证明等；

3. 经营场所证明；

4. 国家法律、行政法规规定提交的其他文件。

在登记机关已预先核准个体工商户字号名称的，应当提交《个体工商户（台湾农民）字号名称预先核准通知书》。

从事法律、行政法规规定须经有关部门审批的业务的，应当提交有关部门的批准文件。

四、台湾农民申请设立的个体工商户可以在设立登记前向登记机关申请个体工商户字号名称预先核准。登记机关参照《企业名称登记管理规定》作出准予个体工商户字号名称预先核准的，应当出具《个体工商户（台湾农民）字号名称预先核准通知书》。

五、台湾农民申请者拟从事法律、行政法规规定须经有关部门审批的业务的，应当持身份证件、身份证明文件及《个体工商户（台湾农民）字号名称预先核准通知书》（字号名称已预先核准的），向有关部门申请前置许可，并按照有关部门的要求，提交有关证件、文件的复印件，办理前置许可手续。

六、登记机关对台湾农民个体工商户有关登记事项按照下列要求核定：

1. 经营范围：按照《国民经济行业分类》（GB/T4754－2002）及其注释的行业分类用语核定。

法律、行政法规规定须办理前置许可的经营项目，按照有关部门许可的经营项目核定经营范围。

不涉及前置许可的经营项目，根据申请人的申请，可以按照国民经济行业分类的中类或者小类核定，如“种植业（须前置许可项目除外）”等。也可以按照国民经济行业分类的注释，具体核定经营项目、商品，如“水果零售”等。

2. 经营者姓名：除了核定经营者姓名外，还应当在经营者姓名后面加注“台湾农民”字样。

3. 组成形式：应当核定为个人经营。

4. 资金数额：按照申请人申报的人民币资金的数额予以核定。

七、登记机关对准予登记的台湾农民个体工商户核发《个体工商户营业执照》，营业执照经营者姓名后面应当加注“台湾农民”字样。

八、台湾农民个体工商户向原登记机关申请变更登记或者注销登记的，登记机关依照《城乡个体工商户管理暂行条例》、《个体工商户登记程序规定》的有关规定，办理变更登记或者注销登记。

九、台湾农民个体工商户设立登记的有关专用表格样式由国家工商行政管理总局统一制定（附件略）。除专用表格外，登记工作使用国家工商行政管理总局工商个字［2004］第118号文件规定的其他有关表格。

十、登记机关要在登记场所建立台湾农民申办个体工商户的“绿色通道”，提供申请、受理、审批一站式服务，对符合条件的当场准予登记。要免费为台湾农民申办者提供政策法规方面的咨询服务。

十一、台湾农民个体工商户的监管及验照工作依照国家现行有关法律、行政法规和规章的规定执行。要坚决杜绝“搭车收费”现象。

十二、各地要及时组织工作人员认真学习有关政策法规，切实加强执法队伍培训，努力提高登记、监管和服务工作质量。

十三、涉及台湾农民个体工商户登记管理工作的各省、自治区、直辖市工商行政管理局应当按照国家工商行政管理总局的要求，按期上报台湾农民个体工商户登记的有关工作情况。《台湾农民个体工商户登记情况统计表》及说明（附件略）。各单位在开展此项工作中遇到的问题，要及时向国家工商行政管理总局个体私营经济监管司反映。联系电话：010－88650811或88650809。传真：010－68050283。电子邮箱：djc. gts@ saic. gov. cn。

附件：

海峡两岸农业合作试验区和台湾农民创业园目录

截至目前，国家共在11个省区市设立了海峡两岸农业合作试验区和台湾农民创业园。

一、海峡两岸农业合作试验区

海峡两岸（福建）农业合作试验区

海峡两岸（黑龙江哈尔滨、牡丹江、佳木斯、大庆、农垦示范区）农业合作试验区

海峡两岸（山东平度）农业合作试验区

海峡两岸（海南）农业合作试验区

海峡两岸（陕西杨凌）农业合作试验区

海峡两岸（广东佛山、湛江）农业合作试验区

海峡两岸（广西玉林）农业合作试验区

海峡两岸（上海郊区）农业合作试验区

海峡两岸（江苏昆山、扬州）农业合作试验区

二、台湾农民创业园

福建漳浦台湾农民创业园

山东栖霞台湾农民创业园

四川新津台湾农民创业园

重庆北碚台湾农民创业园

关于制止和查处假冒台湾水果行为的通知

（2006年9月13日　国家工商行政管理总局
工商公字［2006］172号）

各省、自治区、直辖市及计划单列市工商行政管理局：

台湾水果进入大陆市场销售以后，在一些地区出现了以非原产于台湾的水果假冒台湾水果进行销售的现象。主要有以下情况：一是台湾果农来到大陆承包果园，租赁土地，开垦荒地，用带来的台湾水果种子和栽培种植技术生产的水果，以台湾水果的名义在市场上销售。二是福建、广东、海南等地的一些果农引进台湾水果的种子和栽培种植技术生产的水果，由于水果的品质、形状、色泽与台湾水果相似，以台湾水果的名义进入市场销售。三是沿海省区一些水果生产者和经营者将本地生产的水果假冒台湾水果销售。这些现象，既影响了台湾水果的品牌形象，也损害了消费者权益。为了制止和查处假冒台湾水果行为，规范水果市场的交易秩序，现将有关问题通知如下：

一、各地工商行政管理机关要切实加强市场监督管理，明确要求水果经营者不得将经营的台湾品种水果简称为台湾水果，应以“台湾产地水果”和“台湾品种水果”予以区别，并注明其产地。

二、各地工商行政管理机关要加强水果批发市场、农副产品批发市场、大型超市等经营场所的检查。凡是销售非原产于台湾的水果，都要在包装物和价格标签上注明产地，保护消费者的知情权。

三、各地工商行政管理机关要督促相关经营者建立专门的台湾水果经营台账，检查其进货渠道和进货凭证，对以非原产于台湾的水果假冒台湾水果进行销售的行为要予以制止，并按照《反不正当竞争法》、《产品质量法》的有关规定予以处罚。

四、广告中对商品的产地有表示的，应当清楚、明白，不得欺骗和误导消费者。对违法广告行为，各地工商行政管理机关要依据《广告法》的有关规定予以处罚。

五、各地工商行政管理机关对侵犯台湾水果商标专用权的行为，应按照《商标法》的有关规定予以处罚。

（七）展　览

关于台商参加经济技术展览会有关管理事宜的通知

（2004 年 8 月 3 日　商务部　海关总署　商台函［2004］21 号）

根据《国务院关于第三批取消和调整行政审批项目的决定》（国发［2004］16 号）的规定，台湾企业来祖国大陆参加一般性经济技术展览会（简称台商参展）的审批项目已于 2004 年 7 月 1 日取消。为了做好取消审批后台商参展的管理工作，现就有关问题通知如下：

一、台商参展由原审批方式改为备案方式（备案表附后），即，由各展览会的主办单位向展览所在地的省级商务主管部门一式三份报备，商务主管部门应当在 5 个工作日内对其备案签章，海关凭签章过的备案文件对台商参展商品办理有关手续。

二、展览会的主办单位应当对展馆和台商的参展资料、展品等进行严格审查，确保展览会不出现“台湾独立”、“两个中国”、“一中一台”等政治问题。

三、商务部和各地省级商务主管部门可根据需要，现场对展馆和台商的参展资料、展品等进行抽检、审查，如发现“台湾独立”、“两个中国”、“一中一台”等政治问题，应当要求主办单位立即纠正，并提出警告。主办单位拒不纠正或在展出中出现政治问题情节严重的，商务部和各地省级商务部门可会同有关部门根据有关规定给予处理或处罚。

四、对台商参展中出现的问题，各地省级商务主管部门和各地海关应当向商务部和海关总署及时报告。各地省级商务主管部门应当每年向商务部（台港澳司）报送一次台商参展的情况总结。

五、海峡两岸经济技术展览会、对台湾出口商品交易会和台湾商品展览会等专门的涉台展览会仍按《在祖国大陆举办对台湾经济技术展览会暂行管理办法》的规定报商务部审批。

特此通知

附件：台商到祖国大陆参展备案表

附件：

台商到祖国大陆参展备案表

××年×月×日—×月×日×公司在×地举办“×展览会”，其中台商企业×家，展出面积×平方米，具体如下：

序　　号	展商名称	面　　积	展品名称
合　　计			

我公司保证对参展台商的参展资料、展品等进行严格审查，在展览会的筹组和展出工作中，不出现“台湾独立”、“两个中国”、“一中一台”等政治问题。

台湾展品如有留购，按有关规定办理。

附：展览会的批件（略）

地方商务主管部门（签章）　×公司（签章）

年　月　日　　　　年　月　日

在祖国大陆举办对台湾经济技术展览会暂行管理办法

（1999年1月14日　对外贸易经济合作部公布）

第一章　总　　则

第一条　为使举办对台湾经济技术展览会规范有序地进行，促进海峡两岸经贸关系的发展，根据《国务院办公厅关于对在我国境内举办对外经济技术展览会加强管理的通知》和对外贸易经济合作部《在境内举办对外经济技术展览会管理暂行办法》，特制定本办法。

第二条　本办法适用于在祖国大陆举办的对台湾经济技术展览会，包括：

（一）海峡两岸的经济技术展览会。

（二）对台湾出口商品交易会。

（三）台湾商品展览会。

（四）台湾厂商参展的国际性展览会、博览会。

（五）台湾厂商参展的全国性展览会。

第二章　举办单位

第三条　对台湾经济技术展览会的举办单位（包括主办单位和承办单位）的责任、资格和展览行为按照对外贸易经济合作部《在境内举办对外经济技术展览会管理暂行办法》的规定执行。

第四条　台湾民间机构在祖国大陆举办对台湾经济技术展览会，须联合或委托大陆具有主办资格的单位举办。在大陆的招商招展由大陆主办单位负责。

台湾的主办单位，应是具有相当规模和办展实力、信誉良好的展览机构、大型公司、经济团体或组织（包括经济贸易促进机构、同业公会、行业协会等）。

第三章　审批和管理

第五条　举办海峡两岸的经济技术展览会，由外经贸部会同国务院台湾事务办公室审批。

第六条　除第五条规定之外，举办其他对台湾经济技术展览会，由对外贸易经济合作部（以下简称外经贸部）负责审批，报国务院台湾事务办公室备案。

第七条　审批举办对台湾经济技术展览会需审查的主要内容：

（一）政治内容

举办对台湾经济技术展览会，不得出现“台湾独立”、“两个中国”、“一中一台”等政治问题。台湾厂商参展的宣传品、杂志、电子出版物等资料中不得有代表“中华民国”的字样、图片、音乐等。

（二）展览会名称、展品内容、展出面积、时间、地点、筹组方案和计划等。

祖国大陆与台湾联合举办的经济技术展览会，应冠以“海峡两岸”的名称；

各省（市、区）与台湾省联合举办的经济技术展览会，则应分别冠以该省（市、区）与台湾省之名（如“闽台××展览会”、“沪台××展览会”等）。

展品应符合国家知识产权保护法和国家产业政策，具有先进水平，有利于扩大海峡两岸经贸交流与合作。

第八条　申请报批的单位应按要求向外经贸部提交，有关文件和资料。

邀请台湾厂商参展的国际性及全国性展览会、博览会，应提交有关主管单位的批件、参展台湾厂商的名单（中文）、展品内容、展出面积等详细清单，并提前一个月申请报批；举办海峡两岸的经济技术展览会、对台湾出口商品交易会、台湾商品展览会，应提交展览会的筹组计划和方案、可行性研究报告、参展企业及其展品的有关情况等，并提前六个月申请报批。

第四章　海关监管

第九条　海关凭外经贸部批件，根据《中华人民共和国海关对进口展览品监管办法》，办理进出境手续。

第五章　附　　则

第十条　祖国大陆台资企业参加在大陆举办的对台湾经济技术展览会应以大陆台资企业名义参展。以台湾厂商名义参展，展出从台湾进口商品的，适用本办法。

第十一条　本办法从公布之日起实行并由外经贸部负责解释。本办法未尽事宜，适用对外贸易经济合作部《在境内举办对外经济技术展览会管理暂行办法》的有关规定。

（八）海西建设

国务院关于支持福建省加快建设海峡西岸经济区的若干意见

（国发［2009］24号）

各省、自治区、直辖市人民政府，国务院各部委，各直属机构：

为贯彻落实党的十七大精神、国民经济和社会发展“十一五”规划纲要的部署，支持和推动福建省加快建设海峡西岸经济区，促进该地区又好又快发展，现提出以下意见：

一、充分认识支持福建省加快建设海峡西岸经济区的战略意义，明确总体要求和发展目标

（一）重大意义。海峡西岸经济区东与台湾地区一水相隔，北承长江三角洲，南接珠江三角洲，是我国沿海经济带的重要组成部分，在全国区域经济发展布局中处于重要位置。福建省在海峡西岸经济区中居主体地位，与台湾地区地缘相近、血缘相亲、文缘相承、商缘相连、法缘相循，具有对台交往的独特优势。近年来，福建省大力推进海峡西岸经济区建设，综合实力不断增强，为进一步加快发展奠定了坚实基础。当前，两岸关系出现重大的积极变化，为海峡西岸经济区加快发展和开展与台湾地区合作提供了重要机遇。支持福建省加快海峡西岸经济区建设，是进一步发挥福建省比较优势，实现又好又快发展的迫切需要；是完善沿海地区经济布局，推动海峡西岸其他地区和台商投资相对集中地区发展的重大举措；也是加强两岸交流合作，推进祖国和平统一大业的战略部署，具有重大的经济意义和政治意义。

（二）总体要求。高举中国特色社会主义伟大旗帜，坚持以邓小平理论和“三个代表”重要思想为指导，深入贯彻落实科学发展观，从维护中华民

族核心利益、促进祖国统一的大局出发，牢牢把握两岸关系和平发展的主题，着力推进两岸交流合作，促进两岸互利共赢；着力转变经济发展方式和增强自主创新能力，提高经济发展质量和水平；着力统筹城乡和区域发展，提高经济社会发展的协调性；着力深化改革开放，增强发展的动力和活力；着力改善民生，推进社会主义和谐社会建设；着力加强生态文明建设，提高可持续发展能力，将海峡西岸经济区建设成为经济持续发展、文化更加繁荣、综合竞争力不断增强、人民群众安居乐业的和谐区域，为全局做出更大贡献。

（三）战略定位。

两岸人民交流合作先行先试区域。发挥海峡西岸经济区独特的对台优势和工作基础，努力构筑两岸交流合作的前沿平台，实施先行先试政策，加强海峡西岸经济区与台湾地区经济的全面对接，推动两岸交流合作向更广范围、更大规模、更高层次迈进。

服务周边地区发展新的对外开放综合通道。从服务、引导和促进区域经济协调发展出发，大力加强基础设施建设，构建以铁路、高速公路、海空港为主骨架主枢纽的海峡西岸现代化综合交通网络，使之成为服务周边地区发展、拓展两岸交流合作的综合通道。

东部沿海地区先进制造业的重要基地。立足现有制造业基础，加强两岸产业合作，积极对接台湾制造业，大力发展电子信息、装备制造等产业，加快形成科技含量高、经济效益好、资源消耗低、环境污染少、人力资源优势得到充分发挥的在全国具有竞争力的先进制造业基地和两岸产业合作基地。

我国重要的自然和文化旅游中心。充分发挥海峡西岸经济区的自然和文化资源优势，增强武夷山、闽西南土楼、鼓浪屿等景区对两岸游客的吸引力，拓展闽南文化、客家文化、妈祖文化等两岸共同文化内涵，突出“海峡旅游”主题，使之成为国际知名的旅游目的地和富有特色的自然文化旅游中心。

（四）发展目标。

到2012年，在优化结构、提高效益、降低消耗、保护环境的基础上，人均地区生产总值接近或达到东部地区平均水平，着力科学发展先行，力争在一些领域走在全国前列；城乡居民收入显著提高，基本公共服务水平明显改善；地方财政收入较大幅度增长；单位生产总值能耗持续下降；生态环境继续改善；服务两岸直接“三通”的主要通道基本形成并不断完善，两岸人民交流合作的前沿平台功能更加凸显。

到2020年，率先建立充满活力、富有效率、更加开放、有利于科学发展的体制机制。统筹协调能力明显提高，社会就业更加充分，社会保障体系健全，人民生活更加富足，社会更加和谐。资源利用效率明显提高，生态环境优美，可持续发展能力增强，生态文明建设位居全国前列，科学发展达到新的水平，实现全面建设小康社会的目标。闽台经济融合不断加强，促进形成两岸共同发展的新格局。

二、发挥独特的对台优势，努力构筑两岸交流合作的前沿平台

（五）建设两岸经贸合作的紧密区域。按照同等优先、适当放宽的原则，以信息、石化、机械、船舶、冶金等产业为重点，提升台商投资区和国家级经济技术开发区的载体作用，密切与台湾相关行业协会、企业的联系，促进两岸产业深度对接，形成以厦门湾、闽江口、湄洲湾等区域为主的产业对接集中区。发挥海峡两岸农业合作试验区、现代林业合作实验区的窗口、示范和辐射作用，促进对台农业资金、技术、良种、设备等生产要素的引进与合作。推动对台离岸金融业务，拓展台湾金融资本进入海峡西岸经济区的渠道和形式，建立两岸区域性金融服务中心，推动金融合作迈出实质性步伐。建立海峡两岸旅游合作机制，共推双向旅游线路，培育“海峡旅游”品牌。加强与台湾现代服务业合作，建设海峡西岸物流中心。实行更加开放的对台贸易政策，扩大对台贸易。健全涉台法律法规，依法保护台胞的正当权益，为台胞投资兴业、交往交流提供便利条件和优质服务。制定相关政策措施，鼓励和支持有条件的企业到台湾投资兴业，推动建立两岸产业优势互补的合作机制，促进两岸经济共同发展。

（六）建设两岸文化交流的重要基地。全方位、多层次开展与台湾地区的交往，推动文化交流、人员互动。加快推进闽南文化生态保护实验区建设，提升闽台缘博物馆的交流功能。深入开展两岸文化对口互动活动，深化两岸科技、教育、卫生、体育等方面合作。加强祖地文化、民间文化交流，进一步增强闽南文化、客家文化、妈祖文化连接两岸同胞感情的文化纽带作用。

（七）建设两岸直接往来的综合枢纽。加快完善两岸直接“三通”基础条件，提升对台开放合作整体功能。规划建设对台交通通道，推进对台直接航运。进一步扩大口岸开放，加强口岸基础设施和大通关机制建设，实现福

建电子口岸互联互通和信息共享。健全两岸人流、物流往来的便捷有效管理机制，促进海峡西岸经济区与台湾地区直接往来。增设直接往来货运口岸，推动空中直航，把该地区建设成为两岸交流交往、直接“三通”的主要通道和平台。

三、加快现代化基础设施建设，强化发展保障

（八）加强综合交通运输网络与对外通道建设。按照促进海峡西岸经济区发展和两岸直接“三通”的要求，大力推进交通基础设施建设，形成内地到福建的便捷交通走廊。整合港湾资源，形成以厦门港、福州港为主，布局合理的东南沿海地区港口发展格局。集中力量加快海峡西岸经济区高速公路网建设，尽快打通省际间的断头路，加强纵深推进、南北拓展的高速公路建设，加快建设北京至福州高速公路，尽快形成高速公路网络。将海峡西岸经济区铁路发展项目纳入国家中长期铁路网调整规划，加快建设温福、福厦、厦深、龙厦、向莆铁路，规划建设北京至福州、昆明至厦门高速铁路以及城际铁路和一批港口铁路支线，形成连接海峡西岸经济区与长三角、珠三角以及中西部地区的大运力快捷铁路运输通道。完善厦门、福州等机场两岸空中直航的设施条件，合理布局支线机场，开辟国内外新航线，形成以福州、厦门国际机场为主的干支线机场相结合的空港布局。

（九）加强沿海能源基础设施建设。充分利用优良港口条件，积极利用国际国内两种资源，强化能源保障，优化能源结构。结合沿海煤运港口的建设，合理布局沿海大型煤电，适时推进超临界、超超临界火电建设。进一步完善核电厂址前期工作，加快推进宁德、福清核电等项目建设。积极发展风力、潮汐等新能源。进一步完善电网建设，加强与华东电网的联网，加快开展与南方电网联网的前期工作。布局建设石油储备基地和煤炭中转基地。加强台湾海峡油气资源的合作勘探和联合开发。结合液化天然气接收站的布局，加快输气管网建设，逐步提高民用燃气覆盖率。

（十）加强城乡公共设施建设。改善城市间道路交通条件，加强对外交通与内部道路的衔接。完善城市内道路路网结构，提高路网密度。推进福州、厦门、泉州等城市轨道交通发展，提高城市道路标准。进一步健全城市道路桥梁、供水、供气、防洪、污水和垃圾处理等市政基础设施功能，提高人口承载能力。努力改善乡村交通、饮水安全、人居环境等条件。加强水源与供

水工程建设，适时开工建设一批具有防洪、灌溉、供水等功能的综合水利枢纽。合理规划和建设跨区域、跨流域水资源配置工程，确保城乡供水安全。切实解决沿海岛屿供水问题，适时推进向金门、马祖等地供水、供电及铺设海底通信缆线工程建设。

四、增强自主创新能力，推进产业结构升级

（十一）加强海峡西岸区域创新体系建设。采取更加有效的政策措施，大力推进集成创新和引进、消化、吸收再创新，努力打造特色鲜明的区域创新体系。健全多元化科技投入体系，建立稳定的各级财政科技投入增长机制。整合科技资源，推动跨部门、跨区域的科技合作。支持信息、医药、生物、新材料、新能源、海洋等领域应用基础研究，加强高技术和产业关键共性技术开发，造就一批竞争力强的优势企业和知名品牌。鼓励、支持台商投资高新技术园区，吸引台湾科研机构和科技人员共同创建创新平台。建设海峡西岸高新技术产业带，使之成为承接台湾高新技术产业与技术转移的载体。加强国家重点实验室、工程技术（研究）中心和公共服务平台建设。加快科技成果转化与应用，提高科技对经济增长的贡献率。

（十二）大力发展现代农业。按照高产、优质、高效、生态、安全的要求，加快转变农业发展方式，促进农业结构优化升级，构建现代农业产业体系。加快农业科技创新，加强农业新品种、新技术、新肥料、新农药、新机具的推广应用。加强对农业的支持和保护。稳定发展粮食生产，努力保持粮食自给能力不降低。大力发展畜牧业、园艺业、林竹产业、水产业等优势产业，积极培育水产品、蔬菜、水果、食用菌、茶叶、花卉等特色农产品。大力发展品牌农业，支持培育一批农产品加工示范园区、示范企业和示范项目，扶持壮大农业产业化龙头企业。加强闽台农业合作，推进农产品出口加工基地建设，扩大特色优势农产品出口。加强农业基础设施建设，提高土地产出率、资源利用率。加快农产品质量安全体系建设，建立健全新型农业社会化服务体系。

（十三）建设海峡西岸先进制造业基地。坚持走新型工业化道路，加快转变经济发展方式，提升产业发展水平。着力发展先进制造业，重点发展电子信息、装备制造、石油化工等产业。加快发展集成电路设计和软件、光电、消费电子、生物医药、精密仪器、环保、新材料等高新技术产业，着力应用

高新技术和先进适用技术改造提升建材、冶金、纺织、食品等传统优势产业。实施品牌带动战略，扶持重点骨干企业发展，培育一批拥有自主知识产权、主业突出、竞争力强的大企业、大集团。鼓励建立与台湾产业配套的以及大陆台资企业所需的零部件、原辅材料中心。加快培育特色优势产业，着力培育产业集群，形成具有较强竞争力的现代产业体系。

（十四）加快发展现代服务业。积极承接台湾现代服务业转移，依托中心城市、产业集聚区、货物集散地、交通枢纽和港口资源，建设福州、厦门、泉州等物流节点和一批现代物流中心。依托临港工业和台资企业集中区，合作建设物流配送或专业配送中心。依托保税港区、保税物流园区，建设连结海峡两岸的现代物流中心。依托福州、厦门软件园，发展软件服务外包、动漫游戏产业，培育承接服务外包业务的专业企业，吸引台湾企业乃至世界跨国公司服务外包转移。积极发展信息服务业。大力吸引台湾企业到海峡西岸经济区设立地区总部、配套基地、采购中心、物流中心、营运中心和研发中心。积极发展面向台湾及海外的会展业。以滨海旅游、生态旅游、红色旅游和文化旅游为重点，进一步整合旅游资源，加强旅游景点及配套设施建设，办好各类旅游节庆活动，丰富旅游产品，开拓旅游市场，培育一批有特色、有影响、有效益的旅游精品。

（十五）建设现代化海洋产业开发基地。充分利用海洋资源优势，推进临港工业、海洋渔业、海洋新兴产业等加快发展。坚持高起点规划、高标准建设，将沿海港口作为大型装备制造业项目布局的备选基地，合理布局发展临港工业。以厦门湾、湄洲湾等为依托，建设以石化、船舶修造等为重点的临港工业集中区，成为带动区域经济发展的新增长点。推广名优新品种和生态养殖模式，建设生态型海水养殖和海水产品加工基地。加快渔港建设。加强海上通航和救援合作，推动建立海上救援协作机制，完善台湾海峡防灾减灾体系。加强海洋科技中试基地及研发平台建设，加快培育海洋药品、保健食品、海水综合利用等新兴产业，形成若干以港湾为依托具有较强竞争力的临港经济密集区。

五、统筹区域内协调发展，促进互动融合

（十六）推进形成科学合理的主体功能区。发挥发展基础较好、环境资源承载能力较强等有利条件，把海峡西岸沿海具备条件的地区作为全国主体

功能区的重点开发区域，推进新型工业化和城镇化，进一步提高人口与经济聚集程度。在山区贯彻以保护为主、开发为辅的原则，最大限度地保护山川秀美的生态环境。按照贯彻落实科学发展观的要求，做好主体功能区规划编制，科学划分主体功能区域，完善区域发展政策，创新管理体制，强化陆海统筹、山海联动，优化基础设施和产业布局，促进经济社会发展和资源环境相协调。

（十七）统筹城乡协调发展。加强海峡西岸城市群发展的规划协调，提高城市建设与管理水平，增强产业和人口承载能力、辐射带动能力，逐步形成以区域中心城市为骨干、中小城市和小城镇为基础的城镇体系。统筹好土地利用总体规划、城乡规划、基础设施建设、就业、社会保障等的发展，加快建立城乡基础设施共同发展机制、城乡公共服务均等供给制度、城乡衔接的社会保障体系，促进基础设施向农村延伸、公共服务向农村拓展、社会保障向农村覆盖。各大中城市要切实履行市带县、市帮县的责任，加大城市人才、智力、资金等对农村的支持，加快社会主义新农村建设，实现以城带乡，统筹发展，加快形成城乡经济社会一体化发展新格局。

（十八）促进欠发达地区发展。加快海峡西岸经济区的革命老区、原中央苏区县、少数民族地区、海岛、水库库区等欠发达地区的发展，加大财政转移支付力度，增加对这些地区在教育、医疗、社会保障、基础设施等方面投入，不断改善生产生活条件，逐步实现基本公共服务均等化。立足资源优势和市场需求，大力扶持特色产业发展，提高农产品和特色资源深加工水平，推进农村扶贫开发。加大劳动力就业技能培训，合理有序推进农村劳动力转移。进一步完善和落实沿海对山区对口帮扶工作机制。积极推动包括台资企业在内的符合环保要求的沿海地区劳动密集型产业向福建山区转移，促进这些地区加快发展。

（十九）推动跨省区域合作。加强海峡西岸经济区与长三角、珠三角的经济联系与合作，促进优势互补、良性互动、协调发展，进一步完善沿海地区经济布局。发挥闽浙赣、闽粤赣等跨省区域协作组织的作用，加强福建与浙江的温州、丽水、衢州，广东的汕头、梅州、潮州、揭阳，江西的上饶、鹰潭、抚州、赣州等地区的合作，建立更加紧密的区域合作机制。加强重大项目建设的协调，推进跨省铁路、高速公路、港口等重大基础设施项目统筹规划布局和协同建设，畅通海峡西岸经济区港口与腹地的通道。加强电子、机械、旅游、物流等产业的对接，推动产业集群发展和合理布局，形成产业对接走廊。加强市场开发，建设区域共同市场，促进人流、物流、资金流、信息流的无障碍流动。统筹协调区域内对台交流合作的功能分工，提升海峡西岸经济区与台湾地区的对接能力。

六、全面深化改革开放，增强经济社会发展动力活力

（二十）增创体制机制新优势。进一步发挥厦门经济特区在体制机制创新方面的试验区作用。从海峡西岸经济区的实际出发，围绕建立有利于科学发展的体制机制和扩大两岸交流合作的需要，先行试验一些重大改革措施。继续深化农村综合改革，推进城乡统筹综合配套改革试验，建立以工促农、以城带乡的长效机制。在严格执行土地用途管制的基础上，促进农村集体建设用地依法流转，逐步建立城乡统一的建设用地市场。深化金融改革与创新，扩大金融改革试点，在多种所有制金融企业、离岸金融业务等方面进行改革试验，完善创业风险投资机制。深化行政管理体制改革，着力转变政府职能，提高行政效能。加强法制建设，大力推进依法行政，着力构建规范透明的法制环境。进一步改善民营经济发展环境，激发民营经济发展活力。大力推进外贸、港口、社会管理等领域改革，探索建立有利于扩大两岸交流合作的新机制。

（二十一）积极合理有效利用外资。提高利用外资水平，更加注重引进先进技术、管理经验和智力资源。创新外商投资管理方式，简化审批程序。进一步优化外资结构，引导外资投向主导产业、高新技术产业、现代服务业和节能环保等领域。积极研究海峡西岸经济区范围内的国家级开发区扩区、调整区位和省级开发区升级，拓展开发区的功能，提高土地利用率。加强海关特殊监管区域建设，积极推进各类海关特殊监管区域的整合。支持在台商投资区和台资企业密集地区开展海关保税物流中心试点。规范招商引资行为，实行统一的土地、税收政策，营造公平、开放的投资环境。

（二十二）加快转变外贸增长方式。进一步优化进出口结构，鼓励高技术含量高附加值产品、服务产品和农产品出口，大力支持自主知识产权、自主品牌产品出口，严格限制高耗能、高污染、资源性产品出口。积极扩大对台进出口贸易。鼓励经济发展急需的先进技术、关键设备和重要资源进口。加快加工贸易转型升级，引导加工贸易向产业链高端发展。鼓励优势企业参

与海外资源开发，建立境外生产、营销和服务网络，带动商品出口和劳务输出。积极推进保税加工、保税物流业发展，大力发展国际中转、配送、采购、转口贸易和加工制造等业务。

（二十三）深化与港澳侨合作。充分利用内地与港澳更紧密经贸关系安排的机制，进一步提升闽港澳经济合作的层次和水平。加强与港澳在服务业领域的合作，引入港澳资金、先进技术和管理经验，加快发展现代服务业。吸引更多的港澳金融机构到福建设立分支机构或投资参股，支持符合条件的福建企业到香港上市融资。利用香港的融资渠道和营销网络，积极开展联合招商，推动福建企业到香港设立营销中心、运营中心，扩大对港贸易和转口贸易。加强福建与港澳的物流业合作，建立跨境物流网络。加强闽港澳旅游合作，推动旅游线路对接延伸。充分发挥福建海外华侨华人众多、爱国爱乡的优势，充分利用各种有效平台作用，积极引进侨智，大力吸引海外侨胞来闽投资，引导更多的华侨华人支持和参与海峡西岸经济区建设。

七、加快社会事业发展，促进社会和谐

（二十四）大力推进人力资源建设。以人才资源能力建设为核心，着力培养学术技术带头人、科技领军人才和一线创新人才，抓紧培养先进制造业和现代服务业所需的高技能应用型人才，为海峡西岸经济区建设提供坚强的人才保证和智力支持。加强人的能力素质建设，支持发展职业教育，培养高素质劳动者和实用性、技能型人才。调整高校学科设置，加快培养经济建设紧缺急需的人才，建立起与两岸产业对接相适应的人才培养结构，提升高等教育质量和水平。进一步拓展两岸职业教育合作，支持开展两岸校际合作、职业培训、资格考试和认证、职称评定、人才引进和人力资源开发等试点工作。健全人才政策体系，鼓励台湾科技、教育等领域人才到海峡西岸经济区创业，形成广纳群贤、充满活力的吸引人才和使用人才的良好风尚。

（二十五）加强文化基础设施建设和文化产业发展。大力推进文化基础设施建设，加快建立覆盖城乡的公共文化服务体系，建立健全运行保障机制。加大投入力度，加强图书馆、博物馆、文化馆、文化站等文化设施建设，积极推进文化信息资源共享、广播电视“村村通”和农村电影放映等文化工程建设，进一步完善城乡公共文化服务网络。加强网络文化建设和管理，营造良好网络环境。整合文化资源，打造一批地域特色明显、展现海峡西岸风貌、

在国内外具有影响力的文化品牌，重点保护发展闽南文化、客家文化、妈祖文化、红土地文化、船政文化、畲族文化、朱子文化等特色文化。加强文物、非物质文化遗产保护，完善历史文化名城等基础设施，妥善保护历史文化街区。推动文化与经济融合，大力发展文化创意产业，建立海峡两岸文化产业合作中心，着力培育专、精、特、新文化企业，努力使海峡西岸经济区成为全国重要的文化产业基地。

（二十六）着力改善民生。巩固提高九年义务教育，把义务教育重点放在农村，调整农村义务教育布局结构，完善义务教育经费保障机制。实施积极的就业政策，改革劳动和就业管理体制，完善公共就业服务体系，建立城乡统一、区域协调的人力资源市场和平等的就业制度。加强城市社区、农村卫生服务体系建设，全面推行城镇居民基本医疗保险和新型农村合作医疗。大力推进各项社会救助制度建设，特别要关注对困难台胞台属的救助，加快完善覆盖城乡居民的社会保障体系。健全社会保障性住房制度，切实解决城市低收入家庭住房困难。加强和完善社会管理，维护社会安定团结，保障人民安居乐业。

八、加快生态文明建设，实现经济社会可持续发展

（二十七）全面推进节能减排。落实节能减排目标责任制。强化固定资产投资项目节能评估和审查，对新上项目严把产业政策关、资源消耗关、环境保护关。大力实施重点节能工程，突出抓好高耗能行业和重点耗能企业的节能减排工作。引进台湾先进节能环保技术，积极推进和支持重点台资企业的节能减排。积极发展循环经济，开展国家循环经济试点。建立和完善再生资源回收体系，促进重点行业废弃物再利用和城市生活垃圾资源化利用，提高工业用水循环利用率。建立淘汰补偿机制，加快淘汰落后生产能力。

（二十八）加强生态建设和保护。积极推进集体林权制度改革，提高林地保护和管理能力，加强森林资源的抚育更新，保持森林覆盖率居全国前列；优化森林资源结构，提高森林资源质量，强化森林资源的生态功能。加强水资源管理，完善取水许可和水资源有偿使用制度，加强水资源总量控制和定额管理，健全流域管理和区域管理相结合的管理体制。完善闽江、九龙江等流域上下游生态补偿办法，推动龙岩、汕头、潮州建立汀江（韩江）流域治理补偿机制，推进生态环境跨流域、跨行政区域的协同保护。

（二十九）强化环境综合整治。从源头上控制环境污染，加强污染治理、监测和监管。继续推进自然保护区和生态示范区、生态农业示范县、生态示范区、可持续发展实验区建设。加强台湾海峡海域、重要流域水环境综合治理、重点流域沿岸乡镇垃圾集中处理和规模化畜禽养殖场污染治理，提高流域水环境质量。推进主要江河水源地、严重水土流失区和生态脆弱区的综合治理与生态重建。加强沿海防护林体系工程建设，切实保护近岸海域生态系统。实施对重要生态功能区的抢救性保护、重点资源开发区生态环境强制性保护、生态环境良好区和农村生态环境积极性保护、风景名胜资源严格保护，维护生态平衡，保障生态安全。

九、加强组织领导，落实保障措施

（三十）加强统筹协调。支持海峡西岸经济区加快发展是中央确定的重要工作方针，国务院各有关部门要明确责任，从自身职能出发，抓紧制定细化方案和具体措施，将政策措施落到实处。

加强规划指导。由发展改革委会同福建省及相关地区，商有关部门抓紧编制《海峡西岸经济区发展规划》，以指导和促进海峡西岸经济区充分发挥后发优势，在更高的起点上实现又好又快发展。在规划编制过程中，要注重与其他规划和相关政策的衔接。

加大资金投入和项目支持。中央财政转移支付、中央预算内专项资金和中央预算内投资，以及其他中央专项资金，都要加大对海峡西岸经济区的扶持力度，特别要加大对原中央苏区县、革命老区、少数民族地区的扶持力度。安排中央预算内投资等资金时，福建革命老区、少数民族地区等参照执行中部地区政策，福建原中央苏区县参照执行西部地区政策。适当降低中央投资项目地方投资比例，支持发展特色产业和重大项目建设，对海峡西岸经济区的基础设施建设给予专项补助。对具有全国或区际意义、有助于形成海峡西岸经济区整体竞争力的项目，在项目布点与审批、土地利用等方面给予重点支持。

（三十一）赋予对台先行先试政策。建设海峡西岸经济区，符合两岸人民的根本利益。要以中央对台工作总体方针政策为指导，在两岸综合性经济合作框架下，按照建立两岸人民交流合作先行区的要求，允许在对台经贸、航运、旅游、邮政、文化、教育等方面交流与合作中，采取更加灵活开放的政策，先行先试，取得经验。

支持扩大两岸经贸合作。按照同等优先、适当放宽的原则，鼓励承接台湾产业转移，允许国家禁止之外、不涉及国家安全的各类台商投资项目在海峡西岸经济区落地，加快台商投资项目审批。积极推动海峡两岸双向投资，对赴台投资项目简化审批程序，加快审批和核准节奏。在两岸建立长期、稳定的经贸合作机制过程中，允许海峡西岸经济区在促进两岸贸易投资便利化、台湾服务业市场准入等方面先行试验，适当增加对台合作的用地指标。设立对台农产品出口加工基地和台湾农业技术、新品种推广中心，增设台湾农民创业园。扩大“区港联动”政策覆盖范围，在现有海关特殊监管区域政策的基础上，进一步探索在福建沿海有条件的岛屿设立两岸合作的海关特殊监管区域，实施更加优惠的政策。探索进行两岸区域合作试点。积极推动建立两岸金融业监管合作机制，在此机制下，优先批准台资银行、保险、证券等金融机构在福建设立分支机构或参股福建金融企业，支持设立两岸合资的海峡投资基金，进一步扩大两岸货币双向兑换范围，逐步建立两岸货币清算机制。

支持两岸交流交往。把福建沿海机场、港口等作为两岸直接“三通”的首选地。适时增加福建沿海港口为对台海上货运直航口岸。推动福建机场与台湾实现空中直航，增加航班、航线。支持福建作为对台邮件总包交换中心。支持开拓对台旅游市场，适时扩大大陆居民从福建口岸赴台湾旅游。支持福建试行便利两岸人员往来的管理办法，包括为台湾本岛居民办理来往大陆通行证和大陆居民赴台旅游证件等。进一步发挥福建作为两岸事务重要协商地的作用。

支持平台载体建设。适时推进厦门、福州台商投资区扩区和新设立泉州台商投资区。支持继续办好涉台重大经贸文化活动。推动妈祖文化申报世界非物质文化遗产。设立海峡两岸文化产业园，建设一批对台文化交流与合作基地。

（三十二）强化组织实施。福建省要加强领导，周密部署，进一步解放思想，创新机制，明确工作责任，确保各项任务和政策措施落到实处。对与两岸经济交流比较密切的浙南、粤东、赣东南地区以及其他台商投资相对集中地区，也要予以积极支持。各地区各部门要认真学习贯彻党的十七大精神，深入贯彻落实科学发展观，积极支持配合本意见的实施，同心协力，扎实工作，努力把海峡西岸经济区经济社会发展推向新的阶段，在促进祖国和平统一大业和全国发展大局中发挥更大作用。

福建省实施《中华人民共和国台湾同胞投资保护法》办法

（2010 年 11 月 29 日福建省第十一届人民代表大会常务委员会第十八次会议通过）

第一条 为了保护和鼓励台湾同胞来闽投资，加快海峡西岸经济区建设，促进闽台经济的共同繁荣和发展，根据《中华人民共和国台湾同胞投资保护法》和有关法律、法规，结合本省实际，制定本办法。

第二条 本办法所称台湾同胞投资者，是指台湾同胞在台湾地区或者其他国家、地区投资设立的公司、企业、其他经济组织，以及以个人身份来闽投资的台湾同胞。

第三条 县级以上地方人民政府应当改善投资环境，鼓励台湾同胞来闽投资，做好台湾同胞投资者合法权益的保障工作。

县级以上地方人民政府有关部门应当按照各自职责，做好台湾同胞投资的服务、管理工作。

第四条 台湾同胞来闽投资的，与本省居民享有同等待遇，并享有国家和本省规定的其他优惠待遇。

第五条 台湾同胞投资者以公司、企业、其他经济组织名义来闽投资的，须向有关审批、登记机关出具下列证件之一：

（一）有效的注册登记证明；

（二）境外第三地相关部门出具的属台湾同胞投资的证明；

（三）其他的投资主体资格证明。

台湾同胞以个人名义来闽投资的，须向有关审批、登记机关出具下列证件之一：

（一）台湾地区居民户籍证的影印件；

（二）台湾地区居民身份证或者台湾居民来往大陆通行证；

（三）其他能够证明个人身份的文件。

第六条 台湾同胞投资者委托他人作为其投资代理人时，代理人应当持有经公证机关证明的授权委托书。

第七条 台湾同胞投资者，除根据《中华人民共和国台湾同胞投资保护法》第七条规定设立台湾同胞投资企业外，还可以依法采取下列投资形式：

（一）设立个体工商户、合伙企业；

（二）合作勘探开发自然资源；

（三）开展补偿贸易和来料加工装配；

（四）购买公司、企业的股票、债券；

（五）承包或者租赁省内企业；

（六）购买本省的公司、企业；

（七）购置房产；

（八）取得土地使用权，开发经营；

（九）法律、法规允许的其他投资形式。

第八条 台湾同胞以他人名义来闽投资的，应当与名义投资人订立书面协议。

台湾同胞与他人约定本人作为台湾同胞投资企业的实际投资者、对方作为名义股东，台湾同胞请求确认或者变更其股东身份的，可以依照国家有关规定向审批、登记机关提出申请。

第九条 台湾同胞可以投资国家禁止之外的各类行业项目。

第十条 台湾同胞投资下列行业的，依照国家和本省有关规定，在税收、用地和综合补偿等方面给予优惠：

（一）农、林、牧、渔及其深加工业；

（二）信息、机械、石化、船舶、冶金产业；

（三）新材料、新能源、环境保护、生物与医药产业；

（四）旅游、现代物流业；

（五）教育、卫生、文化事业；

（六）本省鼓励兴办的其他行业。

第十一条 台湾同胞投资企业根据生产经营需要，经批准可以依法设立保税工厂、保税仓库、出口监管仓库。

第十二条 鼓励台湾同胞投资综合实验区、台商投资区、台湾农民创业园、高新技术产业园区等。

台湾同胞投资者可以设立各种形式的研发机构，吸引台湾科研机构和科技人员共同创建创新平台，参与本省科研和工程项目的开发与建设。

第十三条 鼓励台湾同胞投资者依法在本省设立银行、保险、证券等金融机构或者参股本省金融机构，推动两岸区域性金融服务中心建设。

台湾同胞投资者可以依照国家有关规定成立担保公司，提供融资担保服务。

第十四条 台湾同胞投资者投资获得的合法利润、股息、利息、租金、特许权使用费、清算后的资金和其他合法收入，可以依法汇回台湾地区或者汇往境外，也可以依法转让、继承或者再投资。

第十五条 对台湾同胞投资者的投资不实行国有化。在特殊情况下，根据社会公共利益的需要，确须进行征收的，应当提前一年告知，并应当经省人民政府或者省人民政府确定的主管部门批准。

被征收的资产须经双方认可的评估机构评估作价，补偿款额应当按照实施征收之日的市场价格计算，并包括实施征收之日起直至交付款额之日的利息；征收方应当在实施征收之日起三个月内付清款额。

被征收方对补偿款额有异议，经协商达不成协议的，可以依法向人民法院提起诉讼。依本条补偿所得的款额，需要汇出的按照第十四条规定办理。

第十六条 台湾同胞投资者个人及其随行家属和台湾同胞投资企业中的台湾同胞职工及其随行家属，可以向公安机关出入境管理部门申请和换、补发《台湾居民来往大陆通行证》以及办理居留签注。从本省口岸入境的，可以向所在地口岸签证机关办理《台湾居民来往大陆通行证》以及签注。需要多次来往大陆的，可以向公安机关出入境管理部门申请办理多次有效的入出境签注。

台湾同胞投资者个人和台湾同胞投资企业中的台湾同胞职工，因商务活动需要出境前往其他国家的，可以向公安机关申请办理中国公民护照。

第十七条 台湾同胞投资者个人和台湾同胞投资企业中的台湾同胞职工，可以参加单位所在地的城镇职工社会保险，并享受社会保险的相关待遇。

第十八条 台湾同胞投资者个人的子女和台湾同胞投资企业中的台湾同胞职工的子女在本省就学的，享受与当地学生同等的待遇，并可给予适当的照顾。

台湾同胞投资者经批准可以在台湾同胞投资企业集中的地区兴办台胞子女学校。

第十九条 台湾同胞投资者个人及其随行家属和台湾同胞投资企业中的台湾同胞职工及其随行家属，可以凭在台湾地区取得的有效机动车驾驶证，向公安交通管理部门申领本省同类型机动车驾驶证。

第二十条 台湾同胞投资者个人和台湾同胞投资企业中的台湾同胞职工，可以依照国家和本省的有关规定，参加相关专业技术职称、资格评审或者考试，取得相关资格证书。台湾地区相关资格证书经本省有关部门依法确认的，可以在本省适用。

第二十一条 台湾同胞投资者的人身权、财产权和台湾同胞投资企业的合法经营权受法律保护。

除国家法律、法规、规章和省人民政府有关规定或者授权外，任何单位和个人不得到台湾同胞投资企业检查，不得强制台湾同胞投资企业参加各类培训班、评比活动，禁止向台湾同胞投资企业乱收费、乱摊派、乱罚款。

第二十二条 台湾同胞投资者必须遵守国家法律、法规，依法进行生产经营。

台湾同胞投资企业应当支持职工依法成立工会，切实保障职工的合法权益不受侵犯。

第二十三条 地方各级人民政府及其有关部门应当培育和健全社会服务体系，及时公开相关信息，为台湾同胞投资提供政策咨询和信息服务。

社会中介服务机构必须按照公开、公正、公平和诚信的原则，为台湾同胞投资企业提供服务。

第二十四条 省、设区的市以及台湾同胞投资相对集中的县（市、区）人民政府应当建立健全台湾同胞投资保护协调处理制度，协调解决台湾同胞投资权益保护的重大问题。

第二十五条 省、设区的市以及台湾同胞投资相对集中的县（市、区）人民政府可以设立台商投诉、求助协调机构。台商投诉、求助协调机构履行下列职责：

（一）对投诉事项进行调查，提出处理建议；

（二）组织、协调、督促有关部门处理投诉事项；

（三）对求助事项提供帮助。

第二十六条 台湾同胞投资企业可以依照国务院《社会团体登记管理条例》的规定在其所在设区的市以及台湾同胞投资相对集中的县（市、区）成立台湾同胞投资企业协会。

台湾同胞投资企业协会依照法律、法规和经批准的章程活动，其合法权益受法律保护。

第二十七条 台湾同胞投资企业协会可以代表其会员向人民政府及其有关部门或者机构投诉，提出建议、批评和意见。

对台湾同胞投资者、台湾同胞投资企业协会反映的问题，有关部门、机构应当及时处理，并在三十日内予以答复。

第二十八条 政府职能部门及其工作人员履行职责不当，造成台湾同胞投资者经济损失的，台湾同胞投资者可以依法要求赔偿。

第二十九条 国家机关工作人员损害台湾同胞投资者合法权益的，由有关行政机关依法对负有责任的领导人员和直接责任人员给予处分；县级以上地方人民政府台湾事务主管部门可以向其所在单位或者主管部门提出追究其责任的意见和建议，有关主管部门或者单位应当将处理结果告知台湾同胞投资者及地方人民政府台湾事务主管部门。

第三十条 台湾同胞投资者与公司、企业、其他经济组织或者个人之间发生的与投资有关的争议，当事人可以通过协商或者调解解决。

当事人不愿协商、调解的，或者经协商、调解不成的，可以依照合同的仲裁条款或者事后达成的书面仲裁协议，提交仲裁机构仲裁。

当事人未在合同中订立仲裁条款，事后又未达成书面仲裁协议的，可依法向人民法院提起诉讼。

第三十一条 本办法自2011年1月1日起施行。1994年9月16日福建省第八届人民代表大会常务委员会第十二次会议通过的《福建省实施〈中华人民共和国台湾同胞投资保护法〉办法》同时废止。

福建省台湾船舶停泊点管理办法

（1994 年 7 月 15 日福建省第八届人民代表大会常务委员会第十一次会议通过　1994 年 7 月 19 日公布施行）

第一条　为加强台湾船舶停泊点的管理，确保来靠台湾船舶的安全，方便台湾同胞往来，促进闽台经济、文化交流，根据《中国公民往来台湾地区管理办法》以及有关法律、法规。结合本省实际，制定本办法。

第二条　进入福建沿海的台湾船舶，应当在省人民政府批准的台湾船舶停泊点停泊（以下简称停泊点）。

第三条　凡在停泊点停泊的台湾船舶及入出境的台湾同胞，除法津、法规另有规定外，均应遵守本办法。

第四条　台湾船舶因台风等不可抗力，还可在省人民政府批准的台湾船舶避风点停泊，不可抗力解除，应当立即离港。

第五条　台湾船舶及船上人员、货物、行李物品进出停泊点，由边防、海关、卫生检疫等部门依法监管。

台湾船舶进入停泊点后，船长应当主动向公安边防执勤人员出示船舶证书、船员证书或其他有效证件。说明来靠原因及泊港时间，协助检查人员对船体、货物和行李物品进行检查。

第六条　公安边防部门发现船上人员有下列情形之一的，不予批准上岸：

（一）无任何证件证明是台湾同胞的；

（二）有提供假证等欺骗行为的；

（三）被遣送出境人员在不准入境期限内的；

（四）严重传染病患者和无人照料的精神病患者。

第七条　台湾船舶泊港期间，船上人员应当遵守下列规定：

（一）不得擅自调整泊位；

（二）不得悬挂、显示有损于祖国统一的标志；

（三）不得擅自启用电台；

（四）不得向港内倾倒污物；

（五）不得携带危禁物品上岸；

（六）不得扰乱港口治安秩序和从事违法犯罪活动；

（七）不得擅自接大陆人员登船；

（八）船上必须留有足以保证安全的船员值班。

第八条 台湾船舶泊港期间，海关、卫生检疫等部门工作人员需要登船执行公务的，应事先通报当地公安边防部门，其他人员需办理有关手续后方可登船。

第九条 台湾船舶、台湾同胞泊港期间的事务，由有关部门、单位按照规定办理：

（一）避风、求医、探亲访友、洽谈投资、谒祖、旅游和修船补给的，由停泊点所在地人民政府台湾事务办公室接待处理；

（二）从事小额贸易的，由停泊点所在地人民政府台湾事务办公室介绍给经省对外经济贸易委员会批准的对台贸易公司接洽；

（三）要求处理海事、渔事纠纷的，由停泊点所在地人民政府台湾事务办公室联系渔政、港监等部门处理；

（四）需要聘请短期渔工的，由停泊点所在地人民政府台湾事务办公室介绍给经省人民政府批准的有对台劳务合作经营权的公司接洽。

停泊点管理事务涉及多个部门的，由所在地人民政府台湾事务办公室负责协调。

第十条 台湾同胞需上岸的，应持船员证书或者其他有效身份证件，向当地公安边防部门申请办理《台湾同胞登陆证》或《台湾居民来往大陆通行证》。

第十一条 台湾同胞应当在限定的范围内活动。

持《台湾同胞登陆证》的台湾同胞，可在停泊点所在乡、镇范围内活动；持《台湾居民来往大陆通行证》的台湾同胞，可前往停泊点所在乡、镇以外地区探亲、旅游、投资、贸易。

第十二条 台湾同胞应当在证件有效期内登船出境。

《台湾同胞登陆证》、《台湾居民来往大陆通行证》的有效期限不超过本航次航行期限。台湾同胞因特殊原因不能随原船出境或者需要延长居留期限的，应在证件有效期内向上岸停泊点所在地人民政府台湾事务办公室提出申请，经省人民政府台湾事务办公室商省公安厅边防局审批后，由上岸停泊点公安边防部门换发证件。

第十三条　台湾同胞应当从原上岸停泊点乘原船出境。

因特殊原因需要改从本省其他停泊点或者改乘其他台湾船舶出境的，应在证件有效期内向拟出境停泊点所在地人民政府台湾事务办公室或省人民政府台湾事务办公室提出申请，由省人民政府台湾事务办公室商省公安厅边防局审批。

第十四条　台湾同胞遗失《台湾同胞登陆证》、《台湾居民来往大陆通行证》的，应当向原发证部门报失，经调查属实的，由原发证部门补发。

第十五条　台湾船舶应当经公安边防执勤人员检查、核对证件和人员，按规定交纳检查监护费，缴回《台湾同胞登陆证》或《台湾居民来往大陆通行证》后，方可离港出境。已办离港手续的，不得无故滞留。

第十六条　台湾船舶、台湾同胞违反法律、法规的，依照有关法律、法规处理；法律、法规未作规定的，由省、市（地）、县（市）公安边防部门依照本办法处理：

（一）违反本办法第七条（一）、（二）、（三）、（四）、（七）、（八）项规定的，对船长、直接责任人予以劝告，责令其改正。拒不改正的，处人民币一千元以上三千元以下罚款；

（二）违反本办法第十一条、第十二条、第十三条、第十五条规定的，处人民币三千元以上五千元以下罚款；

（三）台湾居民雇用船舶偷（私）渡出入境的，涂改、伪造、冒用他人证件出入境或者将证件转让他人使用的，处人民币五千元以上一万元以下罚款；

（四）进入本省沿海的台湾船舶不在停泊点停泊的，处人民币一万元以上三万元以下罚款。

公安边防部门照本办法作出的处罚，应当填写由省公安厅统一印制的裁决书。

被处罚人对处罚决定不服的，可依法申请复议或向人民法院提起诉讼。

第十七条　边防、海关等部门工作人员玩忽职守、滥用职权、徇私舞弊的，视情节轻重，给予行政处分；构成犯罪的，依法追究刑事责任。

第十八条 本办法所称停泊点和避风点，由省人民政府公布。

第十九条 本办法由省人民政府台湾事务办公室负责应用解释。

第二十条 本办法自公布之日起施行。

福建省闽台近洋渔工劳务合作办法

（1996年1月28日福建省第八届人民代表大会常务委员会第二十一次会议通过　1996年1月28日公布施行）

第一条　为促进闽台近洋渔工劳务合作，保障双方的合法权益，维护正常的经营秩序，根据国家有关法律、法规，结合本省实际，制定本办法。

第二条　从事闽台近洋渔工劳务合作活动，应遵守国家法律、法规及本办法。

第三条　省对外贸易经济合作行政部门是本省闽台近洋渔工劳务合作的业务主管部门。地（市）、县（市、区）对外贸易经济合作行政部门负责本辖区近洋渔工劳务合作业务的监督管理。

公安边防部门负责闽台近洋渔工劳务证件的签发及台湾渔轮、渔工的边防管理。

海关负责对渔工携带的行李物品进行监管。

人民政府台湾事务办公室负责闽台近洋渔工劳务合作的政策指导和相关涉台事务的协调。

第四条　开展闽台近洋渔工劳务合作的经营口岸（以下简称“经营口岸”），应是台湾船舶停泊点，并经省人民政府批准。

第五条　闽台近洋渔工劳务合作的聘用方（以下简称“聘用方”），应是台湾近洋渔轮的船主、船长或渔业公司及其授权代理人。

台湾近洋渔轮已在台湾注册并处适航状态。

台湾渔业公司经业务主管部门商省人民政府台湾事务办公室批准，可在指定的经营口岸设立办事处，负责近洋渔工劳务合作业务的联络事宜。

第六条　闽台近洋渔工劳务合作的应聘渔工（以下简称“渔工”），须是身体健康，具有海上渔轮操作技术，持有《中华人民共和国居民身份证》和《出海船民证》，年满18周岁的公民。

有未了结刑、民事案件者，不得应聘。

第七条 具有对外劳务经营资格的公司，经省人民政府确认，可经营闽台近洋渔工劳务合作业务（以下简称“经营公司”）。

具有办理近洋渔工劳务合作业务能力的公司，经业务主管部门批准，受经营公司委托，可承办闽台近洋渔工劳务合作业务（以下简称“承办公司”）。

第八条 聘用方应与经营公司或其委托的承办公司依法签订《近洋渔工劳务合作合同》。

经营公司或承办公司应与渔工依法签订《近洋渔工劳务合同》。

《近洋渔工劳务合作合同》应经业务主管部门或其授权的地（市）、县（市、区）对外贸易经济合作行政部门见证后生效。

第九条 经营公司及承办公司应遵守下列规定：

（一）在指定的经营口岸开展业务；

（二）执行业务主管部门规定的渔工劳务价格及渔工工资标准；

（三）组织渔工接受相关的培训；

（四）为渔工办理人身安全保险；

（五）维护和保障渔工合法权益。

第十条 聘用方应遵守下列规定：

（一）不得直接招聘渔工或与非经营、承办公司签约招聘渔工；

（二）不得超出渔轮定员的缺额聘用渔工；

（三）不得单方改变渔工的作业船只；

（四）聘用渔工的合同期限每次不得超过一年；

（五）不得中途遗弃渔工；

（六）不得强迫渔工违章或超负荷作业；

（七）不得有侵犯渔工人身权利的行为；

（八）不得欺骗、引诱、胁迫渔工从事违法犯罪活动。

聘用方遇有特殊情况，需将渔工调换到其他台湾近洋渔轮作业，应征得渔工本人及经营公司或承办公司同意，并由经营公司或承办公司到所在地公安边防部门办理手续。

第十一条 渔工应遵守下列规定：

（一）不得编造情况、提供假证明；

（二）持有县级以上公安边防部门签发的《福建省台湾渔轮聘用劳务证》，在经营口岸接受边防工作站检查验证后出入境；

（三）遇特殊情况需从原出境地以外口岸入境的，应在返回后十日内向原出境地边防工作站申报；

（四）不得参与走私、贩毒和偷（私）渡等违法犯罪活动；

（五）不得携带违禁物品及涉及国家机密的资料。

第十二条 经营公司、承办公司未办理渔工人身安全保险而造成渔工损失的，应承担相应的赔偿责任。

渔工合法权益受到聘用方损害的，经营公司、承办公司应协助渔工提起诉讼。

第十三条 闽台近洋渔工劳务合作当事人之间发生合同纠纷，由所在地对外贸易经济合作行政部门调解；调解不成的，可依法提请仲裁或向经营口岸所在地人民法院提起诉讼。

第十四条 从事闽台近洋渔工劳务合作的当事人违反国家法律、法规的，依照有关法律、法规处罚；国家法律、法规未作规定的，依照本办法予以处罚。

第十五条 有下列情形之一的，由县级以上公安边防部门予以处罚：

（一）违反本办法第十条（一）、（二）、（三）、（四）、（五）、（六）项规定之一的，处聘用方或直接责任人人民币一万元以上、三万元以下罚款。拒不执行处罚的，经省公安边防部门批准，可限制台湾渔船离境，接受处罚或提供足额保证金后应予当日放行；

（二）违反本办法第十一条（一）、（二）、（三）项规定之一的，处渔工人民币二百元以上、五百元以下罚款；

（三）私自组织人员上台湾渔轮从事劳务活动的，没收其非法所得，并处人民币五千元以上、二万元以下罚款。

第十六条 有下列情形之一的，由县级以上对外贸易经济合作行政部门予以处罚：

（一）未获批准经营、承办闽台近洋渔工劳务合作业务的，没收其非法所得，依法取缔，并处人民币一万元以上、三万元以下罚款；

（二）违反本办法第九条规定之一的，处公司人民币五千元以上、三万元以下或其非法所得二倍以下的罚款；情节严重的，经业务主管部门批准，停止该公司经营、承办闽台近洋渔工劳务合作业务。

第十七条 被处罚人对处罚决定不服的，可依法申请行政复议或向人民法院提起行政诉讼。

被处罚人在法定期限不履行处罚决定，又不申请复议或向人民法院提起诉讼的，处罚机关可依法向人民法院申请强制执行。

第十八条 对外经贸、公安边防、海关等部门工作人员玩忽职守、滥用职权、徇私舞弊的，视情节轻重，给予行政处分；构成犯罪的，依法追究刑事责任。

第十九条 本办法自公布之日起施行。

福建省接受台湾同胞捐赠管理办法

（1996年9月27日福建省第八届人民代表大会常务委员会第二十五次会议通过）

第一条 为加强对接受台湾同胞捐赠的管理，规范捐赠、受赠行为，保护捐赠人的爱国爱乡热情和合法权利，促进本省经济发展和社会进步，根据国家有关法律、法规，结合本省实际，制定本办法。

第二条 本办法所称台湾同胞捐赠，是指台湾同胞自愿无偿为我省教育、科技、文化、卫生、体育、环境保护、社会福利等公益事业和公共设施、工农业生产设备捐赠款、物的行为。

本办法所称受赠单位，系指接受捐赠的社会团体和事业机构。国家机关不得接受供本单位自用的台湾同胞捐赠，用于前款规定范围的捐赠除外。

第三条 台湾同胞捐赠应遵循捐赠人自愿和受赠单位自用的原则。

捐赠人对捐赠的方式、数额和受赠对象有自主权，对捐赠款、物的使用有检查监督的权利。任何单位和个人不得违背台湾同胞意愿索取捐赠。

第四条 台湾同胞捐赠兴办的事业受国家法律保护。

捐赠人和受赠单位应遵循国家法律、法规，符合国家和社会公共利益。

第五条 地方各级人民政府台湾事务办公室负责对台湾同胞捐赠的指导和管理。

受赠单位的主管部门对受赠款、物的使用和管理，负有协调和监督的责任。

第六条 台湾同胞捐赠应由捐赠人向受赠单位提出捐赠意愿书。捐赠双方认为有必要的，应签订协议。协议内容由双方商定。

受赠单位接受台湾同胞捐赠，应当提出受赠申请书，征得主管部门同意后，向县级以上人民政府台湾事务办公室申报。

第七条 受赠单位接受台湾同胞捐赠款额应按下列权限申报：

（一）一次接受一百万元（人民币，下同）以下（不含本数，下同）的捐赠，向县（市、区）人民政府台湾事务办公室申报。

（二）一次接受一百万元以上（含本数，下同）、二百万元以下的捐赠，向地区行署、地级市人民政府台湾事务办公室申报。

（三）一次接受二百万元以上的捐赠，向省人民政府台湾事务办公室申报。

省直属单位接受台湾同胞捐赠，直接向省人民政府台湾事务办公室申报。

台湾同胞捐赠的进口物资，由省人民政府台湾事务办公室审批。捐赠属于实行进口许可证管理和专卖专营物资的，按国家规定，由省人民政府台湾事务办公室会同有关部门核报国家主管部门审批。

第八条 地方各级人民政府台湾事务办公室自接到受赠单位申报之日起十五日内，将办理结果通知申报单位。逾期未做出答复的，视为批准。

第九条 受赠单位对受赠款、物，应建立账目，年终汇总报送主管部门和同级人民政府台湾事务办公室备案。

第十条 台湾同胞捐赠的款项，受赠单位应按捐赠意愿书或协议规定专款专用。捐赠现汇的，在指定解汇银行办理结汇；捐赠协议规定用于境外支付的解汇，经当地外汇管理部门批准，可以保留现汇，在外汇指定银行开立账户。

第十一条 台湾同胞捐赠用于科教的进口物资，根据国家有关减免关税的优惠规定办理。

第十二条 台湾同胞将在我省投资经营所得的利润捐赠兴办公益事业的，在报经税务部门批准后，可退还捐赠部分已缴纳的所得税款。

第十三条 台湾同胞捐赠款、物的使用，受赠单位应当尊重捐赠人的意愿，履行捐赠意愿书或协议规定的义务，保证实现捐赠的目的，并应向捐赠人反馈其捐赠款、物的使用情况。

第十四条 台湾同胞捐赠兴建的工程项目，必须符合城乡建设规划和社会发展计划，讲求社会、经济和环境效益，所需土地，依照国家有关规定办理报批手续。属于公益事业和公共设施项目的，免征城市基础设施配套费和土地使用费。

第十五条 台湾同胞捐赠兴建的工程项目，受赠单位应按基建程序和建设行政主管部门的有关规定施工，确保工程质量，未经捐赠人或受赠单位主管部门同意，不得更改捐赠工程项目的规模和标准。工程竣工后，必须经当地建筑工程质量监督机构检验合格，方可交付使用。投入使用后，受赠单位应加强管理，充分发挥其效益。

第十六条 因经济建设、社会发展必需拆迁台湾同胞捐赠兴建的公益性建筑物和公共设施，应根据拆迁有关规定和城乡规划要求按原规模、用途就近予以复建，或依法给予合理补偿。补偿款项使用应符合原捐赠用途。

第十七条 地方各级人民政府对作出贡献的捐赠人，应给予表彰。表彰的方式要尊重受表彰者的意愿。具体表彰办法，由省人民政府制定。

第十八条 违反本办法的，视情节由县级以上人民政府台湾事务办公室责令纠正，或由同级人民政府台湾事务办公室提请行政监察机关及受赠单位上级主管部门给予行政处分；构成犯罪的，依法追究刑事责任。

第十九条 台湾同胞赈灾捐赠由各级人民政府台湾事务办公室会同民政、红十字会等有关单位按国家有关规定办理。

第二十条 本办法应用解释权属福建省人民政府台湾事务办公室。

第二十一条 本办法自 1997 年 1 月 1 日起施行。

福建省招收台湾学生若干规定

（1999 年 6 月 1 日福建省第九届人民代表大会
常务委员会第十次会议通过）

第一条 为便利台湾学生来福建省就学，根据《中华人民共和国教育法》等有关法律、法规，结合本省实际，制定本规定。

第二条 本规定所称台湾学生，系指来福建省就学的台湾居民。

第三条 台湾学生的合法权益受国家法律保护，任何单位和个人不得侵犯。

台湾学生应当遵守国家法律、法规，尊重社会公德。

第四条 各级教育行政主管部门应当做好对台湾学生的指导、咨询和服务工作。

第五条 台湾学生来福建省就学，应当向当地教育行政主管部门或者其指定的学校交验下列证件：

（一）有效的身份证明和有效的台湾入出境证件；

（二）台湾居民来往大陆通行证；

（三）学历证明；

（四）体格检查证明。

第六条 台湾学生来福建省就学，可以按国家规定接受学历教育，也可以接受非学历教育。

第七条 经县级以上教育行政主管部门批准，台湾学生可在当地的中学、小学就学，就学期间享受与当地学生同等的待遇。

第八条 报考福建省高等学校的台湾学生，可以参加经国家批准的本省单独招生考试，也可以按国家规定参加全国联合招生考试。考试合格的，予以录取。

有关部门和学校单独招收台湾学生，应当在报名、考试、录取、入学等方面简化手续，提供便利。

第九条 参加招生考试未被录取的台湾学生，符合条件的可以进入有关学校开设的预科班学习。

第十条 经批准招收台湾学生的福建省高等学校，可以为台湾学生举办补习班、进修班、培训班和函授班等。

第十一条 台湾学生的学籍管理，各级教育行政主管部门和学校参照国家有关规定执行。

学校应当做好教学和管理工作，保证教育教学质量。

在高等学校就学的台湾学生可以申请免修政治理论和军训课程。

第十二条 按国家规定招收台湾学生的学校，培养台湾学生所需的经费，各级人民政府可以比照所在学校的学生经费标准予以安排。

第十三条 台湾学生入学后，由所在学校向所在地的公安机关办理就学期间的多次有效入出境签证和暂住手续，公安机关应当及时办理。

第十四条 台湾学生修业期满，按教学计划完成所修课程、成绩合格的，准予毕业，发给毕业证书。获得高等学校毕业证书的台湾学生，经审核符合《中华人民共和国学位条例》规定的，授予相应的学位，发给学位证书。

第十五条 本规定由福建省教育行政主管部门负责应用解释。

第十六条 本规定自公布之日起施行。

福建省促进闽台农业合作条例

（2009 年 5 月 23 日福建省第十一届人民代表大会
常务委员会第九次会议通过）

第一章　总　　则

第一条　为了促进闽台农业全面合作，推进海峡两岸合作与交流，加快海峡西岸经济区建设，根据国家有关法律、法规，结合本省实际，制定本条例。

第二条　在本省行政区域内从事闽台农业合作，适用本条例。

本条例所称农业是指种植业、林业、畜牧业和渔业等产业，包括与其直接相关的产前、产中、产后服务。

第三条　闽台农业合作应当遵循优势互补、互利共赢、全面合作、共同发展的原则。

从事闽台农业合作活动，应当遵守有关法律、法规。

第四条　从事闽台农业合作的台湾同胞，与本省居民享有同等的投资待遇，享受同等的优惠政策和优质服务。

第五条　省人民政府应当将闽台农业合作纳入本省国民经济和社会发展规划，制定促进闽台农业合作的政策措施。

省人民政府应当发挥海峡两岸农业合作试验区、现代林业合作试验区的窗口、示范和辐射作用，促进对台农业资金、技术、良种、设备等生产要素的引进与合作。

第六条　县级以上地方人民政府主管闽台农业合作工作的部门负责本行政区域内闽台农业合作的组织、协调和服务工作。

县级以上地方人民政府其他有关部门根据各自职责，负责闽台农业合作的相关工作。

第二章　合作与交流

第七条　地方各级人民政府应当根据当地实际情况，采取有效措施，促进闽台农业合作与交流。

第八条　鼓励从事下列闽台农业合作项目：

（一）农业综合开发；

（二）良种引进、繁育、试验、示范和推广；

（三）特色农产品生产经营；

（四）农业高新技术；

（五）农产品精深加工业；

（六）新型农用工业；

（七）农产品物流业；

（八）休闲农业；

（九）国家和本省鼓励的其他项目。

从事前款规定合作项目的，享受国家和本省相应的扶持政策。

第九条　台湾同胞可以代理闽台农业合作招商业务，开展闽台农业合作项目的策划，参与举办农业经贸活动。

第十条　从事闽台农业合作的台湾同胞，可以依法发起或者参加农民专业合作经济组织。

第十一条　台湾同胞可以在市、县（区）工商行政主管部门直接登记申请设立个体工商户，依法从事闽台农业合作活动。

第十二条　鼓励企业、教学科研机构和个人开展闽台农业合作与交流。

鼓励台湾同胞在本省从事农业科研、教学、培训、咨询等活动。

台湾同胞可以单独或者与企业、教学科研机构等组织合资、合作在本省设立农业科技研发、推广机构。

台湾同胞可以依托其所在的企业、教学科研机构作为项目负责人，申请农业科研项目。

鼓励本省科技人员、经营管理人员和教学人员赴台开展农业合作与交流活动。

第十三条　鼓励引进和推广适宜本省的台湾农业新品种、新技术、新农药、新肥料和新机具，设立台湾农业技术、新产品推广中心。

第十四条 鼓励开展闽台农业劳务合作与交流，有关部门应当提供相应的劳务培训服务和经费支持。

第十五条 鼓励台湾同胞开展闽台农业合作与交流的信息服务。

鼓励本省单位和个人建设闽台农业合作与交流的信息服务网站。

第十六条 鼓励开展闽台农业知识产权领域的合作与交流，依法保护知识产权。

第三章 服务与保障

第十七条 地方各级人民政府及其有关部门应当加强闽台农业合作的服务工作，改善投资环境，提高办事效率，严格依法办事，切实保障台湾同胞和闽台农业合作企业的合法权益。

第十八条 省人民政府设立闽台农业合作专项资金，市、县（区）人民政府根据需要设立闽台农业合作专项资金。闽台农业合作专项资金列入同级财政预算。

闽台农业合作专项资金用于闽台农业合作重点项目建设、交流平台建设、科技研发与推广、人员培训与交流活动等。

第十九条 经国务院有关部门或者省人民政府批准，县级以上地方人民政府可以设立台湾农民创业园和闽台现代农业合作示范区。

县级以上地方人民政府对台湾农民创业园和闽台现代农业合作示范区的基础设施建设、重点农业高新技术项目给予资金支持。

对台湾农民创业园的用地规模和布局，县级以上地方人民政府在土地利用总体规划中予以统筹安排；对台湾农民创业园内符合条件且已核准的闽台农业合作项目，在依法、节约、高效的前提下，优先协调用地。

第二十条 闽台农业合作企业可以申报农业产业化龙头企业和品牌农业企业，经认定后享受县级以上地方人民政府相应的优惠政策。

闽台农业合作企业可以申报无公害农产品、绿色食品和有机食品标志使用权，经法定认证机构认证后，享受县级以上地方人民政府相应的优惠政策。

闽台农业合作企业可以申报中国驰名商标、中国名牌产品、中国名牌农产品、福建省著名商标、福建省名牌产品等，经认定后享受县级以上地方人民政府相应的优惠政策。

第二十一条 县级以上地方人民政府应当为闽台农业合作引进人才智力提供相应服务。

台湾同胞在本省直接从事农业专业技术工作且符合相关规定的，可以申报评审农业专业技术职务任职资格，或者申请职业技能鉴定。

第二十二条 闽台农业合作开发具有自主知识产权的农业高新技术和产品，进行成果转化的，经认定后可享受本省的优惠政策。

第二十三条 省人民政府主管农业机械化工作的部门应当将适宜在本省推广使用的台湾农业机械产品，列入本省支持推广的农业机械产品目录。列入目录的台湾农业机械产品，享受本省的优惠政策。

第二十四条 台湾同胞从事闽台农业合作的，在农业保险、救济救助方面，与本省居民、企业享受同等待遇。

第二十五条 鼓励金融机构开发、创新适合闽台农业合作项目的金融产品和服务，增加对闽台农业合作项目的信贷投入。

台湾同胞可以依法将其生产设备，交通运输工具，建筑物和其他土地附着物，建设用地使用权，以招标、拍卖、公开协商等方式取得的荒山、荒滩等土地承包经营权，海域使用权等作为抵押财产，向金融机构申请贷款。

第二十六条 鼓励金融机构在闽台农业合作集中地区设立分支机构。

台湾同胞可以依照国家有关规定成立专业性担保公司，为台湾同胞提供融资担保服务。

第二十七条 闽台农业合作项目需要使用农村家庭承包经营土地的，可以按照依法自愿有偿原则，通过流转方式取得农村土地承包经营权；需要使用其他农村集体土地的，可以通过招标、拍卖、公开协商等方式取得荒山、荒滩等土地承包经营权。所在地人民政府在农民自愿和维护承包农户权益的前提下，依法做好农村土地承包经营权流转的相关服务。

农村集体经济组织及其成员可以依法以集体土地使用权、土地承包经营权、林地使用权或者海域使用权入股与台湾同胞合作从事农业开发。

第二十八条 闽台农业合作项目需要使用海域的，可以依法申请取得海域使用权。

台湾同胞投资海水养殖业的，经依法批准可以减缴或者免缴海域使用金。

第二十九条 闽台现代农业合作示范区内的土地整理、标准农田建设、农田水利等基础设施建设项目，符合条件的，有关部门应当列入相关计划。

第三十条 县级以上地方人民政府和有关部门应当依法及时公开相关信息，为闽台农业合作提供政策咨询和信息服务。

第三十一条 台湾同胞从事闽台农业合作的，可凭其合法、有效的主体资格证明或者身份证明及相关文件材料办理工商登记；在大陆和台湾地区以外第三地投资设立公司并以其名义来闽投资的，在办理登记时经大陆和台湾地区以外第三地相关部门证明确属台资控股或者独资的，其投资主体资格证明可免予公证和认证。

第三十二条 海关、检验检疫等有关部门应当依法为闽台农业合作提供通关便利和优质服务。

第三十三条 涉及闽台农业合作的行政事业性收费项目和标准，应当按照法律、法规、规章的规定执行。

禁止向闽台农业合作企业违法集资、征收财物、摊派费用或者违法要求履行其他义务。

除法律、法规、规章和省人民政府规定或者授权外，任何单位或者个人不得到闽台农业合作企业检查，不得强制闽台农业合作企业参加培训班或者评比活动。

第三十四条 闽台农业合作企业和台湾同胞个体工商户的财产权、经营权受法律保护。

闽台农业合作企业和台湾同胞个体工商户依法取得的土地承包经营权、建设用地使用权、林地使用权和海域使用权，因公共利益需要依法被收回的，有权获得相应的补偿。

第三十五条 闽台农业合作企业和台湾同胞个体工商户的合法权益受到侵害时，可以向有关部门反映，或者向台湾同胞投诉协调机构投诉，有关部门和台湾同胞投诉协调机构应当在三十日内给予答复、处理；也可以依法向人民法院提起诉讼。

第四章 附 则

第三十六条 省人民政府根据本条例规定制定实施细则。

第三十七条 本条例自公布之日起施行。

福州市保障台湾同胞投资权益若干规定

（1996年9月27日福州市第十届人民代表大会常务委员会第二十四次会议通过　1996年11月29日福建省第八届人民代表大会常务委员会第二十七次会议批准　1996年12月30日福州市人民代表大会常务委员会颁布施行）

第一条　为了保障台湾同胞投资者的合法权益，鼓励台湾同胞在福州市投资，根据《中华人民共和国台湾同胞投资保护法》和《福建省实施〈中华人民共和国台湾同胞投资保护法〉办法》等有关法律、法规，结合本市实际情况，制定本规定。

第二条　本规定所称台湾同胞投资是指在台湾地区的公司、企业及其他经济组织或个人作为投资者在福州市投资。

台湾同胞在境外设立的公司、企业或与外国厂商共同设立的合资经营企业在福州市投资的，视同台湾同胞投资。

第三条　台湾同胞投资者经批准后可以从事台湾海峡两岸间的航运业务和货物运输代理业务；参与基础设施项目建设并取得经营权以及法律、法规允许的其他投资形式。

第四条　台湾同胞投资企业除享受国家及福建省关于鼓励台湾同胞投资有关规定的待遇外，并享受下列优惠：

（一）优先提供所需的土地、水、电、运输条件和通讯设施；

（二）投资总额在一千万美元以上的生产性项目，优先提供配套的生活设施用地；

（三）采取合资、合作、独资等方式开发经营现代农业项目，可优先安排用地，实行优惠地价，延长用地使用年限。具有一定规模、科技含量较高的现代农业项目，可以按有关规定减征企业所得税。

第五条　投资能源、交通等基础设施建设的台湾同胞投资者，可以从事与其相配套或补偿性项目的经营。

第六条 台湾同胞投资者可以在福州市举办台湾产品展览或在福州市举办的各种展览中设立台湾产品展位，也可以举办台湾产品展销和寄售活动。

第七条 台湾同胞投资者在福州市申请专利或办理其他专利事务的，可以委托有关专利代理机构办理。

第八条 台湾同胞投资者及其随行眷属、聘用的台湾员工，可以向福州市公安机关申请办理两年有效多次往返的入出境签注。因商务活动需出境前往他国的，可以申请办理《中华人民共和国公民护照》。

第九条 台湾同胞投资者及其聘用的台湾员工和子女、眷属在福州市购买商品房、租赁住房以及购物、住宿、就医、参观、旅行、通讯、安装私人付费住宅电话等付费标准与本市居民相同。

第十条 台湾同胞投资者在台湾地区已取得有效小型汽车驾驶执照的，经市公安交通车辆管理部门确认，可领取小型机动车驾驶证。

第十一条 台湾同胞投资者及投资企业聘用的台湾员工的子女可以按规定在福州市属各级各类学校就学，其缴费标准与本市居民相同。

第十二条 台湾同胞在福州市县、乡两级人民代表大会代表选举期间在市内的，可以凭本人身份证件在原籍地或原居住地或现居住地进行选民登记，参加选举。

第十三条 台湾同胞投资企业可以依照国务院《社会团体登记管理条例》及其他有关规定在福州市成立台湾同胞投资企业协会，其合法权益和活动受法律保护。

第十四条 行政机关对台湾同胞投资企业的行政执法检查，应当依法进行，不得随意重复检查。

第十五条 行政机关及其执法人员未经法定程序不得决定台湾同胞投资企业停产停业。必须责令停产停业的，应当按照法律法规规定的权限和程序执行，并报县以上人民政府备案。

第十六条 涉及台湾同胞投资企业的行政、事业性收费，按《福建省行政事业性收费管理条例》执行。

第十七条 台湾同胞投资者应遵守国家法律、法规的有关规定，依法生产经营，依法接受政府职能部门的监督管理，保护生态环境。依法成立企业工会，维护企业职工的合法权益。

第十八条 台湾同胞投资者认为政府有关部门保障其投资权益方面处理不当的，可以向福州市台商投诉协调中心或有关主管部门投诉。投诉机构受理投诉后，应在二十日内将处理结果答复投诉人。如因投诉事项复杂，不能按时处理完毕的，受理机构应向投诉人说明情况。

第十九条 台湾同胞投资者因维护其合法权益，而受到行政机关及其工作人员打击报复的，投诉受理机构可提请有关主管部门对其直接责任人追究行政责任；构成犯罪的，由司法机关追究刑事责任。

第二十条 台湾同胞投资者及企业合法权益因行政机关、司法机关及其工作人员行使职权不当而造成损害的，可依照《中华人民共和国国家赔偿法》的规定请求国家赔偿。

第二十一条 本规定由福州市人民政府负责应用解释。

第二十二条 本规定自颁布之日起施行。

厦门经济特区台湾同胞投资保障条例

（1994 年 9 月 29 日　厦门市第十届人民代表大会常务委员会第十次会议通过，2010 年 12 月 2 日　厦门市人民代表大会常务委员会第二十五次会议修订）

第一章　总　　则

第一条　为了鼓励台湾同胞在本市投资，保障台湾同胞投资者合法权益，促进海峡两岸经济合作与交流，遵循《中华人民共和国台湾同胞投资保护法》等有关法律、行政法规的基本原则，制定本条例。

第二条　本条例所称台湾同胞投资是指台湾地区的公司、企业、其他经济组织或者个人作为投资者在本市投资。

台湾同胞以其在港澳地区和外国投资的公司、企业、其他经济组织或者个人名义在本市的投资可视为台湾同胞投资。

第三条　台湾同胞在本市投资，享受居民待遇，并依照有关法律、法规和本条例规定享受优惠待遇。

第四条　台湾同胞投资者的投资、投资收益和其他合法收益受法律保护，任何机关、单位或者个人不得侵占、损害。

第五条　市、区人民政府应当加强对台湾同胞投资保障工作的领导，建立工作制度，完善协调机制，提供高效优质服务。

市、区人民政府台湾事务工作机构应当做好台湾同胞投资的法律宣传与咨询、投诉受理和纠纷解决等工作。

各有关部门应当按照各自职责，依法做好台湾同胞投资保障工作。

第二章　投资创业

第六条　台湾同胞投资者可以采取下列形式进行投资：

（一）设立合资经营企业、合作经营企业、独资经营企业、合伙企业（以下统称台湾同胞投资企业）；

（二）设立个体工商户；

（三）以他人名义委托或者信托方式投资；

（四）开展补偿贸易、加工装配、合作生产；

（五）购买股票、债券；

（六）购买、承包、租赁企业；

（七）购置房产；

（八）依法取得土地或者无居民海岛使用权，并按照规定开发经营；

（九）以租赁、股份合作等方式取得农村集体土地承包经营权，发展现代农业；通过土地市场依法受让取得农村集体经营性建设用地使用权，开发经营；

（十）参与基础设施项目建设并取得经营特许权；

（十一）法律、法规和规章规定的其他投资形式。

第七条 鼓励台湾同胞投资者对下列领域进行投资：

（一）先进制造业；

（二）现代物流业；

（三）金融保险业；

（四）旅游业；

（五）软件与信息服务业；

（六）服务外包业；

（七）商贸业；

（八）环保产业；

（九）现代农业；

（十）文化创意产业；

（十一）国家政策鼓励投资的其他产业。

第八条 台湾同胞投资者可以在下列领域，设立机构，开展活动：

（一）台湾地区的银行、证券、保险等金融机构可以申请设立分支机构或者代表处、投资入股金融机构以及合资、合作设立金融机构，从事两岸区域性金融业务活动；

（二）设立创业投资公司、担保公司、技术转移中心和会计服务等中介机构，从事投资、技术培训和管理咨询、会计服务等活动；

（三）建设、改造和经营饭店、餐饮设施，可以设立旅行社，开展两岸旅游合作，推动、建立旅游消费者的权益保障机制；

（四）台湾地区的科研机构、大专院校可以设立科研分支机构和科研示范基地，台湾地区的职业教育、学前教育机构可以申办设立职业教育、学前教育学校；

（五）台湾地区的经济行业公会以及公司、企业和其他经济组织，可以设立办事机构；

（六）台湾同胞投资者以及台湾同胞投资企业，可以参与台湾产品交易市场的经营活动。台湾地区的公司、企业、其他经济组织以及台湾同胞投资企业，可以组织举办台湾产品展览、展销活动；

（七）开展货代、仓储、海运、道路运输服务等投资活动；

（八）试点设立为厦门至台湾航线船舶经营者提供船舶代理服务机构；

（九）台湾同胞投资企业可以设立保税工厂、保税仓库。

第九条　台湾同胞投资者可以设立建筑设计服务、工程服务、城市规划和风景园林设计服务等专业服务企业，其出资比例不受限制。

第十条　台湾同胞投资者可以设立职业介绍所和人才中介机构，提供职业介绍和人才中介服务。

第十一条　台湾同胞投资者可以设立环保服务企业，提供环境保护服务。

第十二条　台湾同胞投资者可以设立汽车维修、驾驶培训企业，投资客货运场站项目。

第十三条　台湾同胞投资者可以设立医疗机构。

第十四条　台湾同胞投资者可以设立提供体育活动推广、组织和体育设施经营服务等企业。

第十五条　台湾同胞投资者可以新建、改建电影院，经营电影放映业务，发行国产影片，合拍电视剧，提供有线电视网络的专业技术服务。

第十六条　台湾同胞投资者设立企业，除法律法规规定应当取得批准文件和相关前置行政许可证之外，可以直接向工商行政管理部门办理设立登记。

台湾同胞投资者在本企业内部设立研发中心，有关部门可以按照增设分支机构或者增加经营范围的形式予以核准登记。

第十七条　台湾同胞投资者申办合伙企业、个体工商户，可以直接向工商行政管理部门办理设立登记。

第十八条 台湾同胞投资者在本市进行投资，属于本市审批权限范围的，有关部门应当按照规定予以审批；依照法律法规规定需要报国家、省有关部门审批的，有关部门应当予以支持和帮助。

第三章 保障与优惠

第十九条 对台湾同胞投资者的投资不实行国有化和征收；在特殊情况下，根据社会公共利益的需要，须进行征收的，应当经市人民政府批准，并依法给予相应补偿。

对台湾同胞投资者通过市场与公开竞价方式取得的土地使用权及其附着物进行征用、征收的，应当依法给予补偿，维护被征用人、被征收人的合法权益；征收个人住宅的，还应当保障被征收人的居住条件。

第二十条 除法律、法规、规章及省人民政府和市人民政府明文规定外，任何部门或者单位不得对台湾同胞投资企业另立收费项目或者提高收费标准。

违反前款规定的，台湾同胞投资企业有权拒交和举报。

第二十一条 除法律、法规、规章及省人民政府和市人民政府明文规定外，任何部门或者单位不得对台湾同胞投资企业进行检查，不得强制台湾同胞投资企业参加各类培训、评比活动。

第二十二条 依法设立的厦门市台商投资企业协会，其合法权益受保护。支持台湾地区经贸社团在本市设立办事机构，依法开展活动。

第二十三条 市人民政府设立的各类扶持资金，应当积极支持台湾同胞投资企业的发展。

对台湾同胞投资的项目，在同等条件下予以优先提供所需的水、电、运输条件和通讯设施。

第二十四条 台湾同胞投资者来本市创业的，享有下列优惠条件：

（一）以其拥有的专利、专有技术等科技成果作价出资入股的，科技成果作价金额占注册资本的比例不受限制，但他方出资为国有资产的，应当按照国家有关国有资产管理的规定办理；

（二）经认定进入厦门留学人员创业园（台湾学者创业园）、厦门软件园孵化基地和厦门台湾科技企业育成中心创业的，享受厦门留学人员创业园的各项优惠待遇。符合条件的项目可以从财政专项资金中获得与留学人员创办项目相同的资助，享受一定面积的经营场地租金减免，获得留学人员创业扶持资金的股权投资支持；

（三）在本市设立工程技术研究中心、企业技术中心、工程研究中心、技术转移中心、重点实验室等技术研发、科技中介服务机构以及文化创意设计中心，经认定可以按照相关规定给予扶持；

（四）进入本市所属企事业单位博士后科研工作站从事博士后科研工作的博士，经人事行政部门核准享受相关补助经费；

（五）从事科研、技术改造、技术创新、高新技术成果转化和产业化活动，以及本市鼓励发展的新兴产业、具有技术领先和良好市场潜力的项目，可以申请科技创新与研发、技术改造等专项资金支持；

（六）符合本市优惠政策规定条件的，按照规定可以申请享受人才优惠待遇；

（七）银行等金融机构应当积极提供符合台湾同胞投资企业特点的多种信贷支持，逐步提高贷款比重。支持银行业金融机构增加台湾投资中小企业贷款，并享受本市中小企业贷款风险补偿政策。向银行等金融机构申请中小企业信贷融资时，符合担保条件的，在同等条件下可以优先获得信用担保机构的担保支持。对生产性企业和贸易性企业提供融资担保的信用担保机构，可以按照规定享受财政给予的风险补偿；

（八）依法享有市、区人民政府的其他创业优惠政策。

第二十五条　加强海峡两岸经贸文化往来与信息交流，促进相关产业协会、科研机构和科技园区的合作，鼓励多种形式开展产业交流与合作。

第二十六条　台湾同胞投资企业应当遵守劳动法律法规，保障企业员工的合法权益，支持企业员工依法组织和参加工会，为工会工作提供必要的条件。

第四章　入出境便利

第二十七条　市人民政府及其相关部门应当积极协调海关、检验检疫、边防检查、海事等口岸管理部门，为台湾同胞依法提供通关便利和优质服务。

第二十八条　台湾同胞凭《台湾居民来往大陆通行证》或者有效签注来

往厦门。未办妥上述证件或者签注到达厦门口岸的，可以向口岸签证机关申请办理一次有效的《台湾居民来往大陆通行证》或者签注。台湾同胞需要延长停留期限的，可以按照规定申请办理延期手续。

第二十九条 在本市投资创业或者就业等需要长期居住的台湾同胞，可以向公安机关出入境管理部门申请五年有效的《台湾居民来往大陆通行证》及五年内有效的居留签注。

第三十条 台湾同胞需要多次从厦门口岸入出境的，可以向公安机关出入境管理部门申请办理多次有效的入出境签注。

第三十一条 厦门海关对厦门和台湾海运直航、空运直航采取便捷通关措施，完善台湾鲜活产品进口通关服务，加快台湾水果、农产品等货物的通关速度，为重大涉台经贸活动提供一站式、直通式等便捷通关服务。

第三十二条 支持厦门出入境检验检疫机关与台湾地区相关部门建立沟通协调工作机制，推进进出口货物流通的便捷化。

对台湾同胞投资按照同等优先、适当放宽的原则，建立便捷的检验检疫监管模式。

第三十三条 台湾渔民、船员随服务船舶进入本市，凭台湾地区渔民（船员）证及有效证件，在省人民政府批准的台湾船舶停泊点向公安边防或者公安边检部门申请办理登陆许可。因疾病等特殊原因不能随原船返台的，应当向出入境检验检疫机关申报，并向公安机关出入境管理部门申请办理《台湾居民来往大陆通行证》或者签注。

第五章 居民待遇

第三十四条 获得本市居留签注的台湾同胞，在生活消费与公共服务等领域享有与本市居民同等待遇。

第三十五条 在本市投资、就业的台湾同胞可以按照本市城镇职工标准参加社会保险。

第三十六条 在本市投资、就业的台湾同胞及其家属享有与本市居民同等的医疗卫生服务待遇。

医疗机构在按照规定书写和保存医疗文书的同时，还应当为就诊的台湾同胞提供符合台湾地区健保机构核退费用要求的医疗文书。

第三十七条 台湾同胞可以在本市申请职称评审和报名参加相关从业资格考试，有关部门应当为台湾同胞提供便利服务。

第三十八条 台湾同胞和台湾同胞投资公司、企业可以获得本市授予的荣誉称号。

在本市就业的台湾同胞可以参加劳动模范等称号的评选。

第三十九条 台湾同胞获得的合法收益及其他合法收入，可以依法汇回台湾或者汇往境外。

第四十条 台湾同胞投资者投资的财产、工业产权、股权和其他合法收益，可以依法转让和继承。

第四十一条 居住本市的台湾同胞，可以申请旁听市人民代表大会常务委员会会议。

经市人民代表大会常务委员会决定，可以邀请台湾同胞列席市人民代表大会。

居住本市一年以上的台湾同胞，在区、镇两级人民代表大会代表选举期间在本市的，可以依照选举法参加选举。

第四十二条 符合条件的台湾同胞可以受聘为厦门仲裁机构仲裁员。

第四十三条 居住本市的台湾同胞，可以按照程序受聘为本市行风评议代表。

第四十四条 台湾同胞学生在市、区教育部门的指导下进入本市所属各级各类学校就近入学就读。

在部分市属一级达标学校初中部每年预留一定名额用于招收台湾同胞学生。

台湾同胞学生在本市参加中考，经市人民政府台湾事务办事机构确认其身份后，可以享受教育部门规定的优惠政策。

第四十五条 在大陆高等院校就读毕业的台湾同胞学生以及取得大陆医师、律师等相关执业资格的台湾同胞，可以按照规定在本市就业，并按照规定办理就业手续。

第四十六条 持有台湾地区有效机动车驾驶证的台湾同胞，申请大陆机动车驾驶证，经市公安交通管理部门确认，可以核发大陆机动车准驾车型的驾驶证。

第四十七条 台湾同胞持台湾地区及其他国家、地区卫生检疫机关或者公立医院取得的有效健康证明，经厦门口岸出入境检验检疫机构确认，在其证明有效期内，可以免予健康检查；检查项目不齐全的，予以补检所缺项目。

第四十八条 台湾同胞捐赠公益事业实行自愿原则，任何单位和个人不得借捐赠名义向台湾同胞及其投资企业摊派、募捐。

台湾同胞及其投资企业的公益性捐赠，可以依法在个人所得税、企业所得税税前列支。

第六章 投诉受理

第四十九条 台湾同胞或者台湾同胞投资企业合法权益受到侵害的，可以依法选择下列途径解决：

（一）协商和解或者调解解决；

（二）向有关部门或者机构举报、投诉；

（三）申请行政裁决、行政复议；

（四）提交仲裁机构仲裁；

（五）向人民法院提起诉讼；

（六）向人民检察院提出申诉。

人民法院、仲裁机构及有关部门在处理涉台纠纷时，可以委托市台商投资企业协会协助调解。

第五十条 市人民政府设立台湾同胞投诉受理机构，受理台湾同胞的投诉，其日常工作由市人民政府台湾事务工作机构负责管理。

台湾同胞投诉事项重大或者投诉事项需由几个部门共同处理的，市人民政府应当及时组织协调处理。

第五十一条 市人民政府台湾同胞投诉受理机构应当履行下列职责：

（一）对投诉的事项进行调查；

（二）对侵害台湾同胞合法权益的行为，具体组织协调处理；

（三）对侵害台湾同胞合法权益的行政行为，建议监察部门或者有关主管部门依法对直接负责的主管人员和其他直接人员追究行政责任；

（四）对侵害台湾同胞合法权益行为涉嫌犯罪的，应当为受侵害的台湾同胞提供必要的支持和帮助。

第五十二条 市人民政府台湾同胞投诉受理机构受理投诉后，对涉及有关部门的投诉，可以与有关部门协调，依法办理；也可以交由有关部门依法办理，负责办理的有关部门应当在规定时间内将办理情况报市人民政府台湾同胞投诉受理机构。

各有关部门应当建立投诉处理制度，处理台湾同胞的投诉。

对台湾同胞的投诉应当在三十日内办结，并将处理结果答复投诉人。有关部门直接受理的投诉还应当将处理结果报市人民政府台湾同胞投诉受理机构备案。

投诉事项复杂，确需延长期限的，应当向投诉人说明情况。

第五十三条 行政部门及其工作人员违反本条例规定，监察机关或者有关主管部门应当依法追究有关直接负责的主管人员和其他直接责任人员的责任。

第七章 附 则

第五十四条 市人民政府根据本条例制定实施细则。

第五十五条 本条例自 2011 年 1 月 1 日起施行。

厦门海沧台商投资区条例

（1998年9月25日厦门市第十一届人民代表大会
常务委员会第七次会议通过）

第一条 为加快厦门海沧台商投资区的建设，促进厦门市经济的发展，推动台湾海峡两岸经济技术合作与交流，遵循有关法律和行政法规的基本原则，结合厦门市实际，制定本条例。

第二条 经中华人民共和国国务院批准，设立厦门海沧台商投资区（以下简称投资区）。投资区执行厦门经济特区的政策。

投资区范围包括杏林区的海沧镇、杏林镇的新安村与霞阳村、东孚镇的祥露村和厦门海沧农场。今后投资区范围的调整，由厦门市人民政府按国务院批准的原则界定。

第三条 在投资区内从事投资、建设、管理、经营活动的法人、其他组织和个人必须遵守本条例。

厦门市人民政府的行政主管部门处理与投资区开发建设相关事务也必须遵守本条例。

第四条 投资区以吸引台商投资为主，鼓励港、澳、侨和外国投资者投资，也鼓励境内投资者投资。

第五条 投资区重点发展石油化工中下游工业和新型建材、精细化工等技术先进的工业；鼓励发展高新技术产业、第三产业和兴建港口、码头等基础设施；鼓励市区内符合投资区产业导向的工业企业向投资区迁移发展。

第六条 厦门市人民政府在投资区设立厦门海沧台商投资区管理委员会（以下简称管委会）。管委会根据本条例规定，统一领导和管理投资区的开发建设及相关行政工作。

第七条 管委会行使下列职权：

（一）组织本条例在投资区的施行；

（二）组织实施经厦门市人民政府批准的投资区总体规划、土地利用总体规划和经济社会发展规划；

（三）按厦门市市一级经济管理权限审批或审核在投资区内的投资项目，并报市有关行政主管部门备案。按规定需上报审批的投资项目，应及时转报市有关主管部门，并协同做好报批工作；

（四）负责投资区建设项目的规划、用地、工程质量、安全等方面的管理工作；

（五）负责投资区内的土地开发和各项基础设施、公用设施的建设、管理；

（六）按独立的财政体制，负责投资区的财政收支管理；

（七）负责投资区的国有资产、环保、劳动人事、统计等方面的管理工作；

（八）协调、检查市有关部门设在投资区分支机构的工作；

（九）协调国家、省有关部门设在投资区分支机构的工作；

（十）厦门市人民政府授予的其他职权。

行使上述职权涉及核发证照的，由市有关行政主管部门授权或委托管委会办理。

第八条 管委会应按精简、统一、效能的原则设立职能部门，建立办事高效、运转协调、行为规范的管理体制，为投资者提供优质服务。

厦门市人民政府有关行政主管部门应支持和配合管委会的工作，加强对管委会职能部门的业务指导。

第九条 口岸监管机关可在投资区设立分支机构，对投资区的有关事务实行监督管理。管委会应为其提供必要的条件和服务。

本市行政部门在投资区设置分支机构，需经厦门市人民政府批准。

第十条 投资者在投资区投资需要用地的，应向管委会提出用地申请，并由管委会统一办理有关用地手续。

投资区土地实行有偿有限期的使用制度，投资者在投资区依法通过出让方式取得的土地使用权及其建筑物，可依法转让、出租、抵押。

第十一条 投资者在投资区内向管委会申办企业的，应向投资区的工商、税务部门办理工商注册、税务登记等手续。

按法律、行政法规规定，设立企业或者企业经营范围中的项目须报市有关行政主管部门审批的，由市相关行政主管部门授权或委托管委会职能部门办理。

第十二条 投资者在投资区投资，可享受下列优惠待遇：

（一）优先获得所需的土地使用权、水、电、运输条件和通讯条件；

（二）投资总额在一千万美元以上的，经批准可降低注册资本占投资总额的比例，并优先获得配套的生活设施用地；

（三）产品出口的企业，依照税法规定免征、减征企业所得税期满后，凡当年出口产品产值达到当年企业产品产值规定比例的，按国家相关的优惠税率征收企业所得税；

（四）先进技术企业，在依照税法规定免征、减征企业所得税期满后仍为先进技术企业的，可以按照税法规定的税率延长三年减半征收企业所得税；

（五）企业用地从投产之日起五年内免交土地使用费。

（六）国家、福建省和厦门市制定的其他有关优惠待遇。

第十三条 投资区内的企业应按国家和厦门市规定，实行职工劳动合同制、社会保险制度和最低工资保障制度。

第十四条 投资区内的企业引进国内中高级专业技术和经营管理人员，优先申办落户投资区的厦门市常住户口。

投资区内的企业引进境外专业技术和经营管理人员，按厦门市有关优惠待遇执行。

第十五条 境内外的金融机构和其他投资者经中国人民银行批准，可在投资区设立金融机构，开办金融业务。

经中国人民银行批准，新台币可在投资区内指定的银行兑换。

第十六条 经海关批准，投资区可设立保税仓库、保税工厂和保税生产资料市场。

第十七条 投资区内的文教卫生、计划生育、民政等社会事务，由投资区所在的区、镇人民政府负责管理，管委会应在人力、物力、财力等方面予以协助，具体办法由厦门市人民政府决定。

第十八条 厦门市人民政府可根据本条例制定或授权管委会制定有关管理规定，在投资区施行。

第十九条 本条例的具体应用问题由厦门市人民政府负责解释。

第二十条 本条例自 1998 年 10 月 1 日起施行。

三、行政法类

（一）出入境

中国公民往来台湾地区管理办法

（1991年12月17日　国务院令第93号）

第一章　总　　则

第一条　为保障台湾海峡两岸人员往来，促进各方交流，维护社会秩序，制定本办法。

第二条　居住在大陆的中国公民（以下简称大陆居民）往来台湾地区（以下简称台湾）以及居住在台湾地区的中国公民（以下简称台湾居民）来往大陆，适用本办法。

本办法未规定的事项，其他有关法律、法规有规定的，适用其他法律、法规。

第三条　大陆居民前往台湾，凭公安机关出入境管理部门签发的旅行证件，从开放的或者指定的出入境口岸通行。

第四条　台湾居民来大陆，凭国家主管机关签发的旅行证件，从开放的或者指定的出入境口岸通行。

第五条　中国公民往来台湾与大陆之间，不得有危害国家安全、荣誉和利益的行为。

第二章　大陆居民前往台湾

第六条　大陆居民前往台湾定居、探亲、访友、旅游、接受和处理财产、处理婚丧事宜或者参加经济、科技、文化、教育、体育、学术等活动，须向户口所在地的市、县公安局提出申请。

第七条 大陆居民申请前往台湾，须履行下列手续：

（一）交验身份、户口证明；

（二）填写前往台湾申请表；

（三）在职、在学人员须提交所在单位对申请人前往台湾的意见；非在职、在学人员须提交户口所在地公安派出所对申请人前往台湾的意见；

（四）提交与申请事由相应的证明。

第八条 本办法第七条第四项所称的证明是指：

（一）前往定居，须提交确能在台湾定居的证明；

（二）探亲、访友，须提交台湾亲友关系的证明；

（三）旅游，须提交旅行所需费用的证明；

（四）接受、处理财产，须提交经过公证的对该项财产有合法权利的有关证明；

（五）处理婚姻事务，须提交经过公证的有关婚姻状况的证明；

（六）处理亲友丧事，须提交有关的函件或者通知；

（七）参加经济、科技、文化、教育、体育、学术等活动，须提交台湾相应机构、团体、个人邀请或者同意参加该项活动的证明；

（八）主管机关认为需要提交的其他证明。

第九条 公安机关受理大陆居民前往台湾的申请，应当在三十日内，地处偏僻、交通不便的应当在六十日内，作出批准或者不予批准的决定，通知申请人。紧急的申请，应当随时办理。

第十条 经批准前往台湾的大陆居民，由公安机关签发或者签注旅行证件。

第十一条 经批准前往台湾的大陆居民，应当在所持旅行证件签注的有效期内前往，除定居的以外，应当按期返回。

大陆居民前往台湾后，因病或者其他特殊情况，旅行证件到期不能按期返回的，可以向原发证的公安机关或者公安部出入境管理局派出的或者委托的有关机构申请办理延期手续；有特殊原因的也可以在入境口岸的公安机关申请办理入境手续。

第十二条 申请前往台湾的大陆居民有下列情形之一的，不予批准：

（一）刑事案件的被告人或者犯罪嫌疑人；

（二）人民法院通知有未了结诉讼事宜不能离境的；

（三）被判处刑罚尚未执行完毕的；

（四）正在被劳动教养的；

（五）国务院有关主管部门认为出境后将对国家安全造成危害或者对国家利益造成重大损失的；

（六）有编造情况、提供假证明等欺骗行为的。

第三章　台湾居民来大陆

第十三条　台湾居民要求来大陆的，向下列有关机关申请办理旅行证件：

（一）从台湾地区要求直接来大陆的，向公安部出入境管理局派出的或者委托的有关机构申请；有特殊事由的，也可以向指定口岸的公安机关申请；

（二）到香港、澳门地区后要求来大陆的，向公安部出入境管理局派出的机构或者委托的在香港、澳门地区的有关机构申请；

（三）经由外国来大陆的，依据《中华人民共和国公民出境入境管理法》，向中华人民共和国驻外国的外交代表机关、领事机关或者外交部授权的其他驻外机关申请。

第十四条　台湾居民申请来大陆，须履行下列手续：

（一）交验表明在台湾居住的有效身份证明和出境入境证件；

（二）填写申请表；

（三）经由其他地区、国家的，须提交途经地区、国家的再入境许可证明，但过境不需要签注的地区和国家除外；

（四）定居、探亲、访友、旅游、接受和处理财产、处理婚丧事宜的，须提交与申请事由相应的证明；

（五）进行经济、科技、文化、教育、体育、学术等活动的，须提交大陆相应机构、团体、个人的邀请或者同意参加该项活动的证明。

第十五条　对批准来大陆的台湾居民，由国家主管机关签发或者签注旅行证件。

第十六条　台湾居民因在大陆投资、贸易等经济活动或者因其他事务来大陆后，需要多次来往大陆的，可以向当地市、县公安机关申请办理多次有效的签注。

第十七条　台湾居民来大陆后需要前往外国的，依照《中华人民共和国公民出境入境管理法》及其实施细则办理。

第十八条 台湾居民短期来大陆，应当按照户口管理规定，办理暂住登记。在宾馆、饭店、招待所、旅店、学校等企业、事业单位或者机关、团体和其他机构内住宿的，应当填写临时住宿登记表；住在亲友家的，由本人或者亲友在二十四小时（农村七十二小时）内到当地公安派出所或者户籍办公室办理暂住登记手续。

第十九条 台湾居民来大陆后，需在大陆居留三个月以上的，应当向当地市、县公安局申请办理暂住证。

第二十条 台湾居民要求来大陆定居的，应当在入境前向公安部出入境管理局派出的或者委托的有关机构提出申请，或者经由大陆亲属向拟定居地的市、县公安局提出申请。批准定居的，公安机关发给定居证明。

第二十一条 台湾居民来大陆后，除定居的以外，应当在所持证件签注的有效期之内按期离境。确有需要延长停留期限的，须提交相应证明，向市、县公安局申请办理延期手续。

第二十二条 申请来大陆的台湾居民有下列情形之一的，不予批准：

（一）被认为有犯罪行为的；

（二）被认为来大陆后可能进行危害国家安全、利益等活动的；

（三）有编造情况、提供假证明等欺骗行为的；

（四）精神疾病或者严重传染病患者。

治病或者其他特殊原因可以批准入境的除外。

第四章　出境入境检查

第二十三条 大陆居民往来台湾，台湾居民来往大陆，须向开放的或者指定的出入境口岸边防检查站出示证件，填交出境、入境登记卡，接受查验。

第二十四条 有下列情形之一的，边防检查站有权阻止出境、入境：

（一）未持有旅行证件的；

（二）持用伪造、涂改等无效的旅行证件的；

（三）拒绝交验旅行证件的；

（四）本办法第十二条、第二十二条规定不予批准出境、入境的。

第五章　证件管理

第二十五条　大陆居民往来台湾的旅行证件系指大陆居民往来台湾通行证和其他有效旅行证件。

第二十六条　台湾居民来往大陆的旅行证件系指台湾居民来往大陆通行证和其他有效旅行证件。

第二十七条　大陆居民往来台湾通行证、台湾居民来往大陆通行证，由持证人保存，有效期为五年。

第二十八条　大陆居民往来台湾通行证、台湾居民来往大陆通行证，实行逐次签注。签注分一次往返有效和多次往返有效。

第二十九条　大陆居民遗失旅行证件，应当向原发证的公安机关报失；经调查属实的，可补发给相应的旅行证件。

第三十条　台湾居民在大陆遗失旅行证件，应当向当地的市、县公安机关报失；经调查属实的，可以允许重新申请领取相应的旅行证件，或者发给一次有效的出境通行证件。

第三十一条　大陆居民前往台湾和台湾居民来大陆旅行证件的持有人，有本办法第十二条、第二十二条规定情形之一的，其证件应当予以吊销或者宣布作废。

第三十二条　审批签发旅行证件的机关，对已发出的旅行证件有权吊销或者宣布作废。公安部在必要时，可以变更签注、吊销旅行证件或者宣布作废。

第六章　处　　罚

第三十三条　持用伪造、涂改等无效的旅行证件或者冒用他人的旅行证件出境、入境的，除依照《中华人民共和国公民出境入境管理法实施细则》第二十三条的规定处罚外，可以单处或者并处一百元以上、五百元以下的罚款。

第三十四条　伪造、涂改、转让、倒卖旅行证件的，除依照《中华人民共和国公民出境入境管理法实施细则》第二十四条的规定处罚外，可以单处或者并处五百元以上、三千元以下的罚款。

第三十五条 编造情况，提供假证明，或者以行贿等手段获取旅行证件的，除依照《中华人民共和国公民出境入境管理法实施细则》第二十五条的规定处罚外，可以单处或者并处一百元以上、五百元以下的罚款。

有前款情形的，在处罚执行完毕六个月以内不受理其出境、入境申请。

第三十六条 机关、团体、企业、事业单位编造情况、出具假证明为申请人获取旅行证件的，暂停其出证权的行使；情节严重的，取消其出证资格；对直接责任人员，除依照《中华人民共和国公民出境入境管理法实施细则》第二十五条的规定处罚外，可以单处或者并处五百元以上、一千元以下的罚款。

第三十七条 违反本办法第十八条、第十九条的规定，不办理暂住登记或者暂住证的，处以警告或者一百元以上、五百元以下的罚款。

第三十八条 违反本办法第二十一条的规定，逾期非法居留的，处以警告，可以单处或者并处每逾期一日一百元的罚款。

第三十九条 被处罚人对公安机关处理不服的，可以在接到处罚通知之日起十五日内，向上一级公安机关申请复议，由上一级公安机关作出最后的裁决；也可以直接向人民法院提起诉讼。

第四十条 来大陆的台湾居民违反本办法的规定或者有其他违法犯罪行为的，除依照本办法和其他有关法律、法规的规定处罚外，公安机关可以缩短其停留期限，限期离境，或者遣送出境。

有本办法第二十二条规定不予批准情形之一的，应当立即遣送出境。

第四十一条 执行本办法的国家工作人员，利用职权索取、收受贿赂或者有其他违法失职行为，情节轻微的，由主管部门予以行政处分；情节严重，构成犯罪的，依照《中华人民共和国刑法》的有关规定追究刑事责任。

第四十二条 对违反本办法所得的财物，应当予以追缴或者责令退赔；用于犯罪的本人财物应当没收。

罚款及没收的财物上缴国库。

第七章 附 则

第四十三条 本办法由公安部负责解释。

第四十四条 本办法自1992年5月1日起施行。

台湾渔船停泊点边防治安管理办法

（2001 年 12 月 11 日　公安部令［2001］第 63 号
自 2002 年 3 月 1 日起施行）

第一章　总　　则

第一条　为了加强台湾渔船停泊点的边防治安管理，促进两岸同胞交往，维护沿海、港口的治安秩序，根据国家有关法律、法规，制定本办法。

第二条　对台湾渔船及船员的边防治安管理，遵循确保安全、方便往来的原则。

第三条　台湾渔船需要在祖国大陆（以下简称大陆）沿岸停靠的，应当在国务院主管部门批准的台湾渔船停泊点（以下简称停泊点）停泊。因遇台风等不可抗力的事由或者不可预见的紧急情况，台湾渔船可以就近在国家有关部门批准的台湾渔船避风点停泊。不可抗力的事由或者不可预见的紧急情况消除后，应当立即航离。

第四条　凡在停泊点停泊的台湾渔船及随船人员，除法律、法规另有规定外，应当遵守本办法。

第五条　台湾渔船及船员在大陆沿岸停靠期间的边防治安管理工作由公安边防部门负责。

第二章　泊　　港

第六条　台湾渔船进入停泊点后，船长应当及时向停泊点边防工作站申报，出示船舶证书、船员证书或其他有效证件，说明来靠原因及泊港时间，接受边防执勤人员的检查。

第七条 边防工作站对进港的台湾渔船，应查验其船舶证书、船员证书及其他有效证件，核对人数；台湾渔船泊港期间，其船舶证书由边防工作站代为保管，离港时发还。

边防工作站对台湾渔船实施检查时，应当对船体及船上货物、行李物品进行重点检查，台湾渔船的船长应当在现场协助边防执勤人员进行检查。边防执勤人员对台湾渔船实施检查时，应当出示其执勤证件。

第八条 台湾渔船泊港期间，必须在指定的停泊区（段）锚泊，接受边防工作站的监护和管理。

第九条 台湾渔船泊港期间，除遵守国家法律、法规外，还应当遵守下列规定：

（一）不得悬挂、显示有损一个中国原则和祖国统一的标志；

（二）不得播放分裂祖国、破坏祖国统一内容的广播；

（三）不得擅自启用电台；

（四）不得传播、散发各种违禁物品及不利两岸正常往来的物品，不得携带违禁物品上岸；

（五）不得擅自引带大陆居民登船；

（六）不得擅自搭靠其他船舶；

（七）不得从事其他有损两岸关系的活动。

第三章　登陆与登轮

第十条 台湾渔船泊港期间，国家有关部门的工作人员需要登船执行公务的，应当事先通报边防工作站，边防执勤人员凭其本人有效证件放行；其他人员需要登轮的，须经边防工作站同意，并办理临时登轮手续后，方可登轮。大陆船舶需要搭靠台湾渔船的，应当由船长向边防工作站申请办理搭靠手续。

第十一条 台湾渔船上的台湾居民需要登陆的，应当持船员证书或其他有效身份证件，向边防工作站申请办理《台湾居民登陆证》，在港口所在的县（市、区）范围内活动，不得进入军事禁区和军事管理区。

《台湾居民登陆证》的有效期不超过本航次航行期限。登陆的台湾居民应当在证件有效期内返回登船，并从原上岸停泊点乘原船离港。特殊原因，需要延期或改乘其他台湾船舶的，应当在证件有效期内向上岸停泊点所在地县（市）公安边防部门提出申请，经地（市）公安边防部门批准后，由上岸停泊点边防工作站核发证件。

第十二条 台湾渔船上的人员有下列情形之一的，不予批准上岸：

（一）无证件证明是台湾居民的；

（二）提供假证件的；

（三）依法被限制或者禁止入境的。

第十三条 台湾渔船泊港期间需要从事小额贸易、招聘短期劳务人员、处理海事或渔事纠纷等事务的，由有关部门按照规定办理。

第十四条 应聘到台湾渔船从事近海作业的大陆劳务人员必须持《对台劳务人员登轮作业证》。申办《对台劳务人员登轮作业证》必须具有《渔业船员专业培训合格证》、《外派劳务人员培训合格证》、《出海船民证》和本人身份证件。首次登台轮作业的须持常住户口所在地公安派出所出具没有本办法第十六条规定情形的证明。

第十五条 大陆劳务人员申办《对台劳务人员登轮作业证》，应当由对外贸易经济合作部核准的经营公司凭地方外经贸主管部门的批文和与台湾渔业公司或船东、船长签订的合同及第十四条所规定的相关证件，到经营公司所在地县（市）公安边防部门办理。

第十六条 大陆劳务人员有下列情形之一的，不予办理《对台劳务人员登轮作业证》：

（一）刑事案件的被告人或者犯罪嫌疑人；

（二）人民法院通知有未了结民事案件不能出海的；

（三）被判处刑罚正在服刑的；

（四）正在被劳动教养的；

（五）出海后有可能给国家安全造成危害或者对国家利益造成重大损失的；

（六）身体和精神状况明显不适合登船作业的。

第十七条 大陆劳务人员应当在指定的停泊点登、离台湾渔船，接受边防工作站的检查和管理。

第十八条 台湾渔船的船长、船员对受聘大陆劳务人员不得歧视、体罚；不得擅自将大陆劳务人员带至台湾地区或者其他国家和地区的港口登岸；劳务合作期满，应当及时将大陆劳务人员送回原登轮港。

第十九条 台湾渔船离港前应当向边防工作站提出申请，经边防执勤人员检查，核对证件、人员，交纳监护费，缴回《台湾居民登陆证》后，方可离港。已办理离港手续的，不得无故滞留。

第二十条 台湾居民遗失《台湾居民登陆证》，大陆劳务人员遗失《对台劳务人员登轮作业证》，应当及时向原签发证件部门报失。经调查核实无误后，由原签发证件部门补发。

（二）文化教育

关于普通高等学校招收和培养香港特别行政区、澳门地区及台湾省学生的暂行规定

（1999年4月2日　教育部、国务院台湾事务办公室、国务院港澳事务办公室、公安部　教外港［1999］22号）

第一章　总　　则

第一条　为规范内地（祖国大陆）普通高等学校对香港特别行政区、澳门地区及台湾省（以下简称“港澳台”）的招生，加强对在校港澳台学生的教育教学和生活管理，保证教育教学质量，特制定本规定。

第二条　普通高等学校招收和培养港澳台学生适用本规定。

符合内地（祖国大陆）规定条件的港澳台地区的永久居民依据本规定可申请到内地（祖国大陆）普通高等学校就读。

第三条　普通高等学校招收和培养港澳台学生应当坚持保证质量、一视同仁、适当照顾的原则。

第四条　中华人民共和国教育部（以下简称“教育部”）归口管理内地（祖国大陆）普通高等学校招收和培养港澳台学生的工作。其职责是：

（一）制定招收和培养港澳台学生的政策和规章；

（二）举办中华人民共和国普通高等学校联合招收港澳台学生考试（以下简称“联合招生考试”）、从港澳台地区招收研究生的统一入学考试，并负责考试报名点和考点的设立；

（三）审批或授权省、自治区、直辖市教育行政部门审批普通高等学校招收港澳台学生的资格；

（四）设立和发放港澳台学生政府奖学金。

第五条 省、自治区、直辖市教育行政部门管理本行政区域内港澳台学生的招收、培养工作。其职责是：

（一）贯彻执行国家关于招收、培养港澳台学生的政策和管理规定；

（二）根据教育部的授权，审批本行政区域内普通高等学校招收港澳台研究生、本科生、进修生、旁听生等的资格；

（三）审批在校港澳台学生转学；

（四）为在校台湾学生出具到当地公安机关办理暂住手续的证明；

（五）法律、法规、规章规定的其他职责。

第六条 教育行政部门应当对普通高等学校招收和培养港澳台学生工作加强监督，依法开展评估。

第二章　招　　生

第七条 具备下列条件的普通高等学校，可申请招收港澳台学生：

（一）具有实施全日制本科及本科以上学历教育资格；

（二）具有良好的师资条件和教学科研设备；

（三）校园及周边环境良好，具备适合港澳台学生生活的食宿条件；

（四）设有对港澳台学生的管理机构或有专门负责人员，建立健全关于港澳台学生招收、培养和管理的各项规章制度。

第八条 普通高等学校按照国家有关规定，录取通过教育部组织的联合招生考试和面向港澳台地区的研究生招生考试、或通过内地（祖国大陆）研究生考试的港澳台学生。

教育部设立普通高等学校联合招收港澳台学生办公室，具体负责组织联合招生考试的宣传、阅卷、投档及录取等工作。

第九条 经教育部批准，普通高等学校可单独或联合举办对港澳台地区学生的招生考试，录取考试合格的港澳台学生。

第十条 参加教育部组织的或经教育部批准的招生考试未被录取而考分接近录取分数的港澳台学生，可申请就读预科班。预科生学习一年，经学校考核合格后，报所在地省级教育行政部门批准，可转为本科生。

第十一条 已获得大专以上（含大专）学历或正在内地（祖国大陆）以

外的大学就读本科专业的港澳台学生，可向内地（祖国大陆）普通高等学校申请插班就读与原所学专业相同或相近的本科课程，经省级教育行政部门批准，试读一年。试读期满，经所在试读学校考核合格、并报所在地省级教育行政部门批准，可转为正式本科生，并升入高一年级就读。

第十二条 学校接收进修生、旁听生等不参加教育部组织的或教育部批准的招生考试的学生，应报学校所在地省级教育行政部门批准。

第十三条 普通高等学校在完成港澳台学生招生工作后一个月内，应将招收港澳台学生的情况向所在地省、自治区、直辖市教育行政部门备案。

省、自治区、直辖市教育行政部门应当在本行政区域完成对港澳台地区招生工作三个月内，将各校招收港澳台学生的工作情况报送教育部。

第三章 教学和管理

第十四条 高等学校对港澳台学生的培养工作，应以教育教学为中心。对港澳台学生，思想品行上要积极引导，学习上严格要求，生活上适当照顾。

第十五条 学校应当根据港澳台地区学生的特点，有针对性地组织和开展教育教学工作，采取切实可行的措施，不断提高教育教学质量。

第十六条 学校应通过开设相应课程和组织课外活动等各种方式，使港澳台学生了解祖国国情和法律，加强品行修养，提高全面素质。

港澳台学生可申请免修政治课和军训课。

第十七条 学校应当按照校内统一的学籍管理规定对港澳台学生施行学籍管理。

港澳台学生应当遵守学校的规章制度和纪律。

第十八条 学校应当对港澳台学生提供适当的住宿条件，关心港澳台学生的生活，加强对港澳台学生的生活管理。

经港澳台学生申请，学校同意，港澳台学生可住学校中内地（祖国大陆）学生的宿舍。

学校根据需要，可就近为港澳台学生租用宿舍，但应负责对租用宿舍的管理。

有条件的地方，经当地公安部门批准，学生也可自行在校外租用住房并按规定登记。

第十九条 学校应当按照国家有关规定向港澳台学生收取学费及其他费用。不得违反国家规定高收费和滥收费。

第二十条 未按本规定进行对港澳台学生的培养工作，造成管理混乱，教学质量低下的，由教育行政部门责令限期改正或予以整顿，造成严重后果或恶劣影响的，对有关负责人给予行政处分。

第四章 附 则

第二十一条 普通高等专科学校、成人高等学校、中等专业技术学校和职业技术学校招收港澳台学生的具体办法，由教育部另行规定。

第二十二条 经教育部批准可以从港澳台人士中招收研究生的科研机构，参照本规定开展招收港澳台学生的工作。

第二十三条 本规定自发布之日起施行。自本规定施行之日起，其他教育规章及规范性文件，凡与本规定相抵触的，以本规定为准。

台湾学生奖学金管理暂行办法

（2005 年 12 月 19 日财政部、教育部　财教［2005］325 号）

第一章　总　　则

第一条　为切实贯彻执行中央对台工作方针，推进祖国和平统一大业，进一步鼓励和支持更多的台湾地区学生来祖国大陆普通高校和科研院所学习，增强他们对祖国的认同感，激励他们勤奋学习、努力进取，特设立台湾学生奖学金。

第二条　台湾学生奖学金资金来源于中央财政，面向在祖国大陆普通高等学校和科研院所就读的台湾地区全日制本专科学生、硕士研究生和博士研究生。

第二章　申请条件

第三条　台湾学生奖学金申请的基本条件：

1. 认同一个中国；
2. 自觉遵守国家法律、法规，遵守学校各项规章制度；
3. 诚实守信，有良好的道德修养；
4. 入学考试成绩优秀或在大陆学习期间勤奋刻苦，成绩优良。

第三章　奖学金类别、等级、名额及奖励标准

第四条　台湾学生奖学金的类别、等级、名额及奖励标准：

本专科学生奖学金，分三个等级，其中，一等奖 200 名，奖学金每生每

学年4000元；二等奖300名，奖学金每生每学年3000元；三等奖500名，奖学金每生每学年2000元。

硕士研究生奖学金，分三个等级，其中，一等奖50名，奖学金每生每学年6000元；二等奖150名，奖学金每生每学年4000元；三等奖300名，奖学金每生每学年3000元。

博士研究生奖学金，分三个等级，其中，一等奖50名，奖学金每生每学年8000元；二等奖150名，奖学金每生每学年6000元；三等奖300名，奖学金每生每学年4000元。

国家根据情况的变化，适时调整台湾学生奖学金等级、名额和奖励标准。

第四章　奖学金的申请、评审

第五条　台湾学生奖学金按学年申请和评审，每年9月开始受理申请，当年10月31日前评审完毕。

第六条　台湾学生根据上述奖学金申请条件，按学年向所在学校或科研院所提出申请，每学年一次，符合条件的学生可连续申请，并提交《台湾学生奖学金申请表》（见附表）。

第七条　台湾学生奖学金的组织申请评审及审批等管理工作由教育部归口管理。

第八条　台湾学生奖学金评审程序：

1. 教育部根据各招生单位台湾学生在校人数等有关数据，经商财政部同意后于每年8月中旬按隶属关系向各有关中央主管部门和省（自治区、直辖市）教育厅（局、委）下达台湾学生奖学金名额。

2. 各有关中央主管部门和省（自治区、直辖市）教育厅（局、委）按照教育部下达的奖学金名额，确定所属各有关单位的奖学金名额。

3. 各有关招生单位根据上级主管部门下达的奖学金名额，受理台湾学生的申请材料，组织等额评审，按照公开、公平、公正的原则，确定初审合格学生名单并公示。

4. 公示结束后，各有关招生单位于每年10月20日前将建议获奖学生名单按照隶属关系经主管部门初审后报教育部。

5. 教育部中国教育发展基金会对有关主管部门报来的获奖学生名单进行

复核，并将复核意见报教育部港澳台办，由教育部港澳台办审批。

第五章　奖学金的发放

第九条　根据教育部下达的台湾学生奖学金名额，财政部下达教育部台湾学生奖学金经费预算。

第十条　台湾学生奖学金具体拨款事宜由中国教育发展基金会负责。中国教育发展基金会根据教育部港澳台办审批的获奖学生名单将资金直接拨付给有关招生单位，有关招生单位收到拨款后应及时将奖学金一次发放给获奖学生。

第六章　监督检查

第十一条　各有关招生单位必须以高度的政治责任感做好台湾学生奖学金有关组织工作，严格执行国家有关财经法规和本办法规定，加强资金管理，确保奖学金全部用于符合条件的台湾学生。

第十二条　台湾学生奖学金资金管理接受审计、教育、财政等部门的监督检查，一旦发现截留、挤占和挪用等现象，将严肃处理。

第十三条　对于获奖的台湾学生，学校应继续加强管理和教育，如出现以下情况之一的，应取消其获奖资格并及时向上级主管部门报告：

1. 有反对“一个中国”的言论或行为；
2. 触犯国家法律、法规，参加非法社团组织；
3. 违反校规、校纪。

第七章　附　　则

第十四条　本办法由财政部、教育部负责解释。

第十五条　本办法自 2005 年 9 月 1 日起实施。

关于调整祖国大陆普通高校和科研院所招收台湾地区学生收费标准及有关政策问题的通知

（2005 年 8 月 23 日教育部、国家发展和改革委员会、财政部、国务院台湾事务办公室　教电［2005］333 号）

各省、自治区、直辖市教育厅（教委）、发改委、物价局、财政厅（局）、台办，国务院有关部门，教育部部属各高校：

为切实贯彻执行中央对台工作方针，努力推进祖国和平统一大业，进一步鼓励和支持更多的台湾地区学生到大陆普通高校和科研院所学习，现就调整大陆普通高校和科研院所招收台湾地区学生的收费标准及有关政策问题通知如下：

一、调整对台湾学生收费标准

1. 对已录取到大陆普通高校和科研院所学习的台湾地区本科生、专科生、硕士研究生和博士研究生，执行与大陆学生相同的收费标准，即在同一学校、同一科研院所、同一年级、同一专业学习的台湾与大陆的学生学费标准一致；同等住宿条件下，住宿费标准一致。

2. 各有关高校和科研院所必须严格执行国家对台湾学生的收费政策。任何学校和单位不得擅自提高对来大陆就读的台湾学生的学费、住宿费等收费标准，也不得以任何名义和形式设立针对台湾学生的收费项目。

3. 各省、自治区、直辖市价格、财政、教育主管部门要加强对有关高校和科研院所对台湾学生收费的管理和监督，对任何违反国家规定的乱收费行为予以严肃处理，决不姑息。

二、设立台湾学生奖（助）学金

为鼓励更多的台湾地区学生到大陆学习，中央财政安排专项资金设立台湾学生奖（助）学金。台湾学生奖（助）学金专项用于奖励、资助台湾地区到大陆普通高校和科研院所学习的本、专科生、研究生。台湾学生奖（助）学金设在中华教育基金会内，由教育部归口管理。该奖（助）学金的年度资金总额、奖励、资助范围、标准、发放方法由教育部、财政部另行制定、公布。

三、对招收台湾上述学生的大陆普通高校和科研院所给予专项补助

对上述台湾学生收费标准调整后，考虑到他们的实际培养成本，为鼓励大陆普通高校和科研院所招收更多台湾地区学生，国家财政对招收上述台湾学生的有关高校和科研院所，根据每年的招生数量，据实安排财政生均定额补助。

中央财政对中央部委所属高校、科研院所和部分地方高校（北京、上海、天津、广东、江苏、浙江等6个不享受一般性转移支付的省、直辖市除外）招收的上述台湾学生，按每生每学年8000元给予专项补助。

北京、上海、天津、广东、江苏、浙江等6个不享受一般性转移支付的省、直辖市应按照中央财政定额补助标准，对招收上述台湾学生的本地所属高校给予专项补助。

上述规定自2005年秋季入学起执行。

请各地、各部门、各有关单位认真贯彻执行以上各项规定，积极做好对台湾学生的各项工作，抓紧时间研究并制定与台湾学生工作相关的各项管理制度和配套措施，确保上述政策落到实处。

大陆普通高校和科研院所招收香港、澳门地区学生的相关政策及具体实施办法，由教育部、国家发展和改革委员会、财政部等有关部门另行制定。

（三）新闻采访

台湾记者在祖国大陆采访办法

（2008年11月1日　国务院台湾事务办公室公布）

第一条　为方便台湾记者在大陆依法采访，加强海峡两岸新闻交流，以加深两岸人民的相互了解，促进两岸关系和平发展，推进祖国和平统一进程，特制定本办法。

第二条　本办法所称台湾记者，是指在正常出版和发布新闻的台湾新闻机构内从事新闻采访报道业务的职业记者。

第三条　国务院台湾事务办公室（以下简称国务院台办）主管台湾记者在大陆采访事务，依法保障台湾记者的合法权益。各省、自治区、直辖市台办及深圳市、新疆生产建设兵团台办受国务院台办委托，办理本行政区域内台湾记者采访事务。

第四条　台湾记者来大陆采访，应当向主管部门授权的相关机构申请办理台湾居民来往大陆通行证签注手续。

第五条　台湾新闻机构申请在大陆驻点采访，由国务院台办审批。台湾记者来北京驻点采访，向国务院台办申请；来大陆其他地区驻点采访，向相关省、自治区、直辖市台办及深圳市、新疆生产建设兵团台办申请。获准在大陆驻点采访的台湾记者，可申请三个月以内的采访期限；如有需要，经批准可延长一次，期限不得超过三个月，驻点期间可多次往返。

第六条　台湾记者在北京采访，要求延长采访期限的，向中华全国新闻工作者协会申请；在其他地区采访，要求延长采访期限的，向所在省、自治区、直辖市台办及深圳市、新疆生产建设兵团台办申请，并办理相关手续。

第七条　台湾记者在大陆采访，需征得被采访单位和个人的同意。采访时应当随身携带并出示主管部门委托签注机构、中华全国新闻工作者协会和相关省、自治区、直辖市台办及深圳市、新疆生产建设兵团台办代发的台湾记者采访证。

第八条 台湾记者可以通过有关部门指定的服务单位聘用大陆居民从事辅助工作。

第九条 台湾记者因采访报道需要，在依法履行报批手续后，可以临时进口、设置和使用无线电通信设备。

第十条 台湾记者应当遵守国家法律、法规和规章，遵守新闻职业道德，客观、公正地进行采访报道，不得进行与其机构性质或者记者身份不符的活动。

违反本办法，将由主管部门视情节轻重给予相应的处罚；违反国家其他法律、法规和规章的，将依法处理。

第十一条 本办法由国务院台办负责解释。

第十二条 本办法自颁布之日起施行。2002 年 12 月 2 日公布的《关于台湾记者来祖国大陆采访的规定》同时废止。

（四）旅　游

大陆居民赴台湾地区旅游管理办法

（2006年4月16日　国家旅游局、公安部、国务院台湾事务办公室令［2006］第26号）

第一条　为规范大陆居民赴台湾地区旅游，依据《中国公民往来台湾地区管理办法》和《旅行社管理条例》，特制定本办法。

第二条　大陆居民赴台湾地区旅游（以下简称赴台旅游），须由指定经营大陆居民赴台旅游业务的旅行社（以下简称组团社）组织，以团队形式整团往返。参游人员在台湾期间须集体活动。

第三条　组团社由国家旅游局会同有关部门，从已批准的特许经营出境旅游业务的旅行社范围内指定，由海峡两岸旅游交流协会公布。除被指定的组团社外，任何单位和个人不得经营大陆居民赴台旅游业务。

第四条　台湾地区接待大陆居民赴台旅游的旅行社（以下简称接待社），经大陆有关部门会同国家旅游局确认后，由海峡两岸旅游交流协会公布。

第五条　大陆居民赴台旅游实行配额管理。配额由国家旅游局会同有关部门确认后，下达给组团社。

第六条　组团社在开展组织大陆居民赴台旅游业务前，须与接待社签订合同、建立合作关系。

第七条　组团社须为每个团队选派领队。领队经培训、考核合格后，由地方旅游局向国家旅游局申领赴台旅游领队证。组团社须要求接待社派人全程陪同。

第八条　组团社须要求接待社不得引导和组织参游人员参与涉及赌博、色情、毒品等内容的活动。

第九条　组团社须要求接待社严格按照合同规定的团队日程安排活动；未经双方旅行社及参游人员同意，不得变更日程。

第十条 大陆居民须持有效《大陆居民往来台湾通行证》（以下简称《通行证》）及旅游签注（签注字头为L，以下简称签注）赴台旅游。

第十一条 大陆居民赴台旅游须向指定的组团社报名，并向其户口所在地公安机关出入境管理部门申请办理《通行证》及签注。

第十二条 赴台旅游团须凭《大陆居民赴台湾地区旅游团名单表》，从大陆对外开放口岸整团出入境。

第十三条 旅游团出境前已确定分团入境大陆的，组团社应事先向有关出入境边防检查总站或省级公安边防部门备案。旅游团成员因紧急情况不能随团入境大陆或不能按期返回大陆的，组团社应及时向有关出入境边防检查总站或省级公安边防部门报告。

第十四条 参游人员应按期返回，不得非法滞留。当发生参游人员非法滞留时，组团社须及时向公安机关及旅游行政主管部门报告，并协助做好有关滞留者的遣返和审查工作。

第十五条 违反本办法之规定的旅行社，旅游行政主管部门将根据《旅行社管理条例》予以处罚。对组团单位和参游人员违反国家其他有关法律、法规的，由有关部门依法予以处理。

第十六条 本办法由国家旅游局、公安部、国务院台湾事务办公室负责解释。

第十七条 本办法自发布之日起施行。

《大陆居民赴台湾地区旅游团名单表》管理办法

（2008 年 6 月 21 日　国家旅游局公布）

第一条　根据《大陆居民赴台湾地区旅游管理办法》的有关规定，制定本办法。

第二条　海峡两岸旅游交流协会（简称海旅会）根据大陆居民赴台湾地区旅游（以下简称赴台旅游）配额总量，印制相应数量的《大陆居民赴台湾地区旅游团名单表》（以下简称《名单表》）；并依据所指定经营大陆居民赴台旅游业务的旅行社（以下简称组团社）的实际组团情况，将《名单表》委托有关省（市）旅游行政部门下达给组团社。

第三条　海旅会统一印制《名单表》。《名单表》一式五联，分为：赴台湾地区边防检查专用联、返大陆边防检查专用联、省级旅游行政部门审验专用联、省级台办报备专用联、旅行社自留专用联。

第四条　组团社按照核定的赴台旅游人数安排组织赴台旅游团队，填写《名单表》。《名单表》中的空余部分要划斜线，不能留有空格。经审验后的《名单表》，不得变更和增添人员。

第五条　组团社应当按照有关规定，在旅游团队赴台、返回大陆时及旅游团队返回大陆后，将《名单表》分别交有关部门查验、报备、留存。

第六条　《名单表》的审验工作委托有关省（市）旅游行政部门负责，审验专用章和授权人签字应报送海旅会备案。

组团社赴台旅游专用印章和授权人签字应报所在省（市）旅游行政部门和同级台办备案，再由有关省（市）旅游行政部门汇总报送海旅会备案。

第七条　组团社违反本办法规定的，由海旅会依据《大陆居民赴台湾地区旅游管理办法》予以处理。

第八条　本办法自发布之日起施行。

第九条 本办法由海旅会负责解释。

第十条 本办法在实施过程中，海旅会将根据赴台旅游的实际运行情况的变化，适时予以修订。

附1：大陆居民赴台湾地区旅游注意事项（略）

附2：大陆居民赴台湾地区旅游合同（示范文本）（略）

（五）殡葬管理

关于台湾同胞在大陆死亡善后处理办法

（1996年7月22日　国务院台湾事务办公室、公安部、司法部、民政部　国台发［1996］10号）

各省、自治区、直辖市台办、公安厅（局）、司法厅（局）、民政厅（局）：

为进一步做好台胞在大陆死亡事件的善后处理工作，本着一个中国的原则，参照有关规定，结合台胞在大陆死亡后处理工作的特点，特制订本办法。

一、死亡的确定

死亡分正常死亡和非正常死亡。因健康原因自然死亡的，谓正常死亡；因意外事故或突发事件死亡的，谓非正常死亡。

台胞在大陆死亡，经当地公安机关验定，如属正常死亡，善后处理工作由台胞接待或聘用单位负责，当地台办必要时予以协助。无接待或聘用单位的（包括零散游客），由台办会同有关部门共同处理。如属非正常死亡，由公安机关进行取证并处理，并通报同级台办，台办提供配合、协助。

二、通知死者家属

台胞在大陆死亡后应尽快通知死者家属。一般由接待或聘用单位直接通知死者家属。如接待或聘用单位无法直接通知死者家属，可通过两岸其他渠道（如红十字会等社团）代为通知。必要时也可通过海峡两岸关系协会（以下简称海协）与台湾海峡交流基金会（以下简称海基会）联系。

三、尸体解剖

正常死亡或死因明确的非正常死亡者，一般不需做尸体解剖。若死者家属提出书面要求做尸体解剖的，有关主管部门可同意。

对死因不明的非正常死亡者，公安机关为查明死因，需进行解剖时，应尽可能通知死者家属到场。家属逾期不到，地（市）级以上公安机关可依法处理。

四、出具证明

正常死亡，由县级以上医院或者授权的医疗机构出具《死亡证明书》。

被羁押的犯罪嫌疑人、被告人或被拘留的人员，在案件侦查、审理、执行期间正常死亡，由办案机关的法医出具确定其死亡的《死亡鉴定书》；办案机关没有法医的，可请公安机关派法医鉴定并出具《死亡鉴定书》

非正常死亡，由地（市）级以上公安机关的法医出具相关鉴定书。

根据海协会海基会《两岸公证书使用查证协议》的规定，死亡公证属应寄公证书副本的范围。台胞在大陆死亡，除出具相关鉴定书外，同时应由死亡地公证部门出具公证书。

五、尸体处理

台胞尸体的处理应尊重死者家属意愿，可在当地殡仪馆火化或运回台湾。如家属提出就地土葬，需向所在地的省级民政部门提出申请，经批准后葬在指定的公墓内。如需将尸体存放，可由当地殡仪馆妥善保存。

尸体火化，应由死者家属或其委托人持医院或公安机关出具的死亡证明，到当地殡仪馆火化。如确认死者无亲属，接待单位持《死亡证明书》到殡仪馆火化，同时将火化过程拍照并出具相关证明备存在殡仪馆。

对有接待单位的死者，在尸体火化前，可由接待单位酌情为死者举行简单的追悼仪式。如死者生前对我友好，台办及有关单位可送花圈，或将追悼仪式拍照送死者家属。

对家属要求按台湾当地宗教、风俗习惯举办祭奠仪式的，必须遵守国家有关殡葬法规，经省级民政部门批准，在殡仪馆内进行。

办理丧事的费用自理。

六、骨灰和尸体运输出境

骨灰、尸体运输，须持有医院出具的《死亡证明书》或法医出具的《死亡鉴定书》，及殡葬部门出具的《火化证明书》和公证部门出具的《死亡公证书》。

将尸体运出境外的，应严格按照卫生部《实施〈中华人民共和国国境口岸卫生监督办法〉的若干规定》（［1983］卫防字第5号）和海关部署《关于对尸体棺柩和骨灰进出境管理问题的通知》（［84］署外字第540号）办理尸体出境手续。

骨灰、尸体运输出境均由中国国际运尸网络服务中心负责，具体由北京、天津、上海、广州等四个办事处承办，也可委托当地殡仪馆承办。如亲属提出将尸体运回台湾，运输手续和费用均由亲属自理。在两岸实现直接通航前，死者家属要求通过第三地运送尸体时，由其家属自行办理第三地手续，有关部门应予协助。如台方提出由台湾直接派飞机或船舶运送尸体，应报国务院台办商有关部门后处理。

七、遗物的清点和处理

清点死者遗物应有死者家属或其代表和大陆有关部门人员在场。如家属明确表示不能到场时，公证部门人员应当到场。遗物清点必须造册，列出清单，清点人均应签字。遗物移交前要妥善保管好。移交遗物要开出移交书，一式二份，注明移交时间、地点、在场人、物品件数、种类和特征等，并由公证部门办理遗产移送公证书。如死者有遗嘱，应将遗嘱拍照或复制，原件交死者家属或其代理人。

死者原持有的我出入境证件，由当地公安机关入境管理部门收缴。

八、报告善后处理情况

善后事宜处理结束后，善后处理部门应写出《死亡善后处理情况报告》报上级主管部门，省、自治区、直辖市台办、公安厅（局），抄国台办和海协。

关于台湾同胞回大陆办理丧葬问题的通知

（1988年3月16日　民政部　［1988］民字8号）

各省、自治区、直辖市民政厅（局），各计划单列市（区）民政局：

自台湾当局允许一般民众回大陆探亲以来，回大陆探亲的台胞日渐增多。他们中间，有的要求祭扫和修复祖墓，有的提出购买墓地，有的询问回大陆安葬骨灰或遗体等丧葬方面的政策。民政部、国务院侨务办公室1984年5月28日联合下发的《关于华侨去世后回国安葬问题的通知》（民［1984］民20号）和1984年7月23日联合下发的《关于华侨修复祖墓问题的通知》（［84］侨政会字第042号）中，已经对台胞回大陆安葬骨灰和修复祖墓的问题作过规定，这些规定仍然有效。对各地工作中遇到的新问题，经征得中央对台办同意，特作如下通知：

一、台胞回大陆探亲、旅游期间要求祭扫祖墓，凡能查找到的，一般应允许祭扫；已经平毁的，可视具体情况加以解释。对祭扫和修复祖墓要加强管理，不得搞封建迷信活动，不得恢复和建立宗族墓地，不得占用耕地或在国家规定保护的范围内修坟造墓，要注意防止坟山以及由此引起的宗族矛盾。如台胞提出政策允许范围以外的要求，应耐心说服，讲明道理，劝告制止，不要简单从事。

二、台胞去世后，其亲属要求回大陆安葬，一般只允许安葬骨灰。要求将遗体运回大陆安葬的，须由其亲属报请其原籍所在地的省、自治区、直辖市民政部门依当地有关规定从严审批，批准后还须经海关卫生检疫合格。安葬地点由民政部门负责安排。当地有公墓的，安葬在公墓内；没有公墓的，可在当地政府指定的荒山荒地或不宜耕种的瘠地埋葬。

三、回大陆探亲、旅游期间去世的台胞，如死者生前或其亲属要求在大陆安葬，应遵守安葬地人民政府有关殡葬管理的规定。如其亲属要求将遗体或骨灰运出大陆以外安葬，一般应予同意，殡葬管理部门要提供方便，做到热情服务，收费合理。对患急性传染病去世或高度腐败的遗体，须就地火化或深埋。

四、为满足台胞落叶归根的愿望，台胞较多的地方可根据需要，选择荒山荒地兴办为台胞服务的骨灰公墓。按国家有关规定批准的公墓中，允许向台胞出售或预售骨灰墓穴。收费标准比照港澳同胞收取，确有困难的，可酌情予以优待。

五、台胞在大陆的丧葬事宜，由民政部门统一管理，遇有重大疑难问题，应与对台部门协商，共同研究确定。

四、民法商法类

（一）知识产权

关于受理台胞国际申请的通知

（1994 年 1 月 1 日　中国专利局公布）

各专利管理机关、代办处、涉外专利代理机构：

我国于 1994 年 1 月 1 日正式成为《专利合作条约》（PCT）的成员国。根据中国专利局颁布的《关于中国实施专利合作条约的规定》，现就我局受理台胞国际申请的有关事项通知如下：

一、中国专利局作为国际申请的受理局，受理台胞提出的国际申请。

二、台胞向中国专利局提出国际申请，在中国专利局作为国际检索单位或者国际初步审查单位，或者作为指定局或者选定局的程序中，以及处理与国际申请有关的其他事务，应当委托中国专利局指定的专利代理机构办理。

三、台胞向中国专利局提交的国际申请，应当使用中文或者英文。

四、中国专利局收到台胞提出的、符合《专利合作条约》第十一条第一款规定的国际申请之日为国际申请日。

五、台胞向中国专利局提出国际申请，可以依照《专利合作条约》第八条的规定要求在《保护工业产权巴黎公约》缔约国提出或者对于该缔约国有效的一项或者几项在先申请的优先权。

六、台胞在中国专利局提交国际申请以及办理国际申请有关事务，应当依照中国专利局的规定支付有关费用。

七、本通知适用于台湾地区的公司、企业和其他经济组织。

八、本通知自 1994 年 1 月 1 日起施行。

关于加大台湾农产品商标权保护力度促进两岸农业合作的实施意见

（2006年11月2日 国家工商行政管理总局
工商标字［2006］202号）

各省、自治区、直辖市及计划单列市工商行政管理局：

两岸农业交流与合作是两岸经济关系的重要组成部分。2005年3月，胡锦涛总书记在关于新形势下发展两岸关系的四点意见中指出："台湾农产品在大陆销售的问题，事关广大台湾农民的切身利益，要切实解决"。今年10月17日至24日，由中共中央台湾工作办公室海研中心与中国国民党国政研究基金会共同主办的两岸农业合作论坛系列活动在大陆成功举办，达成了多项共识，取得了丰硕的成果。大陆有关方面提出了有利于进一步扩大台湾农产品在大陆销售、协助台湾农民在大陆创业等多项举措，"保护台湾农产品知识产权，维护台湾农民正当权益"是其中的一项重要内容。为切实贯彻执行中央对台工作方针，努力推进祖国和平统一大业，现就加大台湾农产品商标权保护力度、促进两岸农业合作提出以下实施意见：

一、加强商标注册保护，维护台湾农产品商标注册申请人的合法权益。

（一）通过举办培训班、研讨会和报告会等方式，积极引导台湾农产品生产商和经销商在大陆通过注册普通商标、证明商标或集体商标等方式，获得《商标法》的保护。

（二）在商标审查、异议裁定和争议裁定中保持政治敏感性和工作责任感，坚决制止以不正当手段抢先注册台湾农产品知名商标的行为。

（三）采取有效措施加快台湾农产品商标审查进度，尽力缩短商标注册周期。

二、认真履行市场监管职责，依法保护台湾农产品商标权。

（一）按照国家工商行政管理总局《关于制止和查处假冒台湾水果行为

的通知》（工商公字［2006］172号）要求，以查处虚假标示产地、虚假广告宣传以及侵犯注册商标专用权等违法行为为重点，规范水果市场的交易秩序。

（二）商标管理、公平交易、广告监管和消费者权益保护等职能部门相互配合，充分发挥“12315”消费者申诉举报网络的作用，引导消费者提高对“台湾产地水果”和“台湾品种水果”的鉴别能力，保护消费者的知情权，及时依法受理和处理消费者申诉和举报，不断提高保护台湾农产品知识产权的整体执法效能。

（三）依法认定驰名商标，加大对台湾农产品知名商标的保护力度，对于情节严重、性质恶劣以及台商反响强烈的案件，要依法予以从重处罚。

（四）要切实做好行政执行与刑事司法的衔接工作，对于涉嫌犯罪、符合移送条件的，要坚决移送公安机关处理。

（五）促成与台湾相关部门和台资企业构建稳定有效的两岸商标保护合作机制，及时通报工商行政管理机关在保护台湾农产品知识产权方面的工作情况和做法，介绍典型案例，加深了解，增进共识。

三、加大涉台商标工作的宣传力度。通过适当渠道，向台湾人民及时通报台湾商标在大陆的注册和保护情况，宣传大陆农产品商标和地理标志保护工作在促进农民增收方面的成功经验。

四、加强信息和案件报送制度。各地要对保护台湾农产品知识产权案件进行单独统计，并及时报送有关情况、经验做法和典型案例。凡罚款金额在1万元以上的案件、保护驰名商标的案件、移送公安机关追究刑事责任的案件以及其他有重大社会影响的保护台湾农产品知识产权的案件，处理机关应当在该处罚决定生效后及时将处罚决定书报送国家工商行政管理总局。

各地要根据本实施意见的要求，对辖区涉台商标的注册和使用等情况认真进行摸底排查，制定切实可行的工作措施。只要是对台湾农民有利的事情，只要是对促进两岸农业交流有利的事情都要积极做好。各级工商行政管理机关要尽最大努力保护好台湾农产品商标权，维护好台湾农民正当权益，维护好大陆市场的信誉和形象。

关于台湾同胞专利申请的若干规定

（2010年11月22日起施行　中国专利局第58号）

第一条　为了方便台湾同胞向国家知识产权局申请专利，制定本规定。

第二条　台湾地区申请人（以下简称申请人）在台湾地区专利主管机构第一次提出发明或者实用新型专利申请之日起十二个月内，或者第一次提出外观设计专利申请之日起六个月内，又在国家知识产权局就相同主题提出专利申请的，可以要求享有其台湾地区在先申请的优先权（以下简称台湾地区优先权）。

申请人根据前款规定要求台湾地区优先权的，其在先申请的申请日应当在2010年9月12日（含当日）以后。

第三条　申请人可以在一件申请中要求一项或者多项台湾地区优先权；要求多项台湾地区优先权的，该申请的台湾地区优先权期限从最早的在先申请的申请日起计算。

第四条　申请人要求台湾地区优先权的，应当在向国家知识产权局提出专利申请的同时在请求书中声明，并且在三个月内提交由台湾地区专利主管机构出具的在先申请文件的副本；未在请求书中声明或者期满未提交在先申请文件副本的，视为未要求台湾地区优先权。

申请人在请求书中声明要求台湾地区优先权的，应当写明在先申请的申请日和申请号，并写明原受理机构为“台湾地区”。

第五条　申请人要求一项或者多项台湾地区优先权而在请求书的声明中未写明或者错写其中某件在先申请的申请日、申请号和原受理机构名称中的一项或者两项内容，但申请人已在规定的期限内提交了在先申请文件副本的，国家知识产权局应当通知申请人补正；申请人期满未答复或者补正后仍不符合规定的，视为未要求该项台湾地区优先权。

第六条　申请人要求多项台湾地区优先权的，应当提交全部在先申请文件副本。

在先申请文件副本至少应当表明原受理机构、申请人、申请日、申请号。在先申请文件副本不符合规定的，国家知识产权局应当通知申请人补正；申请人期满未答复或者补正后仍不符合规定的，视为未提交该在先申请文件副本。

国家知识产权局依据有关协议，通过电子交换途径获得在先申请文件副本的，视为申请人提交了符合规定的在先申请文件副本。

申请人已向国家知识产权局提交过在先申请文件副本，需要再次提交的，可以仅提交该副本的题录，但应当注明在先申请文件副本的原件所在申请案卷的申请号。

第七条 要求台湾地区优先权的申请人与在先申请文件副本中记载的申请人不一致的，应当在向国家知识产权局提出专利申请之日起三个月内提交台湾地区优先权转让证明或者有关说明；期满未提交或者提交的文件不符合规定的，视为未要求台湾地区优先权。

第八条 申请人要求台湾地区优先权后，可以撤回其全部或者其中某一项或者几项台湾地区优先权要求。

申请人撤回其台湾地区优先权要求的，应当提交全体申请人签字或者盖章的撤回台湾地区优先权声明；撤回台湾地区优先权声明不符合规定的，视为未提出撤回台湾地区优先权声明。

申请人撤回其台湾地区优先权要求导致该申请的最早台湾地区优先权日变更，且自该台湾地区优先权日起算的各种期限尚未届满的，其台湾地区优先权期限应当自变更后的最早台湾地区优先权日或者申请日起算；撤回台湾地区优先权的声明是在变更前的最早台湾地区优先权日起十五个月之后到达国家知识产权局的，则在后专利申请的公布期限仍按照变更前的最早台湾地区优先权日起算。

第九条 要求台湾地区优先权的，应当在缴纳申请费的同时，根据专利法实施细则第九十三条的规定缴纳台湾地区优先权要求费；期满未缴纳或者未缴足的，视为未要求台湾地区优先权。

第十条 被视为未要求台湾地区优先权并属于下列情形之一的，申请人可以根据专利法实施细则第六条的规定请求恢复要求台湾地区优先权的权利：

（一）由于未在指定期限内办理补正手续导致视为未要求台湾地区优先

权的；

（二）要求台湾地区优先权声明中至少一项内容填写正确，但未在规定的期限内提交在先申请文件副本或者台湾地区优先权转让证明文件或者有关说明的；

（三）要求台湾地区优先权声明中至少一项内容填写正确，但未在规定的期限内缴纳或者缴足台湾地区优先权要求费的；

（四）分案申请的原申请要求了台湾地区优先权的。

除上述情形外，其他原因造成被视为未要求台湾地区优先权的，不予恢复。

第十一条 申请人提出的专利申请文件中，含有与现行法律、法规、规章相抵触的词句的，国家知识产权局应当通知申请人在两个月内删除或者修改，期满不答复的，其申请被视为撤回；申请人拒绝删除、修改或者修改后仍不符合规定的，应当驳回该专利申请。明显不涉及技术内容的词句，国家知识产权局可以依职权删除并通知申请人；申请人不同意删除的，应当驳回该专利申请。

第十二条 国家知识产权局依申请人请求出具申请文件副本的，应当先根据本规定第十一条对申请文件用语进行审查；申请文件中含有与现行法律、法规、规章相抵触的词句的，在初审合格之前不予办理。

第十三条 申请人不愿公布其地址的，可在“申请人地址”栏中注明“中国台湾”。

第十四条 本规定自2010年11月22日起施行。原中国专利局1993年3月29日颁布的《关于受理台胞专利申请的规定》（国专发法字［1993］第63号）和1993年4月23日颁布的《关于台胞申请专利手续中若干问题的处理办法》（国专发审字［1993］第69号）同时废止。

关于发布《台湾地区商标注册申请人要求优先权有关事项的规定》及相关书式的公告

（2010年11月22日起施行　国家工商行政管理总局
工商标字［2010］220号）

为落实《海峡两岸知识产权保护合作协议》，我局制定了《台湾地区商标注册申请人要求优先权有关事项的规定》，增设了相关的商标注册申请书书式，供台湾地区申请人使用。现一并予以公布，自2010年11月22日起施行。

附件：1. 台湾地区商标注册申请人要求优先权有关事项的规定

2. 商标注册申请书书式一（台湾地区申请人专用）

二〇一〇年十一月十八日

附件一：

台湾地区商标注册申请人要求优先权有关事项的规定

为落实《海峡两岸知识产权保护合作协议》，保障台湾地区商标注册申请人的优先权权益，现就台湾地区申请人在国家工商行政管理总局商标局申请商标注册要求台湾地区优先权有关事项作如下规定：

一、自2010年11月22日起，台湾地区申请人自其商标在台湾地区第一次提出商标注册申请之日起六个月内，又在国家工商行政管理总局商标局就同一商标在相同商品上提出商标注册申请的，可以要求优先权。其第一次申请的日期可以追溯到2010年9月12日。

二、依照前述规定要求优先权的，应当参照《商标法》第二十四条第二款、《商标法实施条例》第二十条第一款的规定办理。

三、依照前述规定要求优先权的，其商标注册申请书应当使用国家工商行政管理总局发布的商标注册申请书式。

四、台湾地区申请人要求台湾地区优先权的声明，经认可后，其在台湾地区的第一次申请商标注册的日期，即视为在国家工商行政管理总局商标局的申请日期。

附件二：

书式一（台湾地区申请人专用）

商标注册申请书

申请人名称：

申请人地址：

是否共同申请：□是　　□否

邮政编码：

联系人：

电话（含地区号）：

传真（含地区号）：

代理组织名称：

商标种类：□一般　　□集体　　□证明　　□立体　　□颜色

商标说明：

初次申请日期：

初次申请号：

类别：

商品/服务项目：

（附页：　　页）

申请人章戳（签字）：　　　　　　代理组织章戳：

代理人签字：

注：请按背面说明填写

将一张商标图样贴在下框内，另附五份商标图样。有指定颜色的附上着色图样五份和黑白稿一份。商标图样应当不大于10×10cm，不小于5×5cm。

填写说明：

1. 本书式为台湾地区申请人申请商标注册并要求台湾地区优先权时使用的书式。申请人应当按照要求如实填写，不得空项，不得擅自修改格式。申请书应当打字或者印刷，并使用国家公布的中文简化汉字填写。

2. 申请人名称为外文的应当翻译为中文。申请人为自然人的，应当同时在姓名后面填写身份证件号码。申请人地址应当详细填写。

3. 共同申请注册同一商标的，应当在“是否共同申请”一栏选择“是”，申请人名称/地址一栏填写指定的代表人名称/地址，其他共同申请人的名义填写在申请书附页上。未指定代表人的，以申请书首页申请人为代表人。

4. 委托商标代理组织申报的，应当填写代理组织名称并在右下方“代理组织章戳/代理人签字”栏由代理人签字并加盖代理组织章戳。

5. 申请人应当在“商标种类”栏选择所申报的商标的种类。

6. “商标说明”栏填写内容可以包括：商标名称、商标图样外文或少数民族文字的含义、特殊字体的文字表述、立体/颜色商标的说明、商标图样中需要放弃专用权的声明以及其他申请人认为需要说明的事项。

7. 申请人应当详细填写初次申请日期、初次申请号等项目。未填写此栏或内容填写不全的，视为未提出优先权要求。

8. 申请人应当按照《类似商品和服务区分表》填写类别及“商品/服务

项目”。一份申请书只能办理一个类别的商标注册申请，商品/服务项目填写不下的可以填写在申请书附页上，并标明所附页数。商品/服务项目前应标明序号。

9. 申请人为法人或其他组织的，应当在“申请人章戳（签字）”处盖章。申请人为自然人的，应当在此栏用钢笔或签字笔签字。共同申请的，此栏由代表人盖章（签字），其他共同申请人在申请书附页上盖章（签字）。所盖章戳或签字应当完整清晰。

10. 商标图样框中应当粘贴一张清晰的商标图样，不得出现除商标图样以外的说明性文字、注册标记、色标说明、章戳、签字等内容，商标图样不得涂改。

11. 收费标准：每份商标注册申请费1000元整（限1个类别中的10个商品/服务项目，每超过1个商品/服务项目加收100元）。每份集体商标注册申请费3000元整，每份证明商标注册申请费3000元整。

商标注册申请书（附页）

其他共同申请人名义列表：

关于台湾地区申请人在大陆申请植物新品种权的暂行规定

（2010 年 11 月 22 日　中华人民共和国农业部、
国家林业局公告第 1487 号）

第一条　为保护台湾地区育种者的合法权益，促进植物新品种的培育和使用，制定本规定。

第二条　台湾地区的自然人、法人向大陆植物新品种权审批机关（以下简称审批机关）申请植物新品种权（以下简称品种权）及相关事务，适用本规定。

第三条　台湾地区的品种权申请人（以下简称申请人）向审批机关提出品种权及相关事务申请的，应当委托在大陆依法设立的代理机构办理。

第四条　申请人向审批机关提交的文件应当使用简体中文，日期应当使用公历，但证明文件除外。

第五条　在 2010 年 9 月 12 日（含当日）后，申请人自第一次提出品种权申请之日起 12 个月内，又在大陆就该植物新品种提出品种权申请，申请人要求将第一次申请日视为在大陆的申请日的，应当在申请时提出书面说明，并在 3 个月内提交经原审批机关确认的第一次提出的品种权申请文件的副本作为证明文件。未依照本规定提出书面说明或者提交证明文件的，视为未要求此项权利。

申请人在向审批机关提出第一次品种权申请之日起 12 个月内，又在大陆以外提出品种权申请的，可以请求审批机关出具第一次申请日的证明文件。

第六条　经育种者许可，在大陆销售品种繁殖材料未超过 1 年的；或者在大陆以外销售藤本植物、林木、果树和观赏树木品种繁殖材料未超过 6 年，销售其他植物品种繁殖材料未超过 4 年的，视为申请品种未丧失新颖性。

第七条　申请文件不得含有与现行法律、法规、规章相抵触的词句。

第八条　对不符合本规定第三条、第四条的，审批机关不予受理。

对不符合本规定第七条的，审批机关应当通知申请人在指定期限内予以修改；逾期未答复或者修改后仍不符合前款规定的，驳回其申请。

第九条　品种权申请的其他事宜，依据《中华人民共和国植物新品种保护条例》、《中华人民共和国植物新品种保护条例实施细则（农业部分）》和《中华人民共和国植物新品种保护条例实施细则（林业部分）》办理。

第十条　本规定自发布之日起施行。

（二）婚姻收养

大陆居民与台湾居民婚姻登记管理暂行办法

（1998年12月10日发布　中华人民共和国民政部令第1号）

第一条　为加强大陆居民与台湾居民的婚姻登记管理，保障婚姻当事人的合法权益，依据《中华人民共和国婚姻法》，制定本办法。

第二条　大陆居民与台湾居民在大陆办理婚姻登记适用本办法。

本办法所称大陆居民系指居住在中国大陆的中国公民；所称台湾居民系指居住在中国台湾地区的中国公民。

第三条　大陆居民与台湾居民在大陆结婚登记、离婚登记、复婚登记，应当双方共同到大陆一方户籍所在地的省（自治区、直辖市）民政厅（局）指定的地级以上地方人民政府民政部门的婚姻登记管理机关申请。

第四条　申请结婚登记的大陆居民应当提交下列证件和证明：

（一）居民身份证；

（二）居民户口簿；

（三）所在单位或街道办事处、乡（镇）人民政府出具的婚姻状况证明；

（四）婚前医学检查证明。

申请结婚登记的台湾居民应当提交下列证件和证明：

（一）《台湾居民来往大陆通行证》或其他有效旅行证件；

（二）在台湾地区居住的有效身份证明和出境入境证件；

（三）台湾公证机关出具的无配偶声明和经证明无误的户籍誊本，有效期三个月；

（四）婚前医学检查证明。

第五条　台湾居民在大陆连续停留6个月以上的，除提交本办法第四条第二款规定的证件、证明外，还应当提交大陆公证机关公证的无配偶声明。

台湾居民在香港、澳门地区连续停留6个月以上来大陆的，除提交本办法第四条第二款规定的证件、证明外，还应当提交香港婚姻注册处或澳门婚姻及死亡登记局出具的婚姻状况证明。

台湾居民在外国连续停留6个月以上来大陆的，除提交本办法第四条第二款规定的证件、证明外，还应当提交居住国出具并经公证机关公证和中华人民共和国驻该国使、领馆认证的婚姻状况证明。

大陆居民赴台湾地区定居时已达到法定婚龄的，应当提交经大陆原居住地公证机关公证的赴台湾前的婚姻状况证明。

第六条 申请结婚登记的当事人离过婚的，应当提交离婚证件。

离婚证件系台湾离婚协议书的，应当经台湾公证机关公证；无法提交离婚协议书的，应当提交经公证的台湾地区报纸刊登的当事人离婚的声明书或公告，未经公证的影印件不具有法律效力。

离婚证件系台湾地区有关法院的离婚判决书或离婚调解书的，如果离婚的一方系大陆居民，该离婚判决书或调解书应当经人民法院裁定认可。

离婚证件系外国登记离婚证书的，应当经驻在国公证机关公证、驻在国外交部或外交部授权的机关认证，并经中华人民共和国驻外使、领馆认证。

离婚证件系外国法院的离婚调解书或离婚判决书的，应当经中华人民共和国人民法院裁定承认。

丧偶的，应当提交配偶死亡证明。

死亡证明系台湾地区有关部门出具的，应当经台湾公证机关公证。

死亡证明系外国有关部门出具的，应当经驻在国公证机关公证、驻在国外交部或外交部授权的机关认证，并经中华人民共和国驻外使、领馆认证。

第七条 申请结婚登记的当事人有下列情形之一的，婚姻登记管理机关不予登记：

（一）非双方自愿的；

（二）未达到法定结婚年龄的；

（三）已有配偶的；

（四）有法律禁止结婚的亲属关系的；

（五）患有法律规定禁止结婚疾病的。

第八条 申请离婚登记的大陆居民应当提交下列证件和证明：

（一）居民身份证；

（二）居民户口簿；

（三）所在单位或街道办事处、乡（镇）人民政府出具的介绍信；

（四）离婚协议书；

（五）结婚证。

申请离婚登记的台湾居民应当提交下列证件和证明：

（一）《台湾居民来往大陆通行证》或其他有效旅行证件；

（二）在台湾地区居住的有效身份证明和出境入境证件；

（三）离婚协议书；

（四）结婚证。

第九条 离婚协议书应当写明双方当事人的离婚意思表示、子女抚养、夫妻一方生活困难的经济帮助、财产及债务处理等协议事项。

第十条 申请离婚登记的当事人有下列情形之一的，婚姻登记管理机关不予登记：

（一）婚姻关系不是在大陆依法缔结的；

（二）一方要求离婚的；

（三）双方要求离婚但对子女抚养、夫妻一方生活困难的经济帮助、财产及债务处理等事项未达成协议的；

（四）一方或双方为无民事行为能力或限制民事行为能力的。

第十一条 婚姻登记管理机关受理当事人的婚姻登记申请后，应当依法进行审查，符合条件的，自受理申请之日起30日内办理登记。

第十二条 申请复婚的按结婚登记程序办理。

第十三条 申请婚姻登记的当事人不符合《中华人民共和国婚姻法》规定的婚姻登记条件，弄虚作假、骗取婚姻登记的，婚姻登记管理机关应当撤销婚姻登记。

第十四条 当事人认为婚姻登记管理机关办理或者撤销婚姻登记的行为侵犯其合法权益的；认为申请办理或者申请撤销婚姻登记符合法定条件而婚姻登记管理机关拒绝办理或者不予答复的，当事人可依法申请行政复议，也可向人民法院提起行政诉讼。

第十五条 台湾居民在香港、澳门地区定居后在大陆申请婚姻登记，适用香港、澳门同胞办理婚姻登记的规定。

侨居国外的台湾居民在大陆申请婚姻登记，适用华侨办理婚姻登记的规定。

第十六条 已在大陆定居的原台湾居民在大陆申请婚姻登记，应当提交本办法第四条第二款第三项规定的证明，按照《婚姻登记管理条例》的规定办理。

当事人具有本办法第五条第二、三款情形的，还应当提交第五条第二、三款规定的证明。

无法取得上述证明的，应当提交大陆公证机关公证的无配偶声明。

第十七条 办理婚姻登记的当事人，应当按规定交纳证件工本费和登记手续费。

第十八条 本办法自发布之日起施行。其他有关涉台婚姻登记管理的通知、规定与本办法不同的，以本办法为准。

关于去台人员与其留在大陆的配偶之间婚姻关系问题处理意见的通知（节选）

（1988年4月16日　民政部、司法部　民［1988］民字14号）

现就去台人员与其留在大陆的配偶之间婚姻关系问题的处理意见通知如下：

去台人员与其留在大陆的配偶之间的婚姻关系情况比较复杂。发生这类婚姻纠纷，当事人要求人民政府解决时，要根据《中华人民共和国婚姻法》规定的原则，结合实际情况，按照下列精神酌情调解解决或依法处理。

一、双方分离后，未办离婚且均未再婚的，承认其婚姻关系存续。

二、双方分离后，留在大陆的一方依据法律与去台一方解除了婚姻关系，但双方均未再婚，现双方自愿恢复婚姻关系的，按复婚的有关规定处理。

三、双方分离后，去台一方依照台湾有关法律与留在大陆的一方解除了婚姻关系，但双方均未再婚，现双方自愿恢复婚姻关系的，可承认其婚姻关系存续。

四、双方分离后，一方或双方再婚后的配偶已离异或死亡，现双方自愿恢复婚姻关系的，应重新办理结婚登记。

五、双方分离后，一方或双方再婚后的配偶健在，现双方自愿恢复与原配偶的婚姻关系，应按照一夫一妻制的原则，先与再婚配偶解除婚姻关系，再按结婚的有关规定办理。

关于华侨、港澳台居民提交婚姻状况证明问题的复函

（2004年11月30日　民政部办公厅　民办函［2005］246号）

浙江省民政厅：

你厅十月二十七日关于出国人员、华侨、港澳台居民婚姻状况证明问题的函（浙民函［2004］83号）收悉，经研究，现答复如下：

一、2003年10月1日实施的《婚姻登记条例》（以下简称《条例》）对华侨、港澳台居民出具的婚姻状况证明的内容作了规定，其中，华侨应当提交“居住国公证机构或者有权机关出具的、经中华人民共和国驻该国使（领）馆认证的本人无配偶以及与对方当事人没有直系血亲和三代以内旁系血亲关系的证明，或者中华人民共和国驻该国使（领）馆出具的本人无配偶以及与对方当事人没有直系血亲和三代以内旁系血亲关系的证明。”目前，我外交部已就贯彻执行《婚姻登记条例》作出规定，要求驻外使（领）馆按照《条例》的规定，为出国人员、华侨办理有关婚姻状况证明的公证、认证，但仍然存在有关申请结婚双方血亲关系的内容被忽略或遗忘，没有在证明中体现的情况。鉴于居住地及使馆并不了解申请结婚双方的血亲关系，完全凭个人声明的客观情况，以及当事人申请结婚登记时填写的《申请结婚登记声明书》中已经包含该项内容，因此，华侨只提交无配偶证明的，无需重新开具双方没有血亲关系的证明，婚姻登记机关可以受理其结婚申请，符合结婚条件的予以登记。

二、《条例》规定，港澳台居民申请结婚登记，应当提交“经居住地公证机关公证的本人无配偶以及与对方当事人没有直系血亲和三代以内的旁系血亲关系的声明”，目前，港澳地区的声明式样，经商中国委托公证人协会（香港）、澳门特别行政区民事登记局已经确定（式样附后），依其式样，声明应由本人作出。

另外，香港《宣誓及声明条例》规定：如法律授权或规定任何人作出声明，该声明需按“本人 A. B，现居住于……谨以至诚声明：…………”的方式作出和签署。因此，港澳居民申请结婚登记应提交本人作出的声明。台湾居民委托第三人办理的，表明当事人无配偶以及与对方当事人没有直接血亲和三代以内旁系血亲关系的证明，婚姻登记机关可以接受。

附件：

1. 香港居民无配偶以及与对方当事人没有直系血亲和三代以内旁系血亲关系的声明。（适用格式 1－1－1、1－1－2、1－1－3）（略）

2. 香港居民申请补办结婚登记声明（适用格式 1－1－4）（略）

3. 澳门居民无配偶以及与对方当事人没有直系血亲和三代以内旁系血亲关系的声明（略）

4. 澳门居民申请补办结婚登记声明（略）

5. 澳门第一公证署、第二公证署、海岛公证署有权限作出公证认定签名的工作人员名单、职级及其签名式样（略）

华侨以及居住在香港、澳门、台湾地区的中国公民办理收养登记的管辖以及所需要出具的证件和证明材料的规定

（1999年5月25日发布　中华人民共和国民政部令第16号）

第一条　根据《中国公民收养子女登记办法》，制定本规定。

第二条　华侨以及居住在香港、澳门、台湾地区的中国公民在内地收养子女的，应当到被收养人常住户口所在地的直辖市、设区的市、自治州人民政府民政部门或者地区（盟）行政公署民政部门申请办理收养登记。

第三条　居住在已与中国建立外交关系国家的华侨申请办理成立收养关系的登记时，应当提交收养申请书和下列证件、证明材料：

（一）护照；

（二）收养人居住国有权机构出具的收养人的年龄、婚姻、有无子女、职业、财产、健康、有无受过刑事处罚等状况的证明材料，该证明材料应当经其居住国外交机关或者外交机关授权的机构认证，并经中国驻该国使领馆认证。

第四条　居住在未与中国建立外交关系国家的华侨申请办理成立收养关系的登记时，应当提交收养申请书和下列证件、证明材料：

（一）护照；

（二）收养人居住国有权机构出具的收养人的年龄、婚姻、有无子女、职业、财产、健康、有无受过刑事处罚等状况的证明材料，该证明材料应当经其居住外交机关或者外交机关授权的机构认证，并经已与中国建立外交关系的国家驻该国使领馆认证。

第五条　香港居民中的中国公民申请办理成立收养关系的登记时，应当提交收养申请书和下列证件、证明材料：

（一）香港居民身份证、香港居民来往内地通行证或者香港同胞回乡证；

（二）经国家主管机关委托的香港委托公证人证明的收养人的年龄、婚姻、有无子女、职业、财产、健康、有无受过刑事处罚等状况的证明材料。

第六条 澳门居民中的中国公民申请办理成立收养关系的登记时，应当提交收养申请书和下列证件、证明材料：

（一）澳门居民身份证、澳门居民来往内地通行证或者澳门同胞回乡证；

（二）澳门地区有权机构出具的收养人的年龄、婚姻、有无子女、职业、财产、健康、有无受过刑事处罚等状况的证明材料。

第七条 台湾居民申请办理成立收养关系的登记时，应当提交收养申请书和下列证件、证明材料：

（一）在台湾地区居住的有效证明；

（二）中华人民共和国主管机关签发或签注的在有效期内的旅行证件；

（三）经台湾地区公证机构公证的收养人的年龄、婚姻、有无子女、职业、财产、健康、有无受过刑事处罚等状况的证明材料。

第八条 本规定自发布之日起施行。

五、社会法类

台湾香港澳门居民在内地就业管理规定

（2005年6月14日　劳动和社会保障部令第26号）

第一条　为维护台湾居民、香港和澳门居民中的中国公民（以下简称台、港、澳人员）在内地就业的合法权益，加强内地用人单位聘雇台、港、澳人员的管理，根据《中华人民共和国劳动法》和有关法律、行政法规，制定本规定。

第二条　本规定适用于在内地就业的台、港、澳人员和聘雇或者接受被派遣台、港、澳人员的内地企业事业单位、个体工商户以及其他依法登记的组织（以下简称用人单位）。

台湾、香港、澳门地区专家在内地就业的管理，国家另有规定的，从其规定。

第三条　本规定所称在内地就业的台、港、澳人员，是指：

（一）与用人单位建立劳动关系的人员；

（二）在内地从事个体经营的香港、澳门人员；

（三）与境外或台、港、澳地区用人单位建立劳动关系并受其派遣到内地一年内（公历年1月1日起至12月31日止）在同一用人单位累计工作三个月以上的人员。

第四条　台、港、澳人员在内地就业实行就业许可制度。用人单位拟聘雇或者接受被派遣台、港、澳人员的，应当为其申请办理《台港澳人员就业证》（以下简称就业证）；香港、澳门人员在内地从事个体工商经营的，应当由本人申请办理就业证。经许可并取得就业证的台、港、澳人员在内地就业受法律保护。

用人单位聘雇或者接受被派遣台、港、澳人员，实行备案制度。

就业证由劳动保障部统一印制。

第五条　用人单位聘雇或者接受被派遣台、港、澳人员，应当遵守国家的法律、法规。

第六条　用人单位拟聘雇或者接受被派遣的台、港、澳人员，应当具备下列条件：

（一）年龄18至60周岁（直接参与经营的投资者和内地急需的专业技术人员可超过60周岁）；

（二）身体健康；

（三）持有有效旅行证件（包括内地主管机关签发的台湾居民来往大陆通行证、港澳居民往来内地通行证等有效证件）；

（四）从事国家规定的职业（技术工种）的，应当按照国家有关规定，具有相应的资格证明；

（五）法律、法规规定的其他条件。

第七条　用人单位为台、港、澳人员在内地就业申请办理就业证，应当向所在地的地（市）级劳动保障行政部门提交《台湾香港澳门居民就业申请表》和下列有效文件：

（一）用人单位营业执照或登记证明；

（二）拟聘雇或者接受被派遣人员的个人有效旅行证件；

（三）拟聘雇或者接受被派遣人员的健康状况证明；

（四）聘雇意向书或者任职证明；

（五）拟聘雇人员从事国家规定的职业（技术工种）的，提供拟聘雇人员相应的职业资格证书；

（六）法律、法规规定的其他文件。

第八条　劳动保障行政部门应当自收到用人单位提交的《台湾香港澳门居民就业申请表》和有关文件之日起10个工作日内作出就业许可决定。对符合本规定第六条规定条件的，准予就业许可，颁发就业证；对不符合本规定第六条规定条件不予就业许可的，应当以书面形式告知用人单位并说明理由。

第九条　用人单位应当持就业证到颁发该证的劳动保障行政部门办理聘雇台、港、澳人员登记备案手续。

第十条　香港、澳门人员在内地从事个体工商经营的，由本人持个体经营执照、健康证明和个人有效旅行证件向所在地的地（市）级劳动保障行政部门申请办理就业证。劳动保障行政部门应当自收到香港、澳门人员提交的文件之日起5个工作日内办理。

第十一条 用人单位与聘雇的台、港、澳人员应当签订劳动合同，并按照《社会保险费征缴暂行条例》的规定缴纳社会保险费。

第十二条 用人单位与聘雇的台、港、澳人员终止或者解除劳动合同，或者被派遣台、港、澳人员任职期满的，用人单位应当自终止、解除劳动合同或者台、港、澳人员任职期满之日起10个工作日内，到原发证机关办理就业证注销手续。

在内地从事个体工商经营的香港、澳门人员歇业或者停止经营的，应当在歇业或者停止经营之日起30日内到颁发该证的劳动保障行政部门办理就业证注销手续。

第十三条 就业证遗失或损坏的，用人单位应当向颁发该证的劳动保障行政部门申请为台、港、澳人员补发就业证。

第十四条 台、港、澳人员的就业单位应当与就业证所注明的用人单位一致。用人单位变更的，应当由变更后的用人单位到所在地的地（市）级劳动保障行政部门为台、港、澳人员重新申请办理就业证。

第十五条 用人单位与聘雇的台、港、澳人员之间发生劳动争议，依照国家有关劳动争议处理的规定处理。

第十六条 用人单位聘雇或者接受被派遣台、港、澳人员，未为其办理就业证或未办理备案手续的，由劳动保障行政部门责令其限期改正，并可以处1000元罚款。

第十七条 用人单位与聘雇台、港、澳人员终止、解除劳动合同或者台、港、澳人员任职期满，用人单位未办理就业证注销手续的，由劳动保障行政部门责令改正，并可以处1000元罚款。

第十八条 用人单位伪造、涂改、冒用、转让就业证的，由劳动保障行政部门责令其改正，并处1000元罚款，该用人单位一年内不得聘雇台、港、澳人员。

第十九条 本规定自2005年10月1日起施行。原劳动部1994年2月21日颁布的《台湾和香港、澳门居民在内地就业管理规定》同时废止。

关于向台湾居民开放部分专业技术人员资格考试有关问题的通知

（2007年5月30日　人事部、国务院台湾事务办公室
国人部发［2007］78号）

各省、自治区、直辖市人事厅（局）、台办，国务院有关部委、有关直属机构人事部门：

海峡两岸专业技术人员的交流与合作，经与国务院有关部门研究，从今年起再向台湾居民开放15类（项）专业技术人员资格考试。现将开放专业技术人员资格考试的有关问题通知如下：

一、开放专业技术人员资格考试的15类（项）专业名称分别为：经济、会计、卫生、计算机技术与软件、质量管理、翻译、拍卖师、执业药师、棉花质量检验师、注册资产评估师（含珠宝评估专业）、房地产估价师、房地产经纪人、造价工程师、注册咨询工程师（投资）和注册税务师。

二、自本通知发布后，凡符合上述15类（项）专业技术人员资格考试报名条件的台湾居民，均可按照就近和自愿的原则，在大陆的任何省、自治区、直辖市相应专业考试考务管理机构指定的地点报名并参加考试。

三、需要报名参加相应专业考试的台湾居民，应按照人事部办公厅发布的本年度专业技术人员资格考试工作计划要求，并根据所在地的省级相应专业考试考务管理机构规定的报名日期、程序和相关要求，到当地考试报名机构办理考试报名手续。

四、在报名时，台湾居民应向当地考试报名机构提交《台湾居民来往大陆通行证》。凡本专业考试报名条件中有专业学历和从事相关专业工作年限规定的，还应提交国务院教育行政部门认可的相应专业学历或学位证书和本人工作单位出具的从事相应专业工作年限的证明。

经本专业考试考务管理机构审查合格后，向申请人核发准考证、安排考

场。申请人凭准考证在指定的时间、地点参加本专业考试。

五、由于部分专业考试科目的成绩实行滚动管理办法，台湾居民报名和参加同一专业各科目考试的地点应相对固定。确有特殊情况，需在异地报名并参加剩余科目考试的，在报名时应按规定向当地考试管理机构提交本人上次参加本专业考试的档案号，以便合成考试成绩和颁发资格证书。

六、各省、自治区、直辖市人事厅（局）、台办和相应专业考试管理机构，应积极做好台湾居民报名参加新开放的15类（项）专业技术人员资格考试的相关准备工作，并继续做好已开放的珠宝玉石质量检验师资格和注册建筑师资格考试的相关工作。在开展台湾居民参加专业技术人员资格考试的工作中，要严格执行国家的有关规定，提供热情周到的服务，确保台湾居民顺利有序地参加相应专业的考试。

本次开放考试的15类（项）专业技术人员资格制度规定中，有关条款与本通知精神不符的，以本通知为准。

关于再向台湾居民开放部分专业技术人员资格考试有关问题的通知

（2009年5月27日　人力资源和社会保障部、国务院台湾事务办公室公布）

各省、自治区、直辖市人力资源社会保障（人事、劳动保障）厅（局）、台办，国务院有关部委、有关直属机构人事部门：

为积极推动两岸关系和平发展，深化两岸专业技术人员的交流与合作，经与国务院各有关部门研究，人力资源社会保障部、国务院台办决定再向台湾居民开放10类（11项）专业技术人员资格考试。现将有关问题通知如下：

一、新开放的10类（11项）专业技术人员资格考试的名称分别为：统计、审计、价格鉴证师、社会工作者、国际商务、土地登记代理人、环境影响评价工程师、企业法律顾问、注册安全工程师、勘察设计领域的注册结构工程师和注册土木工程师（岩土）。

二、自本通知发布之日起，凡符合上述10类（11项）专业技术人员资格考试报名条件的台湾居民，均可按照就近和自愿原则，在大陆的任何省、自治区、直辖市相应专业考试考务管理机构指定的地点参加考试。

三、需要参加相应专业考试的台湾居民，应按照人力资源社会保障部办公厅印发的《2009年度专业技术人员资格考试工作计划》（人社厅发［2008］75号）安排，并根据所在地的省级相应专业考试考务管理机构规定的报名日期、报名地点和相关要求，到当地考试报名机构办理报名手续。

四、在报名时，台湾居民应向考试报名机构提交《台湾居民来往大陆通行证》。凡相应专业考试的报名条件中有专业学历和从事相关专业工作年限规定的，还应提交国务院教育行政部门认可的相应专业学历（学位）证书和本人工作单位出具的从事相应专业工作年限（或实践要求）的证明。

经考试考务管理机构审查合格后，向考试申请人核发准考证、安排考场。

申请人凭准考证指定的时间、地点参加本专业的考试。

五、由于部分专业考试科目的成绩实行滚动管理的办法，台湾居民报名和参加同一专业各科目考试的地点应相对固定。确有特殊情况，需在异地报名参加剩余科目考试的，在报名时应按规定向当地考试管理机构提交本人上次参加本专业其他科目考试所用的档案号，以便各科目考试成绩的合成和证书颁发。

六、各省、自治区、直辖市人力资源社会保障（人事、劳动保障）厅（局）、台办和相应专业考试考务管理机构应抓紧做好台湾居民报名参加新开放的10类（11项）专业技术人员资格考试的相关准备工作，并继续做好已开放的17类（项）考试的相关工作。

在开展台湾居民参加专业技术人员资格考试的工作中，要严格执行国家的有关规定，提供热情周到的服务，确保台湾居民顺利有序地参加相应专业的考试。

本次开放的10类（11项）专业技术人员资格考试制度规定中，有关条款与本通知精神不符的，以本通知为准。

关于台湾地区居民和获得国外医学学历的中国大陆居民参加医师资格考试有关问题的通知

（2007年4月3日　卫生部、国家中医药管理局公布）

各省、自治区、直辖市卫生厅局、中医药管理局，新疆生产建设兵团卫生局：

现将我国台湾地区居民和取得国外医学学历的中国大陆公民参加医师资格考试的有关问题通知如下。

一、关于我国台湾地区居民参加医师资格考试

自2007年起，具备下列条件、符合《中华人民共和国执业医师法》及其有关规定的台湾地区居民，可以报名参加大陆相应类别的医师资格考试。

（一）在台湾地区取得合法行医资质，其学历经过国家教育部留学服务中心认证的，可以报名参加医师资格考试。

（二）在台湾地区未取得合法行医资质，其学历经过国家教育部留学服务中心认证的，应当在大陆三级医院或台湾地区的医院实习期满一年并经实习医院考核合格的，可以报名参加医师资格考试。

（三）在台湾地区医院实习期满并经考核合格的台湾地区居民，可按照就近和自愿的原则，向大陆任何一个考点提出报考申请。在大陆三级医院实习的台湾地区居民应当向实习机构所在地的考点申请。报考提交材料参照《关于香港、澳门永久性居民参加国家医师资格考试的规定》执行。

（四）符合上述规定条件的台湾地区居民，可以申请参加临床、中医和口腔类别的医师资格考试。其考试方式、考试内容、分数线和收费标准，与报考同类别的大陆考生相同。其《医师资格证书》和《医师执业证书》的发放按照有关规定执行。

二、关于取得国外医学学历的中国大陆公民参加医师资格考试

中国大陆公民取得国外医学学历，其学历学位证书经教育部留学服务中

心认证，符合《中华人民共和国执业医师法》及其有关文件规定的，可以报名参加医师资格考试。

三、医师资格考试涉及境外学历的其他事项，按照《医师资格考试报名资格规定（2006）版》执行。

台湾地区医师获得大陆医师资格认定管理办法

（2009 年 4 月 15 日　卫生部　国家中医药管理局公布）

第一条　根据《中华人民共和国执业医师法》、《卫生部办公厅、国家中医药管理局办公室关于台港澳医师获得大陆医师资格有关问题的通知》及有关法律、法规，制定本办法。

第二条　本办法所称台湾地区医师，是指具有台湾地区合法行医资格并且是台湾地区永久性居民的医师。

台湾地区医师可申请获得的大陆医师资格类别为临床、中医、口腔。

第三条　同时具备下列条件并符合《中华人民共和国执业医师法》及其有关规定的台湾地区永久性居民，可申请大陆医师资格认定。

（一）2007 年 12 月 31 日前已取得台湾地区合法行医资格满 5 年的台湾地区永久性居民；

（二）具有台湾地区专科医师资格证书；

（三）在台湾地区医疗机构中执业。

第四条　申请医师资格认定，应当提交下列材料：

（一）台湾地区医师大陆医师资格认定申请审核表；

（二）6 个月内二寸免冠正面半身照片 2 张；

（三）台湾地区永久性居民身份证明材料；

（四）与拟申请医师资格类别相应的医学专业学历证明；

（五）台湾地区行医执照或者行医权证明；

（六）与拟申请医师资格类别相应的台湾地区专科医师执照或者专科医师资格证明；

（七）台湾地区相关医疗机构的在职证明或者执业登记证明；

（八）执业期内无不良行为记录的证明；

（九）无刑事犯罪记录的证明；

（十）省级以上人民政府卫生行政部门规定的其他材料。

前款（三）至（九）项的内容必须经过台湾地区公证机关的公证。

以上材料应当为简体或繁体中文文本或附中文译文。

第五条 省级卫生行政部门负责台湾地区医师申请大陆医师资格认定的受理、审核和认定工作。

第六条 省级卫生行政部门收到申请材料后，对申请人的申请材料进行验证并审核，并签署审核意见。

第七条 省级中医药管理部门负责台湾地区中医医师（包括中医、民族医、中西医结合）申请大陆医师资格认定的受理、审核和认定，由省级卫生行政部门颁发卫生部统一印制的《医师资格证书》。

第八条 省级卫生行政部门对取得《医师资格证书》的人员情况予以汇总，报卫生部备案。

第九条 取得大陆医师资格的台湾地区居民《医师资格证书》编码由年度代码、省、自治区、直辖市代码、医师级别代码、医师类别代码、居民有效证件号码和地区代码共27位组成。其中，第1－4位是取得医师资格证书年度代码，第5－6位是核发《医师资格证书》的省、自治区、直辖市代码，第7位是执业医师级别代码，第8－9位是执业医师类别代码。第10－19位是台湾地区居民身份证代码，第20－24位为“0”，第25－27位是TWN。

第十条 取得大陆《医师资格证书》的台湾地区居民申请在内地执业注册的，按照《医师执业注册暂行办法》（卫生部令第5号）执行。

第十一条 本办法自下发之日起施行。原有规定与本办法不符的，以本办法为准。

附：《台湾地区医师大陆医师资格认定申请审核表》（略）

台湾地区医师在大陆短期行医管理规定

（2008 年 3 月 12 日　卫生部令第 63 号公布）

第一条　为了加强台湾地区医师（以下简称台湾医师）在大陆短期行医的管理，根据《中华人民共和国执业医师法》（以下简称《执业医师法》）、《医疗机构管理条例》等法律、法规，制定本规定。

第二条　本规定所称台湾医师是指具有台湾地区合法行医资格的医师。台湾医师在大陆短期行医，是指台湾医师应聘在大陆医疗机构从事不超过 3 年的临床诊疗活动。

第三条　台湾医师在大陆短期行医应当按照本规定进行执业注册，取得《台湾医师短期行医执业证书》。《台湾医师短期行医执业证书》由卫生部统一制作。

第四条　台湾医师在大陆短期行医，应当符合大陆有关台湾地区人员的就业规定，由大陆具有独立法人资格的医疗机构邀请并作为聘用单位。

第五条　台湾医师在大陆短期行医的执业注册机关为医疗机构所在地设区的市级以上地方人民政府卫生行政部门和中医药管理部门。

台湾医师申请大陆短期行医执业注册的执业类别可以为临床、中医、口腔三个类别之一。执业范围应当符合《执业医师法》和卫生部有关执业范围的规定。

第六条　台湾医师申请在大陆短期行医执业注册，应当提交下列材料：

（一）台湾医师在大陆短期行医执业注册申请；

（二）台湾永久居民身份证明材料；

（三）近 6 个月内的 2 寸免冠正面半身照片 2 张；

（四）与申请执业范围相适应的医学专业最高学历证明；

（五）台湾医师的行医执照或者行医资格证明；

（六）近 3 个月内的体检健康证明；

（七）无刑事犯罪记录的证明；

（八）大陆聘用医疗机构与台湾医师签订的通讯协议书；

（九）大陆省级以上人民政府卫生行政部门规定的其他材料。

前款（四）、（五）、（六）、（七）项的内容必须经过台湾地区公证机关的公证。

以上材料应当为中文文本。

第七条 台湾医师可以自行办理或者书面委托大陆的聘用医疗机构代其办理短期行医执业注册手续。

第八条 负责受理台湾医师短期行医执业注册申请的执业注册机关应当自受理申请之日起20日内进行审核。对审核合格的予以注册，并发给《台湾医师短期行医执业证书》。

第九条 《台湾医师短期行医执业证书》有效期应与台湾医师在大陆医疗机构应聘的时间相同，最长为3年。有效期满后，如拟继续执业的，应当重新办理短期行医执业注册手续。

第十条 台湾医师在大陆短期行医必须遵守医疗卫生管理法律、行政法规、部门规章及诊疗护理规范、传统，尊重当地的风俗习惯。

第十一条 台湾医师在大陆短期行医必须在执业有效期内按照注册的执业地点、执业类别、执业范围从事相应的诊疗活动。

第十二条 台湾医师在大陆短期行医应当按照《医师定期考核管理办法》和卫生部有关规定接受定期考核。

第十三条 台湾医师短期行医执业注册后有下列情形之一的，聘用的医疗机构应当在30日内报告准予其执业注册的卫生行政部门，卫生行政部门应当注销注册，收回《台湾医师短期行医执业证书》：

（一）医疗机构和台湾医师解除聘用关系的；

（二）身体健康状况不适宜继续执业的；

（三）在考核周期内因考核不合格，被责令暂停执业活动，并在暂停执业活动期满经培训后再次考核仍不合格的；

（四）违反《执业医师法》有关规定，被吊销《台湾医师短期行医执业证书》的；

（五）出借、出租、抵押、转让、涂改《台湾医师短期行医执业证书》的；

（六）死亡或者被宣告失踪的；

（七）受刑事处罚的；

（八）被公安机关取消大陆居留资格的；

（九）卫生部规定不宜从事医疗、预防、保健业务的其他情形的。

第十四条 台湾医师因本办法第十三条第（三）项、第（四）项、第（七）项、第（八）项情形而被注销执业注册的，2 年内不得再次申请在大陆短期行医。

第十五条 卫生部指定的机构设立台湾医师短期行医信息查询系统。

执业注册机关在审核台湾医师短期行医执业注册申请时应当进行有关信息查询。

执业注册机关核发或者注销《台湾医师短期行医执业证书》后 10 日内将有关信息向卫生部指定的查询机构备案。

聘用台湾医师短期行医的医疗机构应当将台湾医师考核和执业情况向注册机关和卫生部指定的查询机构报告。

第十六条 台湾医师在大陆短期行医期间发生医疗事故争议的，按照《医疗事故处理条例》及有关规定处理。

第十七条 医疗机构聘用未经大陆短期行医执业注册的台湾医师从事诊疗活动，视为聘用非卫生技术人员，按照《医疗机构管理条例》第四十八条规定处理。

第十八条 台湾医师未取得《台湾医师短期行医执业证书》行医或者未按照注册的有效期从事诊疗活动的，按照《执业医师法》第三十九条规定处理。

第十九条 台湾医师未按照注册的执业地点、执业类别、执业范围从事诊疗活动的，由县级以上人民政府卫生行政部门责令改正，并给予警告；逾期不改的，按照《执业医师法》第三十七条第（一）项规定处理。

第二十条 取得大陆《医师资格证书》的台湾居民申请在大陆执业注册的，按照《医师执业注册暂行办法》执行。

第二十一条 本规定自 2009 年 3 月 1 日起施行。

关于取得内地医学专业学历的台湾、香港、澳门居民申请参加国家医师资格考试有关问题的通知

（2001年9月3日　卫生部、国家中医药管理局、公安部、国务院台湾事务办公室、国务院港澳事务办公室　卫医［2001］249号公布）

各省、自治区、直辖市卫生厅局，中医（药）管理局，公安厅局，台办、港澳办：

根据《中华人民共和国执业医师法》及有关法律、法规的规定，现就取得内地医学专业学历的台湾、香港、澳门居民申请参加国家医师资格考试的有关问题通知如下，请遵照执行。

一、本通知所称内地医学专业学历系指国务院教育行政主管部门认可的内地全日制普通医学专业本科以上学历。

二、台湾、香港、澳门居民取得内地医学专业学历后，若申请参加国家医师资格考试，还应同时具备下列条件：

（一）所学专业符合中国医师资格考试报名资格规定；

（二）取得规定学历后，在内地的医疗机构内，在执业医师指导下接受参加医师资格考试所需的专业训练（以下称“实习”）满一年。

三、台湾、香港、澳门居民可申请参加的中国医师资格考试类别为临床、中医、口腔。

四、台湾、香港、澳门居民在取得内地医学专业学历后，可以向提供其学历教育的所在高等院校提出实习申请，并填写《台湾、香港、澳门居民参加国家医师资格考试实习申请审核表》（见附件）。

提供台湾、香港、澳门居民医学专业学历教育的高等院校收到申请后，按有关规定进行审查。同意后，向申请者发出接受实习通知书。

获准实习的台湾、香港、澳门居民应当在指定机构内不间断完成一年期

限的实习。

五、可接受台湾、香港、澳门居民实习的内地机构，必须是提供台湾、香港、澳门居民内地医学专业学历教育的高等院校附属医院。

六、台湾、香港、澳门居民在内地实习期间，按内地有关法律、法规进行管理。

七、获准实习的台湾居民应当持院校接受实习通知书、来往祖国大陆的有效证件及签注，到实习所在地市、县公安机关出入境管理部门办理相应期限的多次出入境签注及暂住加注手续。

获准实习的香港、澳门居民直接持来往内地的有效证件入出境。

八、符合本通知第一、二条规定的台湾、香港、澳门居民，申请参加中国医师资格考试，应当按照《中华人民共和国执业医师法》和卫生部颁布的《医师资格考试暂行办法》等有关规定，在公告规定的期限内，到实习机构所在地的医师资格考试考点办公室报名，并提交相关材料。经审查符合报考条件的，由考点发放《准考证》。

九、取得国家医师资格考试《准考证》的台湾、香港、澳门居民，方可参加国家医师资格考试。

考试成绩合格的，按规定授予医师资格，由省级卫生行政部门颁发卫生部统一印制的《医师资格证书》。

十、已参加中国医师资格考试而未能通过的台湾、香港、澳门居民，如果再次申请参加考试，并按照有关规定须重新进行实习的，应当按照本通知的要求重新申请实习。

十一、本通知印发前已取得内地医学专业学历，并在提供台湾、香港、澳门居民内地医学专业学历教育的高等院校附属医院接受专业训练，时间满一年的台湾、香港、澳门居民，可以申请参加国家医师资格考试。

十二、从 2002 年中国医师资格考试报名开始起，接受符合本通知规定条件的台湾、香港、澳门居民参加中国医师资格考试的申请。

港澳台地区居民及外国籍公民参加中华人民共和国注册会计师统一考试办法

（1999 年 2 月 5 日发布　财政部财协字［1999］12 号）

第一条　根据《中华人民共和国注册会计师法》的规定，制定本办法。

第二条　中华人民共和国注册会计师统一考试的组织领导机构为财政部注册会计师考试委员会（以下简称全国考试委员会），全国考试委员会办公室（以下简称全国考试办公室）设在中国注册会计师协会，具体负责考试组织工作。

第三条　本办法适用于香港、澳门、台湾地区居民及按互惠原则确认的外国籍公民。

第四条　具有全国考试委员会认可的境内、外高等专科以上学校毕业的学历或已取得境外法律认可的注册会计师资格（或其他相应资格）的人员，可申请参加中国注册会计师考试。

第五条　考试科目为会计、审计、财务成本管理、经济法、税法。

考试范围在全国考试委员会发布的《考试大纲》中确定。

第六条　报名时限、地点，具体科目考试时间在《报名简章》中规定。

第七条　报名人员可以在一次考试中同时报考 5 个科目，也可以选择报考部分科目。

第八条　报名人员报名时需交纳报名及考务费。每科 80 美元现钞（或等值人民币）。

第九条　全国考试办公室根据《考试大纲》组织编写、出版考试辅导教材和有关参考资料，免费向报名人员提供。

全国考试办公室根据需要，为报名人员集中举办考前辅导班。

有关考试辅导教材和参考资料的版权事项，按中国法律、法规办理。

严禁其他任何单位和个人以全国或地方考试委员会、考试办公室、考试委员会委员或考试命题专家的名义举办考前辅导班。

第十条 考试方式为闭卷、笔试。试题文字使用中文简体字。答题应使用中文，简、繁体不限。

第十一条 全国考试委员会为报名人员集中设定考场，组织考试。

第十二条 全国考试委员会及其办公室制定的有关考试规则适用于港澳台地区及外国籍报名人员。

第十三条 每科考试均实行百分制，60 分为成绩合格分数线。

第十四条 试卷由全国考试办公室集中组织评阅，考试成绩由全国考试委员会认定，由全国考试办公室通知考生。

第十五条 全国考试委员会向全部应考科目成绩合格者，颁发全科合格证书。取得全科合格证书者，可申请成为中国注册会计师协会会员。

第十六条 中国注册会计师与境外相应资格的相互认可或对等免试事宜，按国际惯例和中国法律办理。

第十七条 本办法由全国考试委员会负责解释。

第十八条 本办法自发布之日起执行。

港、澳、台地区会计师事务所来内地临时执行审计业务的暂行规定

（1994年5月26日　财政部［1994］财会协字第81号）

一、根据《中华人民共和国注册会计师法》第四十四条第二款的规定，制定本规定。

二、本规定适用于来内地临时执行审计业务的香港、澳门、台湾地区会计师事务所和注册会计师。

三、凡未在内地设立可以承办审计业务机构的香港、澳门、台湾地区的会计师事务所和注册会计师，接受事务所所在地区或中国境外委托人委托，需要在内地临时办理审计业务的，应向办理审计业务所在地的省级财政部门提出书面申请；跨省（自治区、直辖市）临时办理审计业务，应向财政部提出申请，经批准后方可执行业务。财政部门委托注册会计师协会办理审批事宜。

四、要求办理临时执业许可证申请的书面内容及格式，由中国注册会计师协会统一制定，各地不再发布补充规定。

五、要求办理临时许可证的会计师事务所，应提交书面申请，同时附送该会计师事务所所在地区的开业证书副本，有关人员执业资格或合法身份的有效证明副本，以及委托人委托证明副本。经审查同意后，由审批单位发给中华人民共和国财政部统一制定的“港、澳、台地区会计师事务所临时执行审计业务许可证”。

六、香港、澳门、台湾地区的会计师事务所和注册会计师，经批准来内地临时执行审计业务，仅限于事务所所在地区或中国境外委托人委托之审计业务，只对内地以外的委托者负责，其所出具的报告，在内地不具有效力。中国法律、法规规定应由内地会计师事务所注册会计师执行的业务，香港、澳门、台湾地区的会计师事务所和注册会计师不得办理。

七、香港、澳门、台湾地区会计师事务所和注册会计师，来内地临时执行审计业务，应事先征得被审计单位董事会或其他管理机构同意，并在申请时予以说明。其所收取的费用，由委托者负担。

八、临时执业许可证的有效期自许可证发给之日起，半年内有效，逾期应另行申请批准。许可证持有者在有效期内从事审计业务，可不限于原申请项目，但事后应将非申请项目的有关情况书面报告审批机关。

九、临时执业许可证以会计师事务所为单位办理申请手续。经批准后，在许可证有效期内，更换、增派人员，但应向原审批单位报告备案，并附送新增或更换人员的资格证明。

十、申请临时执业获得批准后，申领许可证时，应向审批单位缴纳许可证费200美元。省级审批单位在每年1月31日及7月31日前，将收取的许可证费的40%上缴中国注册会计师协会。

十一、各地审批单位在接到书面申请10天内，应确定批准或不批准。同时应加强检查、监督，发现未按规定办理许可证而执行审计业务的港、澳、台地区会计师事务所和注册会计师，按《中华人民共和国注册会计师法》第四十条的规定，责令停止违法活动。并处400美元以上1000美元以下罚款，连续三次以上，五年以内禁止其到内地执行注册会计师的一切业务。

十二、本规定自1994年7月1日起实施。

《港、澳、台地区会计师事务所来内地临时执行审计业务的暂行规定》的补充规定

（2003 年 11 月 26 日　财政部　财会［2003］33 号）

为促进香港、澳门与内地建立更紧密经贸关系，根据国务院批准的《内地与香港关于建立更紧密经贸关系的安排》和《内地与澳门关于建立更紧密经贸关系的安排》，现就《港、澳、台地区会计师事务所来内地临时执行审计业务的暂行规定》［（94）财会协字第 81 号］做如下补充规定：

一、凡未在内地设立可以承办审计业务机构的香港、澳门、台湾地区会计师事务所，接受事务所所在地区或中国境外委托人委托，需要在内地临时办理审计业务的，应向办理审计业务所在地的省级财政部门提出书面申请，跨省（自治区、直辖市）临时办理审计业务，应向财政部提出申请，经批准后方可执行业务。

二、香港会计师事务所、澳门核数公司申请临时执行审计业务许可证自颁发之日起一年内有效。

三、申请临时执业的香港、澳门、台湾地区会计师事务所领取许可证时不再缴纳费用。

四、本补充规定自 2004 年 1 月 1 日起施行。

关于台湾居民参加全国房地产估价师资格考试报名条件有关问题的通知

（2007年8月9日人事部办公厅、建设部办公厅国人厅发［2007］16号）

各省、自治区、直辖市人事厅（局）、建设厅（建委、房地局），新疆生产建设兵团人事局、建设局：

根据人事部、国务院台湾事务办公室《关于向台湾居民开放部分专业技术人员资格考试有关问题的通知》（国人部发［2007］78号）精神，为做好台湾居民报名参加全国房地产估价师资格考试工作，现就报名条件中有关房地产估价相关学科专业学历问题通知如下：

一、符合建设部、人事部联合下发的《房地产估价师执业资格制度暂行规定》（建房［1995］147号）中考试报名条件的台湾居民，均可按照就近、自愿的原则和规定的程序，在大陆任何省、自治区、直辖市房地产估价师考试考务管理机构指定的地点，报名参加全国房地产估价师资格考试。

二、经国务院教育行政部门认可的，台湾院校的不动产估价、不动产经营、土地管理、建筑、都市计划（或区域及都市计划）和不动产管理与开发学科的专业学历证书，可视同为全国房地产估价师资格考试报名条件中相关学科的专业学历。

请各省、自治区、直辖市人事行政部门和建设行政主管部门按照国人部发［2007］78号文件精神和本通知要求，认真做好台湾居民报名参加考试及有关工作。

台湾地区居民取得注册建筑师资格的具体办法

（2006年12月4日　人事部、建设部、国务院台湾事务办公室
国人部发［2006］131号）

台湾地区居民可通过参加全国统一考试方式取得相应级别注册建筑师资格证书。台湾地区部分知名资深建筑师可通过一次性评估认定方式取得一级注册建筑师资格证书。

一、通过全国统一考试方式取得注册建筑师资格

（一）考试报名条件

在大陆工作的台湾地区居民（以下简称台湾居民），符合注册建筑师条例和全国注册建筑师管理委员会规定的考试报名条件，均可报名参加全国一级、二级注册建筑师资格的考试。

（二）考试科目与成绩管理

1. 一级注册建筑师资格考试设《设计前期与场地设计》、《建筑设计》、《建筑结构》、《建筑物理与建筑设备》、《建筑材料与构造》、《建筑经济、施工与设计业务管理》、《建筑方案设计（作图）》、《建筑技术设计（作图）》和《场地设计（作图）》9个科目。各科目考试合格成绩实行5年滚动管理。在连续5个考试年度内，通过全部（9个）科目的考试，方可获得一级注册建筑师资格证书。

2. 二级注册建筑师资格考试设《建筑结构与设备》、《法律、法规、经济与施工》、《场地与建筑设计（作图）》和《建筑构造与详图（作图）》4个科目。各科目考试合格成绩实行2年滚动管理。在连续2个考试年度内，通过全部（4个）科目的考试，方可获得二级注册建筑师资格证书。

（三）考试有关要求

1. 申请参加注册建筑师资格考试的台湾居民，可按照就近和自愿的原则，向大陆的任何省、自治区、直辖市注册建筑师资格考试考务管理机构提出申请，由该省（区、市）注册建筑师管理委员会进行报名资格审查。经审查合格，由考试考务管理机构核发准考证并安排考场。申请人凭准考证在指定的时间、地点参加考试。

2. 台湾居民在报名时，应提交《台湾居民来往大陆通行证》、所在建设工程设计单位出具的职业年限证明、国务院教育行政部门认可的建筑学专业学历或学位。

3. 对一级注册建筑师资格考试报名条件中有关“完成规定的职业实践”的要求，按照全国注册建筑师管理委员会规定的办法掌握。

4. 由于全国注册建筑师资格考试各科目成绩均实行滚动管理，台湾居民报名和参加考试的地点应相对固定。确因工作原因，需到异地继续参加全国注册建筑师资格剩余科目考试的，在异地报名时，应向当地省（区、市）级注册建筑师资格考试考务管理机构提交本人上次参加相应级别注册建筑师资格考试的档案号，以便合成考试成绩和发放资格证书。

5. 台湾居民参加全国注册建筑师资格考试全部科目合格后，应在最后一个考试科目通过地的省、自治区、直辖市人事厅（局）办理领取相应级别资格证书手续。

6. 注册建筑师资格考试费按照《国家计委办公厅关于调整注册建筑师和注册结构工程师考试、注册收费标准的通知》（计办价格〔2000〕299号）规定执行。考试报名费按照参加考试所在地省（区、市）价格部门批准的标准执行。

二、通过一次性评估认定方式取得一级注册建筑师资格

对部分符合一级注册建筑师资格评估认定条件的台湾地区知名资深建筑师，开展一次性评估认定工作，经评估认定合格人员，可获得一级注册建筑师资格证书。具体时间和安排另行通知。

（一）评估认定的基本条件

1. 取得国务院教育行政部门认可的建筑学专业大学本科以上学历；

2. 从事建筑设计工作满20年，并主持过大型工程项目的建筑设计工作

不少于3项（参照大陆建设工程项目规模划分标准）；

3. 具有大陆建筑设计工作经历，参与或合作完成民用建筑工程中型及以上工程项目不少于2项；

4. 参加大陆相关法律法规培训，并经测试合格。

（二）培训与测试

1. 培训（含测试）时间为2天，采用普通话授课方式进行。培训内容包括：相关法律、相关法规、部门规章和制度要求4个部分。

2. 测试包括笔试和面试，笔试时间为120分钟，采用汉语纸笔作答方式进行。面试时间为30分钟。

（三）评估认定工作程序

1. 符合评估认定基本条件的申请人，可向全国注册建筑师管理委员会提交有关评估认定的申请材料。

2. 由全国注册建筑师管理委员会按照规定条件，对申请参加评估认定一级注册建筑师资格的台湾地区知名资深建筑师材料进行审查。

3. 经全国注册建筑师管理委员会审查合格的人员，方可参加全国注册建筑师管理委员会组织进行的相关培训与测试。

4. 参加培训并测试合格的，由全国注册建筑师管理委员会报人事部、建设部、国务院台湾事务办公室批准，颁发一级注册建筑师资格证书，并向社会公布获得资格证书人员名单。

（四）注册执业申请

通过评估认定取得一级注册建筑师资格证书、并在大陆工作的人员，可向全国注册建筑师管理委员会提出注册申请。由全国注册建筑师管理委员会按照注册建筑师条例有关要求对其申请注册的材料进行审核，对符合条件的申请人颁发一级注册建筑师注册证书和执业印章。

台湾居民参加国家司法考试若干规定

（2008 年 5 月 28 日　司法部部务会议审议通过　2008 年 6 月 4 日
中华人民共和国司法部令第 110 号）

第一条　为规范台湾居民参加国家司法考试，根据《国家司法考试实施办法（试行）》，制定本规定。

第二条　具有台湾地区居民身份的人员可以报名参加国家司法考试。

第三条　台湾居民参加国家司法考试的报名条件、报名时间、报名方式、考试科目、考试内容、考试时间、应试规则、合格标准以及合格后授予国家法律职业资格的办法，适用《国家司法考试实施办法（试行）》以及有关国家司法考试规章的统一规定。

台湾居民参加国家司法考试的报名地点、考试地点以及考试合格申请授予资格的方式，按照本规定以及司法部有关台湾居民参加考试的年度安排执行。

第四条　台湾居民报名参加国家司法考试，在大陆工作、学习或者居住的，应当在其居所地司法行政机关指定的报名点报名；在香港、澳门工作、学习或者居住的，应当在香港、澳门向承办考试组织工作的机构报名；在台湾地区或者外国工作、学习或者居住的，应当到司法部在大陆指定的报名点报名。

第五条　台湾居民在考试报名时，应当向受理报名的机构提交以下证明其符合本规定第二条规定条件的有效身份证明：

台湾居民来往大陆通行证（简称台胞证）和台湾居民身份证；

不能提交台湾居民来往大陆通行证的，应当提交台湾居民身份证和户籍誊本或者户口名簿。提交户籍誊本或者户口名簿复印件的，须经台湾地区公证机构公证。

受理报名的机构认为必要时，可以要求报名人同时提交其他有关证明。

第六条 台湾居民在考试报名时，持大陆高等院校学历（学位）证书的，可以向受理报名的机构直接办理报名手续；持台湾、香港、澳门地区高等院校或者外国高等院校学历（学位）证书报名的，须同时提交经教育部有关机构出具的学历（学位）认证证明。

第七条 台湾居民参加国家司法考试，在大陆报名的，应当在报名地司法行政机关设置的考场参加考试；在香港、澳门报名的，应当在香港、澳门承办考试组织工作的机构所确定的本地考场参加考试。

第八条 台湾居民参加国家司法考试合格的，可以根据《法律职业资格证书管理办法》的规定，申请授予法律职业资格。

在大陆报名参加考试合格的人员，向报名地司法行政机关递交申请及有关材料，由其按照规定程序审查上报。

在香港、澳门报名参加考试合格的人员，向司法部委托的承办资格申请受理事务的大陆驻港澳机构递交申请及有关材料，由其按照规定程序上报司法部进行审查。

第九条 台湾居民取得国家法律职业资格，在大陆申请律师执业的，依照司法部有关规定办理。

第十条 台湾居民报名参加国家司法考试的具体安排，由司法部在年度国家司法考试公告以及国家司法考试办公室相关文件中公布。

第十一条 本规定由司法部解释。

第十二条 本规定自发布之日起施行。

取得国家法律职业资格的台湾居民在大陆从事律师职业管理办法

（2008 年 12 月 12 日司法部部务会议审议通过
2008 年 12 月 21 日　中华人民共和国司法部令第 115 号）

第一条　为规范取得国家法律职业资格的台湾居民在大陆从事律师职业的活动及管理，根据《中华人民共和国律师法》（以下简称《律师法》）及《律师执业管理办法》的有关规定，制定本办法。

第二条　参加国家司法考试合格，取得《中华人民共和国法律职业资格证书》的台湾居民，可以依法在大陆申请律师执业。

台湾居民在大陆申请律师执业，还应当符合《律师法》规定的其他条件。

第三条　台湾居民获准在大陆律师事务所执业，可以担任法律顾问、代理、咨询、代书等方式从事大陆非诉讼法律事务，也可以担任诉讼代理人的方式从事涉台婚姻、继承的诉讼法律事务。

台湾居民在大陆律师事务所执业，应当遵守国家法律、法规和规章，恪守律师职业道德和执业纪律，接受大陆司法行政机关的监督和管理，接受大陆律师协会的行业管理。

第四条　台湾居民在大陆申请律师执业的，应当根据《律师法》、《律师执业管理办法》和中华全国律师协会制定的《申请律师执业人员实习管理规则》的规定，在大陆律师事务所参加为期一年的实习，并经当地地方律师协会考核合格。

台湾居民在大陆律师事务所实习，应当按照规定参加集中培训和实务训练，实务训练以办理非诉讼法律事务及代理婚姻、继承案件的训练为主，并遵守有关实习规定和纪律。

接收台湾居民实习的律师事务所应当指派擅长办理相关业务的律师指导

实务训练。一名指导律师只能指导一名台湾居民实习。

台湾居民实习，应当确保参加实习的时间。因故暂停实习的时间最长不得超过三个月，并应当由接收实习的律师事务所将其暂停实习的原因和时间报所在地地市级律师协会备案。

第五条 台湾居民申请律师执业，应当根据《律师法》和《律师执业管理办法》的有关规定，向设区的市级或者直辖市的区（县）司法行政机关提出申请，并提交与申请执业相关的证明材料。

台湾居民申请律师执业，提交的身份证明和其他在台湾地区出具的证明材料应当经台湾地区的公证机构公证，同时还应当书面说明是否具有台湾、香港、澳门地区或者外国律师资格以及是否受聘于台湾、香港、澳门地区或者外国律师事务所的情况。

第六条 台湾居民申请律师执业，由设区的市级或者直辖市的区（县）司法行政机关受理申请，并进行初审，报省、自治区、直辖市司法行政机关审核，作出是否准予执业的决定。具体许可程序，根据《律师法》和《律师执业管理办法》的规定办理。

第七条 台湾居民获准在大陆执业的，由准予其执业的省、自治区、直辖市司法行政机关自颁发律师执业证书之日起三十日内，将准予执业的决定及相关材料报司法部备案。

第八条 台湾居民在大陆律师事务所执业，依法享有大陆律师相应的执业权利，履行相应的律师义务。

第九条 获准执业的台湾居民，只能在一个大陆律师事务所执业，不得同时受聘于外国律师事务所驻华代表机构或者香港、澳门律师事务所驻内地代表机构。

第十条 获准执业的台湾居民，符合规定条件的，可以成为大陆律师事务所的合伙人。

第十一条 获准执业的台湾居民，应当加入大陆律师协会，享有会员的权利，履行会员的义务，参加大陆律师协会组织的业务培训和交流活动。

第十二条 获准执业的台湾居民，有违反《律师法》、《律师执业管理办法》和本办法规定的行为的，依法给予相应的行政处罚；有违反律师职业道德和执业纪律行为的，给予相应的行业惩戒。

第十三条 在实行国家司法考试前已取得大陆律师资格的台湾居民，在大陆申请律师执业的，依照本办法办理。

第十四条 本办法自2009年1月1日起施行。

台湾地区律师事务所在福州厦门设立代表机构试点工作实施办法

（2010 年 9 月 13 日　福建省司法厅发布）

第一章　总　则

第一条　为了规范台湾地区律师事务所在福州、厦门设立代表机构（以下简称代表处）的试点工作，根据国家有关法律、法规的规定和司法部的有关要求，结合福建省律师工作实际，制定本办法。

第二条　台湾地区律师事务所在福州、厦门申请设立代表处，并从事法律服务活动，适用本办法。

第三条　代表处及其代表从事法律服务活动，应当遵守国家法律、法规和规章，恪守律师职业道德和执业纪律，不得损害国家安全和社会公共利益。

第二章　代表处的设立、变更和注销

第四条　台湾地区律师事务所在福州、厦门设立代表处、派驻代表，应当经福建省司法厅审查，报司法部审核。

台湾地区律师事务所、其他组织或者个人不得以咨询公司或者其他名义在福州、厦门从事法律服务活动。

第五条　台湾地区律师事务所申请在福州、厦门设立代表处、派驻代表，应当具备下列条件：

（一）该律师事务所已在台湾地区合法执业，并且没有因违反律师职业道德、执业纪律受过处罚；

（二）代表处的代表应当是执业律师和台湾地区律师公会会员，并且已在大陆以外执业不少于 2 年，没有受过刑事处罚或者没有因违反律师职业道德、执业纪律受过处罚；其中，首席代表已在大陆以外执业不少于 3 年，并且是该律师事务所的合伙人或者是相同职位的人员；

（三）有在福州、厦门设立代表处开展法律服务业务的实际需要。

第六条 台湾地区律师事务所申请在福州、厦门设立代表处，应当提交下列文件材料：

（一）该律师事务所主要负责人签署的设立代表处、派驻代表的申请书；

（二）该律师事务所在台湾地区已经合法设立的证明文件；

（三）该律师事务所的合伙协议或者成立章程以及负责人、合伙人名单；

（四）该律师事务所给代表处各拟任代表的授权书，以及拟任首席代表系该律师事务所合伙人或者相同职位人员的确认书；

（五）代表处各拟任代表的律师执业资格以及拟任首席代表已在大陆以外执业不少于 3 年、其他拟任代表已在大陆以外执业不少于 2 年的证明文件；

（六）台湾地区律师公会出具的该代表处各拟任代表为本地区律师公会会员的证明文件；

（七）台湾地区律师管理机构出具的该律师事务所以及各拟任代表没有受过刑事处罚和没有因违反律师职业道德、执业纪律受过处罚的证明文件。

前款所列文件材料，应当经台湾地区公证机构或公证人公证并经福建省公证协会验核。

申请材料应当一式三份，分别装订成册。

第七条 台湾地区律师事务所申请设立代表处应当向福州市或厦门市司法局提交申请材料。

福州市、厦门市司法局对申请材料齐全、符合法定形式的应当及时受理，并出具受理通知书；对申请材料不齐全或者不符合法定形式的，应当当场或者自收到申请材料 5 日内一次性告知申请人需要补正的全部内容；逾期不告知的，视为受理。

福州市、厦门市司法局应当自受理申请之日起 7 日内将申请材料报福建省司法厅审查。福建省司法厅应当自收到申请材料之日起 2 个月内审查完毕，并将审查意见连同申请材料报送司法部审核。

符合设立条件的，由福建省司法厅发给代表处执业执照，发给其代表执业证书。

不符合设立条件的，由福建省司法厅书面告知申请人理由。

第八条 台湾地区律师事务所拟设立的代表处的名称应当由“台湾地区律师事务所名称、驻大陆城市名称、代表处”三部分内容依次组成。

第九条 代表处及其代表，应当持执业执照、执业证书在福建省司法厅办理注册手续后，方可开展本办法规定的法律服务活动。代表处及其代表每年应当注册一次。

福建省司法厅应当自收到注册申请之日起2日内办理注册手续。

第十条 代表处应当按照有关法律、行政法规的规定，办理有关的税务、银行、外汇等手续。

第十一条 台湾地区律师事务所需要变更代表处名称、减少代表的，应当事先向福州市、厦门市司法局提交其主要负责人签署的申请书和有关的文件材料。经福建省司法厅核准，减少代表的，收回不再担任代表的人员的执业证书；变更代表处名称的，发给变更名称后的执业执照，收回代表处原执业执照，并应当自做出变更决定之日起30日内报司法部备案。

代表处分立、合并或增加新任代表的，应当按照本办法有关代表处设立程序的规定办理。

第十二条 代表处的代表有下列情形之一的，由福建省司法厅报司法部批准后收回其执业证书，并相应注销其执业注册：

（一）按照本办法第六条第五项规定提供的律师执业资格失效的；

（二）被所属的台湾地区律师事务所取消代表资格的；

（三）执业证书或者所在的代表处的执业执照被依法吊销的。

第十三条 代表处有下列情形之一的，由福建省司法厅报司法部批准后，收回其执业执照，并相应注销其执业注册：

（一）所属的台湾地区律师事务所已经解散或者被注销的；

（二）所属的台湾地区律师事务所申请将其注销的；

（三）已经丧失本办法第五条规定条件的；

（四）执业执照被依法吊销的。

依照前款规定注销的代表处，应当依法进行清算；债务清偿完毕前，其财产不得转移至大陆以外。

第三章　业务范围和规则

第十四条　代表处及其代表，只能从事不包括大陆法律事务的下列法律服务活动：

（一）向当事人提供台湾地区法律咨询，已获准从事律师执业业务的其他国家、地区的法律咨询，有关商事性条约及惯例的咨询；

（二）接受当事人或者大陆律师事务所的委托，办理台湾地区法律事务；

（三）代表台湾地区当事人，委托大陆律师事务所办理大陆法律事务；

（四）通过订立合同与大陆律师事务所保持长期的委托关系办理法律事务。

代表处及其代表不得从事本条上述规定以外的其他法律服务活动或者其他营利活动。

第十五条　代表处依法设立后，不得在福州、厦门以外的大陆其他地区另行设立固定执业场所、派驻工作人员。

第十六条　代表处不得聘用大陆执业律师；聘用的辅助人员不得为当事人提供法律服务。

第十七条　代表处及其代表在执业活动中，不得有下列行为：

（一）提供虚假证据、故意隐瞒事实或者威胁、利诱他人提供虚假证据、故意隐瞒事实以及妨碍对方当事人合法取得证据；

（二）利用法律服务的便利，收受当事人的财物或者其他利益；

（三）泄露当事人的商业秘密或者个人隐私。

第十八条　代表处的代表不得同时在两个以上的台湾地区律师事务所代表处担任或者兼任代表，不得同时在港澳律师事务所驻内地代表处或者外国律师事务所驻华代表处担任或者兼任代表。

第十九条　代表处的代表每年在大陆居留的时间不得少于 6 个月；少于 6 个月的，下一年度不予注册。

第二十条　代表处从事本办法规定的法律服务，可以向当事人收取费用。收取的费用必须在大陆结算。

第四章 监 督 管 理

第二十一条 福建省司法厅在司法部的指导下负责对代表处及其代表从事法律服务的活动实施日常监督管理。

福州市、厦门市司法局协助福建省司法厅对代表处及其代表实施日常监督管理。

第二十二条 代表处应当于每年3月31日前向福州市、厦门市司法局提交执业执照和代表执业证书的副本以及下列上一年度检验材料，接受年度检验。福州市、厦门市司法局应于每年4月10日前将检验材料报福建省司法厅进行年度检验：

（一）开展法律服务活动的情况，包括委托大陆律师事务所办理法律事务的情况；

（二）经会计师事务所或者审计事务所审计的代表处年度财务报表，以及在大陆结算和依法纳税凭证；

（三）代表处的代表变动情况和雇用大陆辅助人员情况；

（四）代表处的代表在大陆的居留情况；

（五）代表处及其代表注册情况；

（六）履行本办法规定义务的其他情况。

福建省司法厅对代表处进行年度检验后，应当将检验意见报送司法部备案。

第二十三条 代表处或者代表有违反国家法律、法规、规章和本办法规定行为的，由福建省司法厅依照有关规定给予相应的行政处罚；情节严重的，报司法部批准后吊销代表处执业执照或者代表执业证书；构成犯罪的，依法追究其刑事责任。

第二十四条 福建省司法厅在实施管理过程中，对代表处及其代表收取的注册费、年度检验费、罚款、没收的违法所得，应当严格依照有关法律、行政法规和国务院有关部门的规定执行。

第二十五条 司法行政机关工作人员在实施管理过程中，有违法违纪、玩忽职守、滥用职权的，应当依法给予相应的行政处分；构成犯罪的，依法追究刑事责任。

附　　则

第二十六条　本办法自 2010 年 9 月 15 日起施行。

六、诉讼法类

（一）综　合

关于人民法院处理涉台民事案件的几个法律问题

（1988年8月9日　最高人民法院公布）

一、关于婚姻问题

一些去台人员，由于夫妻长期隔离在海峡两岸，家庭发生了变异：有的单方在大陆依法办理了离婚手续；有的一方或者双方已经再婚，或者长期与他人以夫妻的名义同居生活，生育了子女，等等。对这种由于特殊的历史原因造成的婚姻纠纷，我们将充分考虑海峡两岸人民长期分离的实际情况，从有利于稳定婚姻家庭关系的现状出发，根据我国婚姻法一夫一妻制的基本原则，妥善处理。这类案件有以下几种情况：

第一，对已经人民法院判决离婚的案件，不论是单方诉讼还是双方诉讼，也不论对方是否接到判决书，法院的判决都是有效的。如果双方均未再婚，现在请求恢复夫妻关系的，人民法院可以用裁定注销原来的判决，宣告婚姻关系恢复。但经判决离婚后，一方或者双方又另行结婚的，如果其再婚的配偶已经离婚或者已经死亡，现在双方要求恢复夫妻关系的，应当到有关婚姻登记机关重新办理结婚登记手续；如果再婚配偶还健在，必须在办理离婚手续后，才可以与原配偶重新结婚。我们认为，这样实事求是地处理海峡两岸由于长期隔离而造成的特殊婚姻关系，是符合各方当事人的利益的。

第二，对双方分离以后未办理离婚手续，大陆一方又与他人结婚，或者长期与他人以夫妻关系同居生活的，我们原则上承认这种婚姻关系。现去台一方回来，大陆一方为与原配偶恢复关系，提出与再婚配偶离婚的，是否准予离婚，人民法院应当依照《中华人民共和国婚姻法》第二十五条关于“人民法院审理离婚案件，应当进行调解；如感情确已破裂，调解无效，应准予离婚”的规定处理。如果认定感情尚未破裂的，则判决不准离婚。去台一方回大陆定居后，向人民法院提出要求与在台的配偶离婚的，人民法院应当受理，并根据婚姻法的规定，作出是否准予离婚的判决。

第三，对于双方分离后未办理离婚手续，一方或者双方分别在大陆和台湾再婚的，对这种由于特殊原因形成的婚姻关系，我们不以重婚对待。当事人不告诉，人民法院不主动干预；如果其中一方当事人提出与其配偶离婚的，人民法院应当按照离婚案件受理。

二、关于夫妻共同财产问题

对去台一方请求原配偶返还婚前财产，或者要求分割夫妻共有财产的，如果这些财产在几十年中已被原配偶用于抚养子女，或用于赡养父母，或用于家庭其他生活消费的，人民法院应说服其撤诉或者驳回诉讼请求。但是，如果财产数额大并且标的物还存在的，在考虑其原配偶、子女等生活的情况下，可以酌情分割一部分给去台人员。对于过去财产问题的处理，原则上宜粗不宜细。这是因为，几十年的财产变化情况、几十年的权利义务状况不宜一一细算。这样处理对双方当事人可能更好一些。

三、关于抚养、赡养和收养问题

去台一方回大陆后，大陆一方向其索要已成年子女过去的抚养费用的，对这种请求人民法院原则上不予支持。因为支付子女的抚养费，是为了保证未成年子女的生活；现在子女已经成年了，就没有实际支付的必要了。抚养子女是夫妻双方的义务。夫妻双方都在，由夫妻双方共同承担这个义务；一方由于特殊原因未与子女共同生活或者无力尽抚养义务，则由另一方独自承担这个义务。因此，一方已经尽了全部抚养义务的，不能向对方主张追索抚养费。至于其他没有抚养、赡养义务的人，代替去台一方抚养了子女或者赡养了父母的，去台人员则应酌情补偿。

去台人员返回大陆定居后，要求自己的子女承担赡养的义务的，人民法院应当根据法律规定和子女的家庭经济状况尽可能给予解决。但是，去台人员的子女已被他人合法收养的，在收养关系解除之前，不承担对生父或者生母的赡养义务；被收养的子女因生父或者生母回大陆而要求解除收养关系，或者去台人员要求解除收养关系的，要根据养父母、养子女、生父母三方面关系的实际情况，慎重地处理。

四、关于继承问题

按照《中华人民共和国继承法》的规定，去台人员和台胞与大陆同胞一样，享有同等的继承权，不能因为继承人去台湾而影响他们对在大陆遗产的继承。去台人员或者台胞对大陆的遗产主张继承权的，人民法院依法给予保护。人民法院过去处理的继承案件中已经给去台人员或者台胞保留了遗产份额的，他们可以向人民法院申请取得。过去未经人民法院处理过的继承问题，去台人员或者台胞回大陆后均可以向人民法院起诉。今后人民法院处理继承案件时，对在台湾的合法继承人，要设法通知其参加诉讼；无法通知的，应为其保留应继承的份额，并指定财产代管人。

五、关于房产问题

房屋产权是个比较复杂的问题。几十年的风风雨雨，许多房屋自然损坏严重，有的结构发生了变化，还有一些产权也发生了变化。对属于民事权益方面的房屋纠纷，包括房屋典当、买卖、租赁、代管和其他侵权纠纷，人民法院应依法受理。去台人员和台胞要求回赎去台前出典的房屋，如果土改中已经处理或者典期届满后承典人已依法取得所有权的，不再变动；法律、政策规定可以回赎的，应予准许。去台人员和台胞所有的房屋已被他人侵占或者处分的，人民法院应本着保护产权人的合法权益的原则，并根据纠纷的具体情况，妥善处理。去台人员和台胞的房屋去台前委托公民个人代管，现在房屋仍旧由代管人或者代管人的继承人代管，如果去台人员和台胞要求解除或者变更这种代管关系的，人民法院一般应予准许。

六、关于债务问题

现在去台人员对去台前发生在个人之间的债权债务关系主张债权，或者作为债务人被索偿，如果这种债权债务根据现行的法律、政策规定应当保护，并且能够提出证据的，人民法院都予以受理，并根据案件事实和双方现在的经济状况，合情合理地处理。

七、关于诉讼时效问题

为了保护去台人员和台胞的合法权益，我们在适用诉讼时效方面，对涉台民事案件作了特别规定。根据《中华人民共和国民法通则》的规定，从权利被侵害之日起超过二十年，权利人才向人民法院提起诉讼的，人民法院不予保护。由于涉及去台人员和台湾同胞的案件，许多已经超过二十年了，因此，对去台人员和台湾同胞的诉讼时效期间问题，根据民法通则第一百三十七条的规定，人民法院可以作为特殊情况予以适当延长。

最高人民法院印发《处理涉台刑事申诉民事案件座谈会纪要》的通知（节选）

（1988年8月5日　最高人民法院　法（办）发【1988】18号）

全国地方各级人民法院，各级军事法院，各铁路运输中级法院和基层法院：

现将《处理涉台刑事申诉、民事案件座谈会纪要》发给你们，请认真研究执行。执行中有何问题，望及时报告我院。

附件：

处理涉台刑事申诉民事案件座谈会纪要

近半年来，最高人民法院先后召开两次座谈会，听取了上海、福建、江苏、浙江、山东等省、市高级法院和一些中级法院、基层法院处理涉台刑事申诉、民事案件的情况汇报，并就处理这类案件如何执行政策、法律的问题进行了讨论。最高人民法院副院长祝铭山、马原出席了会议。现纪要如下：

一、（略）

二、（略）

三、会议认为，审理涉及去台人员和台胞人身关系和财产关系的民事案件，应注意掌握以下政策、法律原则：

（一）关于婚姻问题。因双方分居大陆、台湾所产生的婚姻纠纷，人民法院应考虑海峡两岸人民长期分离的实际情况，从有利于稳定婚姻家庭关系的现状出发，根据我国婚姻法一夫一妻制的基本原则进行处理。

对双方分离后，已经人民法院判决离婚，现双方要求恢复夫妻关系，请求撤销判决的，如双方均未再婚，可用裁定注销原判决，宣告婚姻关系恢复；如一方或双方再婚后其配偶已离异或死亡，应重新办理结婚登记。对双方分离后，未办离婚手续而另行结婚或长期与他人以夫妻关系同居生活，如果大陆一方要求与再婚配偶离婚的，人民法院应依婚姻法第二十五条的规定处理；

如果去台一方回大陆定居后要求与在台的配偶离婚，人民法院应当受理，并依法作出判决。

（二）关于夫妻共同财产问题。人民法院对去台一方请求原配偶返还婚前财产，或者要求分割夫妻共有财产的，如财产已由原配偶用于抚养子女、赡养老人和家庭生活的，应说服撤诉或驳回诉讼请求；如争议财产数额大并且标的物仍在的，可酌情予以分割。

（三）关于抚养、赡养和收养问题。人民法院对去台一方来大陆后，大陆一方向其索要已成年子女过去的抚养费的，不予支持。如果定居大陆的去台人员，要求子女赡养的，应依照法律的规定，责令子女承担赡养义务。但子女已被他人依法收养，在收养关系未解除前，不承担对生父或生母的赡养义务。被收养的子女因生父或生母回大陆而要求解除收养关系，或者去台人员要求解除收养关系的，应根据养父母、养子女和生父母三方面关系的实际情况慎重处理。

（四）关于遗产继承问题。去台人员和台胞对在大陆的遗产主张继承权的，人民法院应依法保护；要求取得人民法院判决中保留给自己的继承份额的，按执行程序处理；对已审结但未保障其继承权的案件提出申诉的，可依审判监督程序进行再审，依法保护其继承份额，份额多少可根据实际情况酌定。去台人员和台胞向人民法院提起诉讼的继承案件，继承开始已经超过二十年的，人民法院可依法作为特殊情况延长诉讼时效；对于知道或者应当知道其权利被侵犯已经超过两年的，可按最高人民法院《关于贯彻执行〈中华人民共和国继承法〉若干问题的意见》第十五条的规定处理。人民法院今后处理的继承案件，对在台的合法继承人，应设法通知其参加诉讼；无法通知的，可为其保留应继承的份额。并指定财产代管人。

（五）关于房产问题。去台人员和台胞的房产，如属于落实政策的房产纠纷，人民法院应告知其到有关部门解决；如属于民事权益纠纷，有关人民法院应依法受理。去台人员和台胞要求因赎去台前出典的房屋，如土改中已经解决或典期届满后承典人已依法取得所有权的，不再变动；政策、法律规定可以回赎的，应予准许。去台人员和台胞所有的房屋被他人侵占或者处分的，应本着保护产权人的合法权益的原则，并根据纠纷的具体情况，妥善处理。去台人员和台胞的房屋去台前委托公民个人代管，现在仍为个人代管，去台人员和台胞要求解除或变更其代管关系的，一般应予准许。

（六）关于债务问题，去台前发生在个人之间的债权、债务，现去台人员主张债权或作为债务人被索偿，如果该债权债务依法应予保护，人民法院应当受理，并根据案件事实和双方现在的经济状况，合情合理的处理。

（七）关于证据问题。去台人员和台胞在人民法院进行诉讼，应依大陆法律的规定，提供有关证明。对其提供的台湾公证机关或其他部门、民间组织出具的证明文书，可作为证据。但对以“中华民国”名义出具的证明文书，应通过适当途径变换名义。

四、关于会见在押未决犯问题。去台人员和台胞回大陆探亲期间，要求会见人民法院正在审理的在押未决犯的，一般可以准许。但会见的人犯所涉及的案件只能是普通刑事案件；会见的人犯必须是去台人员和台胞的亲属；会见时要有监管人员在场。

五、会议认为，处理涉台案件，是一项复杂的工作，政策性很强。各级人民法院在工作中，要将重要情况、疑难问题及时向党委汇报；要加强与统战、对台办等部门的联系和配合，互通情况，及时交换意见。各级人民法院领导同志要充分认识这项工作的重要政治意义，加强领导，认真慎重对待，抓紧处理，切实把涉台刑事申诉、民事案件一件一件地办好。对某些疑难案件，特别是有关政策方面的问题，要及时逐级请示解决。上级法院要经常派员深入涉台案件多的地方，调查研究，掌握情况，发现问题，及时帮助解决，以便把涉台案件的审判工作做得更好。

1991年最高人民法院工作报告（节选）

（1991年4月9日　第七届全国人民代表大会第四次会议审议通过）

审理涉台案件，要认真贯彻执行国家的法律、政策以及最高人民法院的有关司法解释。台湾居民在台湾地区的民事行为和依据台湾地区法规所取得的民事权利，如果不违反中华人民共和国法律的基本原则，不损害社会公共利益，可以承认其效力。对台湾地区法院的民事判决，也将根据这一原则，分别不同情况，具体解决承认其效力问题。根据法律的有关规定，高级人民法院经最高人民法院同意，可与台湾省有关方面通过适当途径，妥善解决相互委托代为一定的诉讼行为、送达诉讼文书和执行等问题。

（二）刑　事

关于不再追诉去台人员在中华人民共和国成立前的犯罪行为的公告

（1988 年 3 月 14 日　最高人民法院、最高人民检察院公布）

台湾同胞来祖国大陆探亲旅游的日益增多。这对于促进海峡两岸的“三通”和实现祖国和平统一大业将起到积极的作用。为此，对去台人员中在中华人民共和国成立前在大陆犯有罪行的，根据《中华人民共和国刑法》第七十六条关于对犯罪追诉时效的规定的精神，决定对其当时所犯罪行不再追诉。

来祖国大陆的台湾同胞应遵守国家的法律，其探亲、旅游、贸易、投资等正当活动，均受法律保护。

关于不再追诉去台人员在中华人民共和国成立后当地人民政权建立前的犯罪行为的公告

（1989 年 9 月 7 日　最高人民法院、最高人民检察院
【89】高检会【研】字第 12 号）

最高人民法院、最高人民检察院 1988 年 3 月 14 日《关于不再追诉去台人员在中华人民共和国成立前的犯罪行为的公告》发布以后，引起各方面的积极反响。为了进一步发展祖国大陆与台湾地区的经济、文化交流和人员往来，促进祖国和平统一大业，现根据《中华人民共和国刑法》的规定，再次公告如下：

一、对去台人员在中华人民共和国成立后，犯罪地地方人民政权建立前所犯历史罪行，不再追诉。

二、去台人员在中华人民共和国成立后、犯罪地地方人民政权建立前犯有罪行，并连续或继续到当地人民政权建立后的，追诉期限从犯罪行为终了之日起计算。凡符合《中华人民共和国刑法》第七十六条规定的，不再追诉。其中法定最高刑为无期徒刑、死刑的，经过二十年，也不再追诉。如果认为必须追诉的，由最高人民险察院核准。

三、对于去海外其他地方的人员在中华人民共和国成立前，或者在中华人民共和国成立后、犯罪地地方人民政权建立前所犯的罪行，分别按照最高人民法院、最高人民检察院《关于不再追诉去台人员在中华人民共和国成立前的犯罪行为的公告》精神和本公告第一条、第二条的规定办理。

（三）民　事

最高人民法院关于人民法院认可台湾地区有关法院民事判决的规定

法释【1998】11号

（1998年1月15日　最高人民法院审判委员会第957次会议通过
1998年5月22日最高人民法院公告公布　自1998年5月26日起施行）

第一条　为保障我国台湾地区和其他省、自治区、直辖市的诉讼当事人的民事权益与诉讼权利，特制定本规定。

第二条　台湾地区有关法院的民事判决，当事人的住所地、经常居住地或者被执行财产所在地在其他省、自治区、直辖市的，当事人可以根据本规定向人民法院申请认可。

第三条　申请由申请人住所地、经常居住地或者被执行财产所在地中级人民法院受理。

第四条　申请人应提交申请书，并须附有不违反一个中国原则的台湾地区有关法院民事判决书正本或经证明无误的副本、证明文件。

第五条　申请书应记明以下事项：

（一）申请人姓名、性别、年龄、职业、身份证件号码、申请时间和住址（申请人为法人或者其他组织的，应记明法人或者其他组织的名称、地址、法定代表人姓名、职务）；

（二）当事人受传唤和应诉情况及证明文件；

（三）请求和理由；

（四）其他需要说明的情况。

第六条　人民法院收到申请书，经审查，符合本规定第四条和第五条的条件的，应当在七日内受理；不符合本规定第四条和第五条的条件的，不予受理，并在七日内通知申请人，同时说明不受理的理由。

第七条 人民法院审查认可台湾地区有关法院民事判决的申请，由审判员组成合议庭进行。

第八条 人民法院受理申请后，对于台湾地区有关法院民事判决是否生效不能确定的，应告知申请人提交作出判决的法院出具的证明文件。

第九条 台湾地区有关法院的民事判决具有下列情形之一的，裁定不予认可：

（一）申请认可的民事判决的效力未确定的；

（二）申请认可的民事判决，是在被告缺席又未经合法传唤或者在被告无诉讼行为能力又未得到适当代理的情况下作出的；

（三）案件系人民法院专属管辖的；

（四）案件的双方当事人订有仲裁协议的；

（五）案件系人民法院已作出判决，或者外国、境外地区法院作出判决或境外仲裁机构作出仲裁裁决已为人民法院所承认的；

（六）申请认可的民事判决具有违反国家法律的基本原则，或者损害社会公共利益情形的。

第十条 人民法院审查申请后，对于台湾地区有关法院民事判决不具有本规定第九条所列情形的，裁定认可其效力。

第十一条 申请人委托他人代理申请认可台湾地区有关法院民事判决的，应当向人民法院提交由委托人签名或盖章并经当地公证机关公证的授权委托书。

第十二条 人民法院受理认可台湾地区有关法院民事判决的申请后，对当事人就同一案件事实起诉的，不予受理。

第十三条 案件虽经台湾地区有关法院判决，但当事人未申请认可，而是就同一案件事实向人民法院提起诉讼的，应予受理。

第十四条 人民法院受理认可申请后，作出裁定前，申请人要求撤回申请的，应当允许。

第十五条 对人民法院不予认可的民事判决，申请人不得再提出申请，但可以就同一案件事实向人民法院提起诉讼。

第十六条 人民法院作出民事判决前，一方当事人申请认可台湾地区有关法院就同一案件事实作出的判决的，应当中止诉讼，对申请进行审查。经审查，对符合认可条件的申请，予以认可，并终结诉讼；对不符合认可条件的，则恢复诉讼。

第十七条 申请认可台湾地区有关法院民事判决的，应当在该判决发生效力后一年内提出。

第十八条 被认可的台湾地区有关法院民事判决需要执行的，依照《中华人民共和国民事诉讼法》规定的程序办理。

第十九条 申请认可台湾地区有关法院民事裁定和台湾地区仲裁机构裁决的，适用本规定。

最高人民法院关于人民法院认可台湾地区有关法院民事判决的补充规定

法释【2009】4号

（2009年3月30日 最高人民法院审判委员会第1465次会议通过 2009年4月24日最高人民法院公告公布 自2009年5月14日起施行）

为了更好地解决认可台湾地区有关法院民事判决的相关问题，维护当事人的合法权益，现对最高人民法院《关于人民法院认可台湾地区有关法院民事判决的规定》（以下简称《规定》）作出补充规定。

第一条 申请人同时提出认可和执行台湾地区有关法院民事判决申请的，人民法院应按规定对认可申请进行审查。

经人民法院裁定认可的台湾地区有关法院民事判决，与人民法院作出的生效判决具有同等效力。申请人依裁定向人民法院申请执行的，人民法院应予受理。

第二条 申请认可的台湾地区有关法院民事判决，包括对商事、知识产权、海事等民事纠纷案件作出的判决。

申请认可台湾地区有关法院民事裁定、调解书、支付令，以及台湾地区仲裁机构裁决的，适用《规定》和本补充规定。

第三条 申请人向两个以上有管辖权的中级人民法院申请认可的，由最先立案的中级人民法院管辖。

申请人向被执行财产所在地中级人民法院申请认可的，应当提供被执行财产存在的相关证据。

第四条 申请人申请认可台湾地区有关法院民事判决，应当提供相关证据，以证明该判决真实并且效力已确定。

第五条 申请人提出认可台湾地区有关法院民事判决的申请时，或者在案件受理后、人民法院作出裁定前，可以提出财产保全申请。

申请人申请财产保全的，应当向人民法院提供有效的担保。申请人不提供担保或者提供的担保不符合条件的，驳回其申请。

第六条 具有下列情形之一的，人民法院应当及时解除财产保全：

（一）人民法院作出准予财产保全的裁定后，被申请人提供有效担保的；

（二）人民法院作出认可裁定后，申请人在申请执行期限内不申请执行的；

（三）人民法院裁定不予认可台湾地区有关法院民事判决的；

（四）申请人撤回保全申请的。

申请财产保全的其他程序，适用民事诉讼法及相关司法解释的规定。

第七条 申请认可台湾地区有关法院民事判决的案件，应根据案件的不同类型，由相关民事审判庭的审判人员组成合议庭进行审理。

第八条 人民法院经审查能够确认该判决真实并且效力已确定，且不具有《规定》第九条所列情形的，裁定认可其效力；不能确认的，裁定驳回申请人的申请。

第九条 申请认可台湾地区有关法院民事判决的，应当在该判决效力确定后二年内提出。

当事人因不可抗拒的是由或者其他正当理由耽误期限而不能提出认可申请的，在障碍消除后的十日内，可以申请顺延期限。

第十条 人民法院受理申请人申请后，应当在六个月内审结。

最高人民法院关于涉台民事诉讼文书送达的若干规定

法释【2008】4号

（最高人民法院审判委员会第1421次会议通过 2008年4月17日最高人民法院公告公布 自2008年4月23日起施行）

为维护涉台民事案件当事人的合法权益，保障涉台民事案件诉讼活动的顺利进行，促进海峡两岸人员往来和交流，根据民事诉讼法的有关规定，制定本规定。

第一条 人民法院审理涉台民事案件向住所地在台湾地区的当事人送达民事诉讼文书，以及人民法院接受台湾地区有关法院的委托代为向住所地在大陆的当事人送达民事诉讼文书，适用本规定。

涉台民事诉讼文书送达事务的处理，应当遵守一个中国原则和法律的基本原则，不违反社会公共利益。

第二条 人民法院送达或者代为送达的民事诉讼文书包括：起诉状副本、上诉状副本、反诉状副本、答辩状副本、授权委托书、传票、判决书、调解书、裁定书、支付令、决定书、通知书、证明书、送达回证以及与民事诉讼有关的其他文书。

第三条 人民法院向住所地在台湾地区的当事人送达民事诉讼文书，可以采用下列方式：

（一）受送达人居住在大陆的，直接送达。受送达人是自然人，本人不在的，可以交其同住成年家属签收；受送达人是法人或者其他组织的，应当由法人的法定代表人、其他组织的主要负责人或者该法人、组织负责收件的人签收；

受送达人不在大陆居住，但送达时在大陆的，可以直接送达；

（二）受送达人在大陆有诉讼代理人的，向诉讼代理人送达。受送达人在授权委托书中明确表明其诉讼代理人无权代为接收的除外；

（三）受送达人有指定代收人的，向代收人送达；

（四）受送达人在大陆有代表机构、分支机构、业务代办人的，向其代表机构或者经受送达人明确授权接受送达的分支机构、业务代办人送达；

（五）受送达人在台湾地区的地址明确的，可以邮寄送达；

（六）有明确的传真号码、电子信箱地址的，可以通过传真、电子邮件方式向受送达人送达；

（七）按照两岸认可的其他途径送达。

采用上述方式不能送达或者台湾地区的当事人下落不明的，公告送达。

第四条 采用本规定第三条第一款第（一）、（二）、（三）、（四）项方式送达的，由受送达人、诉讼代理人或者有权接受送达的人在送达回证上签收或者盖章，即为送达；拒绝签收或者盖章的，可以依法留置送达。

第五条 采用本规定第三条第一款第（五）项方式送达的，应当附有送达回证。受送达人未在送达回证上签收但在邮件回执上签收的，视为送达，签收日期为送达日期。

自邮寄之日起满三个月，如果未能收到送达与否的证明文件，且根据各种情况不足以认定已经送达的，视为未送达。

第六条 采用本规定第三条第一款第（六）项方式送达的，应当注明人民法院的传真号码或者电子信箱地址，并要求受送达人在收到传真件或者电子邮件后及时予以回复。以能够确认受送达人收悉的日期为送达日期。

第七条 采用本规定第三条第一款第（七）项方式送达的，应当由有关的高级人民法院出具盖有本院印章的委托函。委托函应当写明案件各方当事人的姓名或者名称、案由、案号；受送达人姓名或者名称、受送达人的详细地址以及需送达的文书种类。

第八条 采用公告方式送达的，公告内容应当在境内外公开发行的报刊或者权威网站上刊登。

公告送达的，自公告之日起满三个月，即视为送达。

第九条 人民法院按照两岸认可的有关途径代为送达台湾地区法院的民事诉讼文书的，应当有台湾地区有关法院的委托函。

人民法院收到台湾地区有关法院的委托函后，经审查符合条件的，应当在收到委托函之日起两个月内完成送达。

民事诉讼文书中确定的出庭日期或者其他期限逾期的，受委托的人民法院亦应予送达。

第十条 人民法院按照委托函中的受送达人姓名或者名称、地址不能送达的，应当附函写明情况，将委托送达的民事诉讼文书退回。

完成送达的送达回证以及未完成送达的委托材料，可以按照原途径退回。

第十一条 受委托的人民法院对台湾地区有关法院委托送达的民事诉讼文书的内容和后果不负法律责任。

最高人民法院关于审理涉台民商事案件法律适用问题的规定

法释【2010】19号

（2010年4月26日最高人民法院审判委员会第1486次会议通过 2010年12月27日最高人民法院公告公布　自2011年1月1日起施行）

为正确审理涉台民商事案件，准确适用法律，维护当事人的合法权益，根据民法通则、民事诉讼法等有关法律，制定本规定。

第一条　人民法院审理涉台民商事案件，应当适用法律和司法解释的有关规定。

根据法律和司法解释中选择适用法律的规则，确定适用台湾地区民事法律的，人民法院予以适用。

第二条　台湾地区当事人在人民法院参与民事诉讼，与大陆当事人有同等的诉讼权利和义务，其合法权益受法律平等保护。

第三条　根据本规定确定适用有关法律违反国家法律的基本原则或者社会公共利益的，不予适用。

附：两岸协议

海峡两岸红十字会组织在金门商谈达成有关海上遣返协议*

海峡两岸红十字组织代表韩长林、陈长文等于本年九月中旬在金门就双方参与见证其主管部门执行海上遣返事宜举行工作商谈，经充分交换意见后，达成协议。协议如下：

一、遣返原则

应确保遣返作业符合人道精神与安全便利的原则。

二、遣返对象

（一）违反有关规定进入对方地区的居民（但因捕鱼作业遭遇紧急避风等不可抗力因素必须暂入对方地区者，不在此列）。

（二）刑事嫌疑犯或刑事犯。

三、遣返交接地点

双方商定为马尾—马祖（马祖—马尾），但依被遣返人员的原居地分布情况及气候、海象等因素，双方得协议另择厦门—金门（金门—厦门）。

四、遣返程序

（一）一方应将被遣返人员的有关资料通知对方，对方应于二十日内核查答复，并按商定时间、地点遣返交接。如核查对象有疑问者，亦应通知对方以便复查。

（二）遣返交接双方均用红十字专用船，并用民用船只在约定地点引导。遣返船、引导船均悬挂白底红十字旗（不挂其他旗帜，不使用其他的标志）。

* 1990年9月12日于金门签署。

（三）遣返交接时，应由双方事先约定的代表二方签署交接见证书。

五、其他

双方应尽速解决有关技术问题，以期在短期内付诸实施。如有未尽事宜，双方得另行商定。

汪辜会谈共同协议*

财团法人海峡交流基金会（以下简称海基会）辜振甫董事长与海峡两岸关系协会（以下简称海协）汪道涵会长代表两会于本年4月27日至29日在新加坡进行会谈。本次会议为民间性、经济性、事务性与功能性之会谈，海协常务副会长唐树备、副会长兼秘书长邹哲开与海基会邱进益副董事长等参加会谈。双方达成以下协议：

一、本年度协商议题

双方确定今年内就“违反有关规定进入对方地区人员之遣返及相关问题”、“有关共同打击海上走私、抢劫等犯罪活动问题”、“协商两岸海上渔事纠纷之处理”、“两岸知识产权（智慧财产权）保护”及“两岸有关法院之间的联系与协助（两岸司法机关之相互协助）”（暂定）等议题进行事务性协商。

二、经济交流

双方均认为应加强两岸经济交流，互补互利。双方同意就台商在大陆投资权益及相关问题、两岸工商界人士互访等问题，择时择地继续进行商谈。

三、能源资源开发与交流

双方同意就加强能源、资源之开发与交流进行磋商。

四、文教科技交流

双方同意积极促进青少年互访交流、两岸新闻界交流以及科技交流。在年内举办青少年才艺竞赛及互访，促成青年交流、新闻媒体负责人及资深记

---

* 1993年4月29日于新加坡签署。

者互访。促进科技人员互访、交换科技研究出版物以及探讨科技名词统一与产品规格标准化问题，共同促进电脑及其他产业科技之交流，相关事宜再行商谈。

五、签署生效

本共同协议自双方签署之日起三十日后生效实施。

本共同协议于四月二十九日签署，一式四份，双方各执两份。

海峡两岸关系协会　　财团法人海峡交流基金会

会长　汪道涵　　董事长　辜振甫

两会联系与会谈制度协议*

海峡两岸关系协会（以下简称海协）与财团法人海峡交流基金会（以下简称海基会）为建立联系与会谈制度，经协商达成以下协议：

一、会谈

海协会长与海基会董事长，视实际需要，经双方同意后，就两会会务进行会谈，地点及相关问题另行商定。

海协常务副会长与海基会副董事长或两会秘书长，原则上每半年一次，在两岸轮流和商定之第三地，就两会会务进行会谈。

两会副秘书长、处长、主任级人员，就主管之业务，每季度在两岸择地会商。

二、事务协商

双方同意就两岸交流中衍生且有必要协商之事宜，尽速进行专案协商，并签署协议。

三、专业小组

双方同意因业务需要，各自成立经济小组与综合事务小组。

四、紧急联系

双方同意各自指定副秘书长作为紧急事件之联络人，相互联系并采行适当措施。

五、入出境往来便利

双方同意因本协议所定之事由，相互给予经商定之两会会务人员适当之

---

* 1993年4月29日于新加坡签署。

入出境往来与查验通关等便利，其具体办法另行商定。

六、协议履行、变更与终止

双方应遵守协议。

协议变更或终止应经双方协商同意。

七、未尽事宜

本协议如有未尽事宜，双方得以适当方式另行商定。

八、签署生效

本协议自双方签署之日起三十日生效。

本协议于四月二十九日签署，一式四份，双方各执两份。

海峡两岸关系协会	财团法人海峡交流基金会
会长　汪道涵	董事长　辜振甫

两岸公证书使用查证协议*

海峡两岸关系协会、中国公证员协会与财团法人海峡交流基金会，就两岸公证书使用查证事宜，经协商达成以下协议：

一、联系主体

（一）关于寄送公证书副本及查证事宜，双方分别以中国公证员协会或有关省、自治区、直辖市公证员协会与财团法人海峡交流基金会相互联系。

（二）本协议其他相关事宜，由海峡两岸关系协会与财团法人海峡交流基金会联系。

二、寄送公证书副本

（一）双方同意相互寄送涉及继承、收养、婚姻、出生、死亡、委托、学历、定居、扶养亲属及财产权利证明公证书副本。

（二）双方得根据公证书使用需要，另行商定增、减寄送公证书副本种类。

三、公证书查证

（一）查证事由

公证书有下列情形之一，双方应相互协助查证：

1. 违反公证机关有关受理范围规定；
2. 同一事项在不同公证机关公证；
3. 公证书内容与户籍资料或其他档案资料记载不符；
4. 公证书内容自相矛盾；
5. 公证书文字、印鉴模糊不清，或有涂改、擦拭等可疑痕迹；
6. 有其他不同证据资料；

* 1993年4月29日于新加坡签署。

7. 其他需要查明事项。

（二）拒绝事由

未叙明查证事由，或公证书上另加盖有其他证明印章者，接受查证一方得附加理由拒绝该项查证。

（三）答复期限

接受查证一方，应于收受查证函之日起三十日内答复。

（四）查证费用

提出查证一方应向接受查证一方支付适当费用。

查证费用标准及支付方式由双方另行商定。

四、文书格式

寄送公证书副本、查证与答复，应经双方协商使用适当文书格式。

五、其他文书

双方同意就公证书以外的文书查证事宜进行个案协商并予协助。

六、协议履行、变更与终止

双方应遵守协议。

协议变更或终止，应经双方协商同意。

七、争议解决

因适用本协议所生争议，双方应尽速协商解决。

八、未尽事宜

本协议如有未尽事宜，双方得以适当方式另行商定。

九、签署生效

本协议自双方签署之日起三十日后生效实施。

本协议于四月二十九日签署，一式四份，双方各执两份。

海峡两岸关系协会	财团法人海峡交流基金会
代表　汪道涵、唐树备	代表　辜振甫、邱进益

两岸挂号函件查询、补偿事宜协议*

海峡两岸关系协会、中国通信学会邮政专业委员会与财团法人海峡交流基金会，就两岸挂号函件查询及补偿事宜，经过协商，达成以下协议：

一、开办范围

本协议所称挂号函件系指信函、明信片、邮简、印刷物、新闻纸、杂志及盲人文件。上述开办范围双方得以书面协议增减。

二、联系方式

挂号函件之查询由中国通信学会邮政专业委员会与财团法人海峡交流基金会或其指定之邮件处理中心（航邮中心）相互联系。

其他相关事宜由海峡两岸关系协会与财团法人海峡交流基金会相互联系。

三、传递方法

挂号函件通过第三地转运办理。

四、查询期限

挂号函件查询，应自原寄件人交寄次日起十二个月内提出。

五、答复期限

接受查询一方应于收受查询文件之日起三个月内答复。

六、缮发验单

一方接收他方封来之函件总包，遇有挂号函件遗失、被窃或毁损等情形，

* 1993年4月29日于新加坡签署。

应即缮发验单，由对方迅予查复。

七、各自理赔

挂号函件发生遗失、被窃或毁损等情形，概由原寄一方负责补偿，不相互结算。

八、文件格式

双方各依邮政惯例印制查询表格、验单、答复函及简函，相互认可后使用。

九、协议履行、变更与终止双方应遵守协议。

协议变更与终止，应经双方协商同意。

十、争议解决

因适用本协议所生争议，双方应尽速协商解决。

十一、未尽事宜

本协议如有未尽事宜，双方得以适当方式另行商定。

十二、生效实施

本协议自双方签署之日起三十日后生效实施。
本协议于四月二十九日签署，一式四份，双方各执两份。

海峡两岸关系协会　　　财团法人海峡交流基金会
代表　汪道涵、唐树备　　　代表　辜振甫、邱进益

海峡两岸包机会谈纪要*

海峡两岸关系协会与财团法人海峡交流基金会认为，近年来两岸节日包机、紧急医疗包机、人道包机及专案货运包机相继开通，促进了两岸人民往来和经济交流。为尽早实现两岸直接通航，双方就开通两岸客运包机和货运包机等事宜，经平等协商，形成会谈纪要如下：

一、承运人。双方同意在航班总量相等的情形下，各自指定包机承运人，并事先知会对方。

二、搭载对象。双方同意凡持有效旅行证件往返两岸的旅客均可搭乘客运包机。

三、飞行航路。双方同意尽快协商开通两岸直达航路和建立双方空管方面的直接交接程序。在直达航路开通前，包机航路得暂时绕经香港飞行（航）情报区。

四、通关便利。双方同意简化客、货通关手续，为旅客及机组人员提供便利。

五、保税措施。双方同意对承运人租用机场公共保税仓库储备飞机维修配件，提供便利并予以保税监管。

六、互设机构。双方同意包机承运人得在对方航点设立办事机构。在本纪要签署后，大陆包机承运人即可派出员工驻台，办理有关业务，设立办事机构筹备处。台湾方面同意大陆承运人于六个月内设立办事机构。

七、辅助安排。双方同意有关地面代理、销售途径、票款结算、航空器及机组证照证明与检查、机务及飞行前安全检查、检验检疫等事宜，比照节日包机做法处理。如遇飞行安全、急难救助等特殊情况，双方同意以个案方式协商处理，并提供必要协助。

八、申请程序。包机承运人按照各方规范逐月申请飞行班次，每次飞行

* 2008年6月13日于北京签署。

前十五日提出申请。

九、准用事项。双方同意节日包机、紧急医疗包机等仍暂按双方已经公布的框架性安排执行，并得准用本纪要搭载对象等条款。

十、货运事宜。双方同意在周末客运包机实施后三个月内就两岸货运包机进行协商，并尽速达成共识付诸实施。

十一、定期航班。双方同意尽快就开通两岸定期直达航班进行协商，以实现两岸人民的共同愿望、增进两岸人民的福祉。

十二、联系机制。本会谈纪要议定事项，由海峡两岸航空运输交流委员会与台北市航空运输商业同业公会相互联系。必要时，经双方同意得指定其他单位进行联系。

十三、签署生效。本会谈纪要自双方签署之日起七日后生效。纪要的附件与本纪要具有同等效力。

本会谈纪要于六月十三日签署，一式四份，双方各执两份。

附件：海峡两岸周末包机时段、航点及班次

海峡两岸关系协会　　财团法人海峡交流基金会
会长　陈云林　　　　董事长　江丙坤

附件：

海峡两岸周末包机时段、航点及班次

一、时段。周末包机时段为每周五至下周一计四个全天。自七月四日起正式开始实施。

二、航点。大陆方面同意先行开放北京、上海（浦东）、广州、厦门、南京五个航点，并陆续开放成都、重庆、杭州、大连、桂林、深圳，以及其他有市场需求的航点。台湾方面同意开放桃园、高雄小港、台中清泉岗、台北松山、澎湖马公、花莲、金门、台东等八个航点。

三、班次。双方同意在周末包机初期阶段，每周各飞十八个往返班次，共三十六个往返班次。根据市场需求等因素适时增加班次。

每周台湾方面至上海（浦东）的班次不超过九个往返班次；大陆方面至台中清泉岗的班次不超过六个往返班次。

海峡两岸关于大陆居民赴台湾旅游协议*

为增进海峡两岸人民交往，促进海峡两岸之间的旅游，海峡两岸关系协会与财团法人海峡交流基金会，就大陆居民赴台湾旅游等有关两岸旅游事宜，经平等协商，达成协议如下：

一、联系主体

（一）本协议议定事宜，双方分别由海峡两岸旅游交流协会（以下简称海旅会）与台湾海峡两岸观光旅游协会（以下简称台旅会）联系实施。

（二）本协议的变更等其他相关事宜，由海峡两岸关系协会与财团法人海峡交流基金会联系。

二、旅游安排

（一）双方同意赴台旅游以组团方式实施，采取团进团出形式，团体活动，整团往返。

（二）双方同意按照稳妥安全、循序渐进原则，视情对组团人数、日均配额、停留期限、往返方式等事宜进行协商调整。具体安排详见附件一。

三、诚信旅游

双方应共同监督旅行社诚信经营、诚信服务，禁止“零负团费”等经营行为，倡导品质旅游，共同加强对旅游者的宣导。

四、权益保障

（一）双方应积极采取措施，简化出入境手续，提供旅行便利，保护旅游者正当权益及安全。

* 2008 年 6 月 13 日于北京签署。

（二）双方同意各自建立应急协调处理机制，相互配合，化解风险，及时妥善处理旅游纠纷、紧急事故及突发事件等事宜，并履行告知义务。

五、组团社与接待社

（一）双方各自规范组团社、接待社及领队、导游的资质，并以书面方式相互提供组团社、接待社及领队、导游的名单。

（二）组团社和接待社应签订商业合作合同（契约），并各自报备，依照有关规定办理业务。

（三）组团社和接待社应按市场运作方式，负责旅游者在旅游过程中必要的医疗、人身、航空等保险。

（四）组团社和接待社在旅游者正当权益及安全受到威胁和损害时，应主动、及时、有效地妥善处理。

（五）双方对损害旅游者正当权益的旅行社，应分别予以处理。

（六）双方应分别指导和监督组团社和接待社保护旅游者正当权益，依合同（契约）承担旅行安全保障责任。

六、申办程序

组团社、接待社应分别代办并相互确认旅游者的通行手续。旅游者持有效证件整团出入。

七、逾期停留

双方同意就旅游者逾期停留问题建立工作机制，及时通报信息，经核实身份后，视不同情况协助旅游者返回。任何一方不得拒绝送回或接受。

八、互设机构

双方同意互设旅游办事机构，负责处理旅游相关事宜，为旅游者提供快捷、便利、有效的服务。

九、协议履行及变更

（一）双方应遵守协议。协议附件与本协议具有同等效力。

（二）协议变更，应经双方协商同意，并以书面形式确认。

十、争议解决

因适用本协议所生争议，双方应尽速协商解决。

十一、未尽事宜

本协议如有未尽事宜，双方得以适当方式另行商定。

十二、签署生效

本协议自双方签署之日起七日后生效。

本协议于六月十三日签署，一式四份，双方各执两份。

附件：

一、海峡两岸旅游具体安排

二、海峡两岸旅游合作规范

海峡两岸关系协会	财团法人海峡交流基金会
会长　陈云林	董事长　江丙坤

附件一

海峡两岸旅游具体安排

依据本协议第二条，议定具体安排如下：

一、接待一方旅游配额以平均每天三千人次为限。组团一方视市场需求安排。第二年双方可视情协商作出调整。

二、旅游团每团人数限十人以上，四十人以下。

三、旅游团自入境次日起在台停留期间不超过十天。

四、自七月十八日起正式实施赴台旅游，于七月四日启动赴台旅游首发团。

附件二

海峡两岸旅游合作规范

依据本协议第四条、第五条、第七条，两岸旅游业者应遵守如下规范：

一、海旅会和台旅会提供的组团社和接待社名单内容包括：旅行社名称、负责人、地址、电话、传真、电子邮件、联系人及其移动电话等信息。若组团社或接待社的相关信息发生变动，应即时以书面方式通知对方。

二、台旅会应设置旅游咨询服务及投诉热线，以便旅游者咨询及投诉。

三、海旅会和台旅会作为处理旅游纠纷、逾期停留、紧急事故及突发事件的联系主体，各自建立应急协调处理机制，及时交换信息，密切配合，妥善解决赴台旅游过程中出现的问题。

四、组团社应向接待社提供旅游团旅客名单及相关信息，组团社应为旅游团配置领队，接待社应为旅游团配置导游。旅游过程中出现的问题，由领队和导游共同协商，妥善处理，并分别向组团社和接待社报告。

五、接待一方应向组团社提供接待旅游团团费参考价。

六、接待社不得引导和组织旅游者参与涉及赌博、色情、毒品及有损两岸关系的活动。

七、组团社、接待社均不得转让配额及旅游团。接待社不得接待非组团社的旅游者，不得接待持其他证件的旅游者。如有违反，应分别予以处理。

八、旅游者未按规定时间返回，均视为在台逾期停留。因自然灾害、重大疾病、紧急事故、突发事件、社会治安等不可抗力因素在台逾期停留之旅游者，接待社和组团社应安排随其他旅游团返回。无正当理由、情节轻微者，接待社和组团社应负责安排随其他旅游团返回。不以旅游为目的、蓄意逾期停留情节严重者，由台旅会和海旅会与双方有关方面联系，安排从其他渠道送回；须经必要程序者，于程序完成后即时送回。

九、旅游者逾期停留期间及送回所需交通等费用，由逾期停留者本人承担。若其无能力支付，由接待社先行垫付，并于逾期停留者送回之日起三十天内，凭相关费用票据向组团社索还。组团社可向逾期停留者追偿。

海峡两岸空运协议*

为促进海峡两岸经贸关系发展，便利两岸人民往来，海峡两岸关系协会与财团法人海峡交流基金会就两岸空运直航事宜，经平等协商，达成协议如下：

一、空中航路

双方同意开通台湾海峡北线空中双向直达航路，建立两岸空（航）管部门的直接交接程序。

双方同意继续磋商开通台湾海峡南线空中双向直达航路及其他更便捷的航路。

二、承运人

双方同意两岸资本在两岸登记注册的航空公司，经许可得从事两岸间航空客货运输业务。

三、直航航点

双方同意根据市场需求开放适宜客货直航的航点。

四、定期航班

双方同意尽可能在本协议实施半年内就定期客货运航班作出安排。

五、货运包机

双方同意开通两岸货运直航包机，运载两岸货物。

---

* 2008 年 11 月 4 日于台北签署。

六、客运包机

双方同意在两岸周末包机的基础上，增加包机航点、班次，调整为客运包机常态化安排。

七、公务（商务）包机

双方同意视情开办非营利性公务（商务）包机。

八、准用条款

双方同意客货运包机等相关事宜，准用《海峡两岸包机会谈纪要》的规定。

九、联系主体

（一）本协议议定事项，由海峡两岸航空运输交流委员会与台北市航空运输商业同业公会相互联系。必要时，经双方同意得指定其他单位进行联系。

（二）本协议其他相关事宜，由海峡两岸关系协会与财团法人海峡交流基金会联系。

十、协议履行及变更

（一）双方应遵守协议。协议附件与本协议具有同等效力。

（二）协议变更，应经双方协商同意，并以书面方式确认。

十一、争议解决

因适用本协议所生争议，双方应尽速协商解决。

十二、未尽事宜

本协议如有未尽事宜，双方得以适当方式另行商定。

十三、签署生效

本协议自双方签署之日起四十日内生效。

本协议于十一月四日签署，一式四份，双方各执两份。

附件：海峡两岸空中航路、客货运包机安排

海峡两岸关系协会　　财团法人海峡交流基金会
会长　陈云林　　　　董事长　江丙坤

附件：

海峡两岸空中航路、客货运包机安排

依据本协议第一条、第三条、第五条及第六条，议定具体安排如下：

一、直达航路

双方同意由两岸空（航）管部门以适当方式，就建立北线上海与台北飞行（航）情报区直达航路、空（航）管交接程序进行联系并作出具体安排。

北线飞航路线为：

自B576 BERBA点（N27°04′41″E123°00′00″）经双方议定之航管交接点A点（N 27°26′20″E122°25′19″）至东山双向使用。

二、货运包机

（一）承运人：双方同意各自指定二或三家航空公司经营货运包机业务。

（二）航点：大陆方面同意开放上海（浦东）、广州，台湾方面同意开放桃园、高雄小港作为货运包机航点。

（三）班次：双方每月共飞六十个往返班次，每方三十个往返班次．其中，双方上海（浦东）、广州两个航点每月每航点各飞十五个往返班次。在每年十月至十一月间的货运旺季，双方可各自增加十五个往返班次。

（四）商务安排：双方航空公司采商业合作方式经营，并向双方航空主管部门备案后实施。

三、客运包机

（一）航点：大陆方面同意在现有北京、上海（浦东）、广州、厦门、南京五个周末包机航点的基础上，开放成都、重庆、杭州、大连、桂林、深圳、武汉、福州、青岛、长沙、海口、昆明、西安、沈阳、天津、郑州等十六个航点作为客运包机航点。台湾方面同意将已开放的桃园、高雄小港、台中清泉岗、台北松山、澎湖马公、花莲、金门、台东等八个航点作为客运包机航点。

（二）班次：双方每周七天共飞不超过一百零八个往返班次，每方各飞不超过五十四个往返班次。其中台湾方面至上海（浦东）的班次不超过二十个往返班次。今后视市场需求适时增减班次。

（三）其他事宜：客运包机常态化安排实现后，此前的节日包机安排不再执行。春节期间可视情适量增加临时包机。

（四）邮件运输：双方同意利用客运包机运送双方邮件。

海峡两岸海运协议*

为实现海峡两岸海上客货直接运输，促进经贸交流，便利人民往来，海峡两岸关系协会与财团法人海峡交流基金会就两岸海运直航事宜，经平等协商，达成协议如下：

一、经营资格

双方同意两岸资本并在两岸登记的船舶，经许可得从事两岸间客货直接运输。

二、直航港口

双方同意依市场需求等因素，相互开放主要对外开放港口。

三、船舶识别

双方同意两岸登记船舶自进入对方港口至出港期间，船舶悬挂公司旗，船艉及主桅暂不挂旗。

四、港口服务

双方同意在两岸货物、旅客通关入境等口岸管理方面提供便利。

五、运力安排

双方按照平等参与、有序竞争原则，根据市场需求，合理安排运力。

六、税收互免

双方同意对航运公司参与两岸船舶运输在对方取得的运输收入，相互免

* 2008 年 11 月 4 日于台北签署。

征营业税及所得税。

七、海难救助

双方积极推动海上搜救、打捞机构的合作，建立搜救联系合作机制，共同保障海上航行和人身、财产、环境安全。发生海难事故，双方应及时通报，并按照就近、就便原则及时实施救助。

八、辅助事项

双方在船舶通信导航、证照查验、船舶检验、船员服务、航海保障、污染防治及海事纠纷调处等方面，依航运惯例、有关规范处理，并加强合作。

九、互设机构

双方航运公司可在对方设立办事机构及营业性机构，开展相关业务。

十、联系主体

（一）本协议议定事项，由海峡两岸航运交流协会与台湾海峡两岸航运协会联系实施。必要时，经双方同意得指定其他单位进行联系。

（二）本协议其他相关事宜，由海峡两岸关系协会与财团法人海峡交流基金会联系。

十一、协议履行及变更

（一）双方应遵守协议。协议附件与本协议具有同等效力。

（二）协议变更，应经双方协商同意，并以书面方式确认。

十二、争议解决

因适用本协议所生争议，双方应尽速协商解决。

十三、未尽事宜

本协议如有未尽事宜，双方得以适当方式另行商定。

十四、签署生效

本协议自双方签署之日起四十日内生效。

本协议于十一月四日签署，一式四份，双方各执两份。

附件：海峡两岸直航船舶、港口安排

海峡两岸关系协会　　财团法人海峡交流基金会
会长　陈云林　　　　董事长　江丙坤

附件：

海峡两岸直航船舶、港口安排

依据本协议第一条、第二条，议定具体安排如下：

一、两岸资本并在香港登记的船舶比照直航船舶从事两岸间海上直接运输，在进出两岸港口期间，其船舶识别方式比照《港台海运商谈纪要》有关香港船舶的规定。

二、目前已经从事两岸试点直航（境外航运中心）运输、两岸三地集装箱（货柜）班轮运输、砂石运输的两岸资本权宜船，经特别许可，可按照本协议有关船舶识别等规定，从事两岸间海上直接运输。

三、双方现阶段相互开放下列港口：

大陆方面为六十三个港口，包括：丹东、大连、营口、唐山、锦州、秦皇岛、天津、黄骅、威海、烟台、龙口、岚山、日照、青岛、连云港、大丰、上海、宁波、舟山、台州、嘉兴、温州、福州、松下、宁德、泉州、肖厝、秀屿、漳州、厦门、汕头、潮州、惠州、蛇口、盐田、赤湾、妈湾、虎门、广州、珠海、茂名、湛江、北海、防城、钦州、海口、三亚、洋浦等四十八个海港，以及太仓、南通、张家港、江阴、扬州、常熟、常州、泰州、镇江、南京、芜湖、马鞍山、九江、武汉、城陵矶等十五个河港。

台湾方面为十一个港口，包括：基隆（含台北）、高雄（含安平）、台中、花莲、麦寮、布袋（先采专案方式办理）等六个港口，以及金门料罗、水头、马祖福澳、白沙、澎湖马公等五个“小三通”港口。

双方同意视情增加开放港口。

海峡两岸邮政协议*

为扩大两岸邮政业务合作，便利两岸人民联系与交流，海峡两岸关系协会与财团法人海峡交流基金会就两岸直接邮政合作事宜，经平等协商，达成协议如下：

一、业务范围

双方同意开办两岸直接平常和挂号函件（包括信函、明信片、邮简、印刷品、新闻纸、杂志、盲人文件）、小包、包裹、特快专递（快捷邮件）、邮政汇兑等业务，并加强其他邮政业务合作。

二、封发局

大陆方面邮件封发局为：北京、上海、广州、福州、厦门、西安、南京、成都；台湾方面邮件封发局为：台北、高雄、基隆、金门、马祖。双方可视需要，增加或调整邮件封发局，并由增加或调整一方通知对方。

三、邮件运输

双方同意通过空运或海运直航方式将邮件总包运送至对方邮件处理中心。

四、规格及限定

双方同意商定邮件尺寸、重量等规格，并尊重对方禁限寄规定。

五、账务结算

双方同意建立邮政业务账务处理直接结算关系。

---

* 2008年11月4日于台北签署。

六、文件格式

处理邮件使用的袋（吊）牌、清单、邮袋、查询表格等，依双方认可之格式。

七、邮件查询

挂号函件、小包、包裹及特快专递（快捷邮件）等邮件业务的查询，由双方邮件处理中心相互联系，并应提供便捷的业务联系渠道。

八、查询期限

挂号函件、包裹之查询，应自原寄件人交寄之次日起六个月内提出；特快专递（快捷邮件）自交寄之次日起三个月内提出。

九、补偿责任

双方对于互相寄递的挂号函件、包裹发生遗失及其内容全部或一部分遗失、被窃或毁损等情形，应由责任方负责补偿，并相互结算。

特快专递（快捷邮件）之遗失、内件被窃或毁损等情形，概由原寄一方自行负责补偿，不相互结算。

十、联系主体

（一）本协议议定事项，由海峡两岸邮政交流协会与财团法人台湾邮政协会相互联系。具体邮政业务由双方邮件处理中心联系实施。

（二）本协议其他相关事宜，由海峡两岸关系协会与财团法人海峡交流基金会联系。

十一、协议履行及变更

双方应遵守协议。

协议变更，应经双方协商同意，并以书面方式确认。

十二、争议解决

因适用本协议所生争议，双方应尽速协商解决。

十三、未尽事宜

本协议如有未尽事宜，双方得以适当方式另行商定。

十四、签署生效

本协议自双方签署之日起四十日内生效。

本协议于十一月四日签署，一式四份，双方各执两份。

海峡两岸关系协会　　财团法人海峡交流基金会

会长　陈云林　　董事长　江丙坤

海峡两岸食品安全协议*

为增进海峡两岸食品安全沟通与互信，保障两岸人民安全与健康，海峡两岸关系协会与财团法人海峡交流基金会就两岸食品安全事宜，经平等协商，达成协议如下：

一、信息（讯息）通报

双方同意相互通报涉及两岸贸易的食品安全信息（讯息），并就涉及影响两岸民众健康的重大食品安全信息（讯息）及突发事件，进行即时通报，提供完整信息（讯息）。

针对前项查询请求，应迅速回应并提供必要协助。

二、协处机制

双方同意建立两岸重大食品安全事件协处机制，采取下列措施妥善处理：

（一）紧急磋商、交换相关信息（讯息）；

（二）暂停生产、输出相关产品；

（三）即时下架、召回相关产品；

（四）提供实地了解便利；

（五）核实发布信息（讯息），并相互通报；

（六）提供事件原因分析及改善计划；

（七）督促责任人妥善处理纠纷，并就确保受害人权益给予积极协助；

（八）双方即时相互通报有关责任查处情况。

三、业务交流

双方同意建立两岸业务主管部门专家定期会商及互访制度，就双方食品

＊ 2008年11月4日于台北签署。

安全制度规范、检验技术及监管措施进行业务交流及信息（讯息）交换。

四、文书格式

双方信息（讯息）通报、查询及业务联系，使用双方商定的文书格式。

五、联系主体

（一）本协议议定事项，由双方食品安全等业务主管部门指定的联络人相互联系实施。必要时，经双方同意得指定其他单位联系实施。

（二）本协议其他相关事宜，由海峡两岸关系协会与财团法人海峡交流基金会联系。

六、协议履行及变更

双方应遵守协议。

协议变更，应经双方协商同意，并以书面方式确认。

七、争议解决

因适用本协议所生争议，双方应尽速协商解决。

八、未尽事宜

本协议如有未尽事宜，双方得以适当方式另行商定。

九、签署生效

本协议自双方签署之日起七日后生效。

本协议于十一月四日签署，一式四份，双方各执两份。

海峡两岸关系协会	财团法人海峡交流基金会
会长　陈云林	董事长　江丙坤

海峡两岸金融合作协议*

为促进海峡两岸金融交流与合作，推动两岸金融市场稳定发展，便利两岸经贸往来，海峡两岸关系协会与财团法人海峡交流基金会就两岸金融监督管理与货币管理合作事宜，经平等协商，达成协议如下：

一、金融合作

双方同意相互协助履行金融监督管理与货币管理职责，加强金融领域广泛合作，共同维护金融稳定。

（一）金融监督管理

双方同意由两岸金融监督管理机构就两岸银行业、证券及期货业、保险业分别建立监督管理合作机制，确保对互设机构实施有效监管。

双方银行业、证券及期货业、保险业等金融监督管理机构得依行业惯例，就合作事宜作出具体安排。

（二）货币管理

双方同意先由商业银行等适当机构，通过适当方式办理现钞兑换、供应及回流业务，并在现钞防伪技术等方面开展合作。逐步建立两岸货币清算机制，加强两岸货币管理合作。

（三）其他合作事项

双方同意就两岸金融机构准入及开展业务等事宜进行磋商。

双方同意鼓励两岸金融机构增进合作，创造条件，共同加强对双方企业金融服务。

二、交换资讯

双方同意为维护金融稳定，相互提供金融监督管理与货币管理资讯。对

* 2009年4月26日于南京签署。

于可能影响金融机构健全经营或金融市场安定的重大事项，双方尽速提供。

提供资讯的方式与范围由双方商定。

三、保密义务

双方同意对于所获资讯，仅为金融监督管理与货币管理目的使用，并遵守保密要求。

有关第三方请求提供资讯之处理方式，由双方监督管理机构另行商定。

四、互设机构

双方同意在本协议生效后，由两岸金融监督管理机构考量互惠原则、市场特性及竞争秩序，尽快推动双方商业性金融机构互设机构。

有关金融机构赴对方设立机构或参股的资格条件以及在对方经营业务的范围，由双方监督管理机构另行商定。

双方同意对于金融机构赴对方设立机构或参股的申请，相互征求意见。

五、检查方式

双方同意依行业惯例与特性，采取多种方式对互设金融机构实施检查。检查方式由双方监督管理机构另行商定。

六、业务交流

双方同意通过人员互访、培训、技术合作及会议等方式，加强金融监督管理与货币管理合作。

七、文书格式

双方资讯交换、征询意见等业务联系，使用双方商定的文书格式。

八、联系主体

（一）本协议议定事项，由双方金融监督管理机构、货币管理机构指定的联络人相互联系实施。必要时，经双方同意得指定其他单位进行联系。

（二）本协议其他相关事宜，由海峡两岸关系协会与财团法人海峡交流基金会联系。

九、协议履行及变更

双方应遵守协议。

协议变更，应经双方协商同意，并以书面形式确认。

十、争议解决

因执行本协议所生争议，双方应尽速协商解决。

十一、未尽事宜

本协议如有未尽事宜，双方得以适当方式另行商定。

十二、签署生效

本协议自签署之日起各自完成相关准备后生效，最迟不超过六十日。

本协议于四月二十六日签署，一式四份，双方各执两份。

海峡两岸关系协会　　财团法人海峡交流基金会

会长　陈云林　　　　董事长　江丙坤

海峡两岸空运补充协议*

海峡两岸关系协会与财团法人海峡交流基金会，根据《海峡两岸空运协议》第一条、第三条、第四条规定，就开通两岸定期客货运航班等事宜，经平等协商，达成补充协议如下：

一、飞行航路

双方同意在台湾海峡北线航路的基础上开通南线和第二条北线双向直达航路，并继续磋商开通其他更便捷的新航路。

二、运输管理

双方同意两岸定期航班使用的运输凭证及责任条款，参照两岸现行作业方式管理。

三、承运人

双方同意可各自指定两岸资本在两岸登记注册的航空公司，在本补充协议附件规定的航点上经营分别或混合载运旅客、行李、货物及邮件的定期和不定期航空运输业务，并事先知会对方。撤销或更改上述指定时亦同。

四、通航航点

双方同意两岸通航航点沿用《海峡两岸空运协议》的规定，并可根据市场需求经双方协商确定增开新的航点。

五、航空运价

双方同意两岸航空公司应向两岸航空主管部门提交定期航班的运价。

---

* 2009 年 4 月 26 日于南京签署。

六、代表机构

双方同意两岸航空公司可在对方区域通航地点设立代表机构，并自行或指定经批准的代理人销售航空运输凭证、从事广告促销及运行保障（运务）等与两岸航空运输有关的业务。上述代表机构的工作人员应遵守所在地规定。

七、互免税费

双方同意在互惠的基础上，磋商对两岸航空公司与经营活动有关的设备和物品，相互免征关税、检验费和其他类似税费，具体免税费项目及商品范围由双方共同商定，并对两岸航空公司参与两岸航空运输在对方取得之运输收入，相互免征营业税及所得税。

八、收入汇兑

双方同意两岸航空公司可随时将其在对方区域内取得的收入按照所在地规定的程序兑换并汇至公司总部所在地或其他指定地点。

九、航空安全

双方同意建立航空安全联系机制，相互提供一切及时和必要的协助，共同保障两岸航空运输的飞行安全及旅客的人身财产安全。发生危及航空安全事件或威胁时，双方应相互协助，采取适当的措施，以便迅速、安全地结束上述事件或威胁。

十、辅助事项

双方同意有关证照查验、适航认证、机场安检、检验检疫、地面代理、资料提供、服务费率等事宜，参照航空运输惯例和有关规定办理，并加强合作，相互提供便利。

十一、适用规定

双方同意两岸航空公司在对方区域内从事两岸航空运输，应适用所在地有关规定。

十二、联系机制

双方同意两岸航空主管部门建立联系机制，视必要随时就两岸航空运输的相关事宜进行沟通并交换意见。

十三、实施方式

本补充协议议定事项的实施，由双方航空主管部门指定的联络人，使用双方商定的文书格式相互联系，并相互通报信息、答复查询等。

双方对协议的实施或者解释发生争议时，由两岸航空主管部门协商解决。

十四、签署生效

本补充协议自签署之日起各自完成相关准备后生效，最迟不超过六十日。

本补充协议于四月二十六日签署，一式四份，双方各执两份。

附件：海峡两岸航路及航班具体安排

海峡两岸关系协会　　财团法人海峡交流基金会
会长　陈云林　　　　董事长　江丙坤

附件

海峡两岸航路及航班具体安排

依据本协议第一条、第三条、第四条，议定具体安排如下：

一、新辟航路

双方同意由两岸空（航）管部门以适当方式，就建立南线广州与台北飞行（航）情报区直达航路、第二条北线上海与台北飞行（航）情报区直达航路及空（航）管直接交接程序进行联系并作出具体安排。

南线飞航路线为：

自 N22°57′00″E116°21′36″经双方议定管制交接点 N23°00′00″E117°30′00″至 N22°36′15″E117°57′16″双向使用。

第二条北线飞航路线为：

自 N30°45′46″E123°41′39″经双方议定管制交接点 N28°41′57″E123°41′39″至 N27°56′18″E123°41′39″双向使用。

二、客运

（一）承运人

除上海（浦东）与桃园和台北松山机场航线双方各指定四家航空公司外，其余航点每条航线双方各指定二家航空公司承运。

（二）航点

1. 大陆方面同意在现有北京、上海（浦东）、广州、厦门、南京、成都、重庆、杭州、大连、桂林、深圳、武汉、福州、青岛、长沙、海口、昆明、西安、沈阳、天津、郑州等二十一个航点基础上，新增合肥、哈尔滨、南昌、贵阳、宁波、济南等六个航点。上述二十七个航点可经营定期航班。

2. 台湾方面同意桃园与高雄航点可经营定期航班，其余台北松山、台中、澎湖（马公）、花莲、金门、台东等六个航点为客运包机航点。

（三）班次

双方同意客运定期航班和包机班次总量为每周共二百七十个往返班次，每方每周一百三十五个往返班次。其中以下航点每方每周往返班次不超过：

1. 大陆方面：上海（浦东）二十八班；北京十班；深圳十班；广州十四班；昆明十四班；成都十四班。

2. 台湾方面：台北松山二十一班。

其他航点可根据市场需求在航班总量范围内安排定期航班或包机。

三、货运

（一）承运人

每条航线双方各指定二家航空公司承运。

（二）航点

1. 大陆方面同意上海（浦东）、广州航点可经营定期航班。

2. 台湾方面同意桃园、高雄航点可经营定期航班。

（三）班次

双方同意货运定期航班和包机班次总量为每周共二十八个往返班次，每方每周十四个往返班次。其中广州每方每周七个往返班次，上海（浦东）每方每周七个往返班次。

（四）腹舱载货

双方同意相互开放客运定期航班腹舱载货。

四、其他事宜

双方同意在有定期航班飞行的航线上原则上不再许可包机飞行。

两会就陆资赴台投资事宜达成共识*

海峡两岸关系协会会长陈云林与海峡交流基金会董事长江丙坤4月26日下午在南京举行会谈。会谈中，双方就大陆资本赴台投资事宜交换了意见，达成原则共识。全文如下：

双方一致认为，目前两岸关系面临难得的历史机遇，为促进两岸双向直接投资创造了良好的环境，尤其是面对国际金融危机对两岸经济的影响和冲击，双方应秉持优势互补、互利双赢的原则，积极鼓励并推动大陆企业赴台考察、投资，以利于加强和深化两岸产业合作，实现两岸经贸关系正常化和制度化。

双方希望两岸业务主管部门以适当方式建立沟通机制，共同推动大陆企业赴台投资。

海基会表示，台湾方面诚挚地欢迎陆资来台投资。将尽速发布相关规定及配套措施，并循序渐进扩大开放投资领域，持续推动相关工作，协助解决投资所衍生之问题，以利陆资来台投资。

海协会表示：大陆方面将积极支持大陆企业赴台投资。鼓励有条件的大陆企业赴台考察，了解投资环境，寻找投资机会。根据颁布的有关规定，为大陆有实力的企业赴台投资提供便利。

---

* 2009年4月26日于南京。

海峡两岸共同打击犯罪及司法互助协议*

为保障海峡两岸人民权益，维护两岸交流秩序，海峡两岸关系协会与财团法人海峡交流基金会就两岸共同打击犯罪及司法互助与联系事宜，经平等协商，达成协议如下：

第一章　总　　则

一、合作事项

双方同意在民事、刑事领域相互提供以下协助：

（一）共同打击犯罪；

（二）送达文书；

（三）调查取证；

（四）认可及执行民事裁判与仲裁裁决（仲裁判断）；

（五）移管（接返）被判刑人（受刑事裁判确定人）；

（六）双方同意之其他合作事项。

二、业务交流

双方同意业务主管部门人员进行定期工作会晤、人员互访与业务培训合作，交流双方制度规范、裁判文书及其他相关资讯。

三、联系主体

本协议议定事项，由各方主管部门指定之联络人联系实施。必要时，经双方同意得指定其他单位进行联系。

本协议其他相关事宜，由海峡两岸关系协会与财团法人海峡交流基金会

* 2009年4月26日于南京签署。

联系。

第二章　共同打击犯罪

四、合作范围

双方同意采取措施共同打击双方均认为涉嫌犯罪的行为。

双方同意着重打击下列犯罪：

（一）涉及杀人、抢劫、绑架、走私、枪械、毒品、人口贩运、组织偷渡及跨境有组织犯罪等重大犯罪；

（二）侵占、背信、诈骗、洗钱、伪造或变造货币及有价证券等经济犯罪；

（三）贪污、贿赂、渎职等犯罪；

（四）劫持航空器、船舶及涉恐怖活动等犯罪；

（五）其他刑事犯罪。

一方认为涉嫌犯罪，另一方认为未涉嫌犯罪但有重大社会危害，得经双方同意个案协助。

五、协助侦查

双方同意交换涉及犯罪有关情资，协助缉捕、遣返刑事犯与刑事嫌疑犯，并于必要时合作协查、侦办。

六、人员遣返

双方同意依循人道、安全、迅速、便利原则，在原有基础上，增加海运或空运直航方式，遣返刑事犯、刑事嫌疑犯，并于交接时移交有关证据（卷证）、签署交接书。

受请求方已对遣返对象进行司法程序者，得于程序终结后遣返。

受请求方认为有重大关切利益等特殊情形者，得视情决定遣返。

非经受请求方同意，请求方不得对遣返对象追诉遣返请求以外的行为。

第三章　司法互助

七、送达文书

双方同意依己方规定，尽最大努力，相互协助送达司法文书。

受请求方应于收到请求书之日起三个月内及时协助送达。

受请求方应将执行请求之结果通知请求方，并及时寄回证明送达与否的证明资料；无法完成请求事项者，应说明理由并送还相关资料。

八、调查取证

双方同意依己方规定相互协助调查取证，包括取得证言及陈述；提供书证、物证及视听资料；确定关系人所在或确认其身份；勘验、鉴定、检查、访视、调查；搜索及扣押等。

受请求方在不违反己方规定前提下，应尽量依请求方要求之形式提供协助。

受请求方协助取得相关证据资料，应及时移交请求方。但受请求方已进行侦查、起诉或审判程序者，不在此限。

九、罪赃移交

双方同意在不违反己方规定范围内，就犯罪所得移交或变价移交事宜给予协助。

十、裁判认可

双方同意基于互惠原则，于不违反公共秩序或善良风俗之情况下，相互认可及执行民事确定裁判与仲裁裁决（仲裁判断）。

十一、罪犯移管（接返）

双方同意基于人道、互惠原则，在请求方、受请求方及被判刑人（受刑事裁判确定人）均同意移交之情形下，移管（接返）被判刑人（受刑事裁判确定人）。

十二、人道探视

双方同意及时通报对方人员被限制人身自由、非病死或可疑为非病死等重要讯息，并依己方规定为家属探视提供便利。

第四章 请求程序

十三、提出请求

双方同意以书面形式提出协助请求。但紧急情况下，经受请求方同意，得以其他形式提出，并于十日内以书面确认。

请求书应包含以下内容：请求部门、请求目的、事项说明、案情摘要及执行请求所需其他资料等。

如因请求书内容欠缺致无法执行请求，可要求请求方补充资料。

十四、执行请求

双方同意依本协议及己方规定，协助执行对方请求，并及时通报执行情况。

若执行请求将妨碍正在进行之侦查、起诉或审判程序，可暂缓提供协助，并及时向对方说明理由。

如无法完成请求事项，应向对方说明并送还相关资料。

十五、不予协助

双方同意因请求内容不符合己方规定或执行请求将损害己方公共秩序或善良风俗等情形，得不予协助，并向对方说明。

十六、保密义务

双方同意对请求协助与执行请求的相关资料予以保密。但依请求目的使用者，不在此限。

十七、限制用途

双方同意仅依请求书所载目的事项，使用对方协助提供之资料。但双方另有约定者，不在此限。

十八、互免证明

双方同意依本协议请求及协助提供之证据资料、司法文书及其他资料，不要求任何形式之证明。

十九、文书格式

双方同意就提出请求、答复请求、结果通报等文书，使用双方商定之文书格式。

二十、协助费用

双方同意相互免除执行请求所生费用。但请求方应负担下列费用：

（一）鉴定费用；

（二）笔译、口译及誊写费用；

（三）为请求方提供协助之证人、鉴定人，因前往、停留、离开请求方所生之费用；

（四）其他双方约定之费用。

第五章　附　　则

二十一、协议履行与变更

双方应遵守协议。

协议变更，应经双方协商同意，并以书面形式确认。

二十二、争议解决

因适用本协议所生争议，双方应尽速协商解决。

二十三、未尽事宜

本协议如有未尽事宜，双方得以适当方式另行商定。

二十四、签署生效

本协议自签署之日起各自完成相关准备后生效，最迟不超过六十日。

本协议于四月二十六日签署，一式四份，双方各执两份。

海峡两岸关系协会　　财团法人海峡交流基金会

会长　陈云林　　董事长　江丙坤

海峡两岸渔船船员劳务合作协议*

为维护海峡两岸渔船船员、渔船船主正当权益，促进两岸渔船船员劳务合作，海峡两岸关系协会与财团法人海峡交流基金会就两岸渔船船员劳务合作事宜，经平等协商，达成协议如下：

一、合作范围

双方同意在符合双方各自雇用渔船船员规定下，进行近海、远洋渔船船员（以下简称船员）劳务合作，并对近海与远洋劳务合作分别采取不同的管理方式。

二、合作方式

双方同意两岸船员劳务合作应通过双方各自确定的经营主体办理，并各自建立风险保证制度约束其经营主体。

三、合同（契约）要件

双方同意商定船员劳务合作合同（契约）要件。

四、权益保障

（一）双方同意保障船员以下基本权益：

1. 船员受签订合同（契约）议定的工资保护；
2. 同船同职务船员在船上享有相同福利及劳动保护；
3. 在指定场所休息、整补或回港避险；
4. 人身意外及医疗保险；
5. 往返交通费；

* 2009年12月22日于台中签署。

6. 船主应履行合同（契约）的义务；
7. 双方商定的其他权益。
（二）双方同意保障渔船船主（以下简称船主）以下基本权益：
1. 船员体检及技能培训应符合双方各自规定；
2. 船员应遵守相关管理规定；
3. 船员应接受船主、船长合理的指挥监督；
4. 船员应履行合同（契约）的义务；
5. 双方商定的其他权益。

五、核发证件

双方同意各自核发船员身份或查验证件。

六、协调机制

双方同意各自建立船员、船主申诉制度和两岸船员劳务合作突发事件处理机制，并指导经营主体解决劳务纠纷和突发事件。

如遇重大安全事件等情形，双方应及时通报，共同采取措施，妥善处理。并严格处理违反协议的经营主体。

七、交流互访

双方同意定期进行工作会晤、交流互访，评估协议执行情况。

八、文书格式

双方同意信息通报、查询及业务联系，使用商定的文书格式。

九、联系主体

（一）本协议议定事项，由双方业务主管部门指定的联络人相互联系实施，经双方同意可指定其他单位负责实施。

（二）本协议其他事宜，由海峡两岸关系协会与财团法人海峡交流基金会联系。

十、协议履行及变更

（一）双方应遵守协议。协议附件与本协议具有同等效力。

（二）协议变更，应经双方协商同意，并以书面方式确认。

十一、争议解决

因适用本协议所生争议，双方应尽速协商解决。

十二、未尽事宜

本协议如有未尽事宜，双方可以适当方式另行商定。

十三、签署生效

本协议自签署之日起各自完成相关准备后生效，最迟不超过九十日。

本协议于十二月二十二日签署，一式四份，双方各执两份。

附件：海峡两岸渔船船员劳务合作具体安排

海峡两岸关系协会　　财团法人海峡交流基金会

会长　陈云林　　董事长　江丙坤

附件

海峡两岸渔船船员劳务合作具体安排

根据本协议第二条、第三条、第四条、第五条、第六条，双方议定具体安排如下：

一、经营主体

大陆方面经营主体为业务主管部门核准的渔船船员劳务合作经营公司，台湾方面经营主体为业务主管部门核准的中介机构。

双方将在协议签署后尽快交换并公布经营主体名单。

二、合同（契约）种类

两岸船员劳务合作须签订以下合同（契约）：

（一）经营公司与中介机构签订劳务合作合同（契约）；

（二）经营公司与船员签订外派劳务合同（契约）；

（三）船主与船员签订劳务合同（契约）；

（四）中介机构与船主签订委托劳务合同（契约）。

三、合同（契约）要件

（一）经营公司与中介机构签订劳务合作合同（契约）要件如下：

1. 船主名称、服务船舶名称、作业渔场区域、拟雇佣船员的职务及合同（契约）期限；

2. 船员资格条件及应遵守事项；

3. 应给付船员工资额度及支付方式；船员人身意外及医疗保险；船员往返双方口岸及返乡交通费分担标准；

4. 船员及船主基本权益保障事项；

5. 船主及船员违约处理；

6. 可归责船员或船主的故意或重大过失行为造成对方损失，由经营公司与船员或中介机构与船主负连带赔偿责任；

7. 纠纷调处及违反合同（契约）处理；

8. 其他经双方议定事项。

（二）船主与船员签订劳务合同（契约）要件如下：

1. 船主名称、船员姓名及其住址、服务船舶名称、作业渔场区域、船员的职务及合同（契约）期限；

2. 船员工资、人身意外及医疗保险、交通费和支付方式；

3. 船员劳动保护、在暂置场所休息和避险的权利、食宿、福利；

4. 船员遵守事项；

5. 船主提供福利；

6. 纠纷调处及违反合同（契约）处理；

7. 其他经双方议定事项。

四、证件查验

近海船员须持登轮作业证件领取当地查验证件；远洋船员须持海员证件。在双方商定的过渡期内，近海船员可持登轮作业证件或身份证件领取当地查验证件。

五、船员人身意外及医疗保险

双方共同议定船员人身意外及医疗保险等事项。

六、转船程序

双方同意严格界定船员合理转船和违规转船事项，具体程序由双方商定。

七、接驳船舶

双方同意船员接驳船舶须符合对客船等有关技术安全标准要求，并持有相关主管部门颁发的可搭载非本船船员人数的证明文件。

八、近海船员登船港口

大陆方面近海船员登船港口为：福建省福州平潭东澳、厦门东渡同益、漳州漳浦旧镇、泉州惠安崇武、莆田湄洲宫下、宁德霞浦三沙、宁德福鼎沙埕；浙江省舟山沈家门、温州霞关。

近海登船港口可视需要调整，并知会对方。

九、暂置场所

（一）台湾方面岸置处所为：宜兰县南方澳渔港、基隆市八斗子渔港、新竹市新竹渔港、台中县梧栖渔港、高雄市前镇渔港及屏东县东港渔港。

（二）台湾方面划设暂置区域之渔港为：基隆市长潭里渔港、外木山渔港；台北县淡水第二渔港、富基渔港、磺港渔港、野柳渔港、东澳渔港、龟吼渔港、万里渔港、深澳渔港、鼻头渔港、龙洞渔港、澳底渔港；桃园县永安渔港；云林县箔子寮渔港；台南县将军渔港；台南市安平渔港；高雄县兴达渔港；台东县伽蓝渔港、新港渔港、大武渔港、小港渔港；花莲县花莲渔港；宜兰县大溪渔港、大里渔港、石城渔港、乌石渔港、梗枋渔港；澎湖县马公渔港、锁港渔港、桶盘渔港、山水渔港、龙门渔港、鸟屿渔港、竹湾渔港、风柜东渔港、潭门渔港、七美渔港、虎井渔港、南北寮渔港、沙港东渔港、赤崁渔港、吉贝渔港、横礁渔港、合界渔港、小门渔港、大池渔港、赤马渔港、内堰北渔港、内堰南渔港、外堰渔港、将军南渔港、东屿坪渔港、花屿渔港；连江县东引中柱港、莒光青帆渔港、福澳渔港、北竿后澳渔港。

（三）船员第一次进港台湾方面查验渔港为：宜兰县南方澳渔港、大溪第二渔港；基隆市八斗子渔港；台北县淡水第二渔港、澳底渔港、野柳渔港、磺港渔港、深澳渔港；桃园县永安渔港；新竹市新竹渔港；台中县梧栖渔港；云林县箔子寮渔港；台南县将军渔港；台南市安平渔港；高雄县兴达渔港；高雄市高雄港第二港口；屏东县东港渔港；台东县伽蓝渔港、新港渔港；花莲县花莲渔港；澎湖县马公渔港、桶盘渔港、龙门渔港、鸟屿渔港、潭门渔港、七美渔港、虎井渔港、赤崁渔港、吉贝渔港、小门渔港、内堰南渔港、外堰渔港、将军南渔港、东屿坪渔港、花屿渔港；连江县东引中柱港、福澳渔港。

暂置场所可视需要调整，并知会对方。

十、过渡安排

本协议签署生效后，双方应尽快交换经营主体风险保证制度等相关规定。台湾方面负责将已在台湾近海渔船工作的大陆船员进行登记并与大陆方面交流有关资讯。同时，台湾船主应根据规定为已在台湾近海渔船作业尚未办理保险的大陆船员办理保险，并要求上述船员合同（契约）期满后返回大陆。如需雇用，需依本协议办理。

海峡两岸农产品检疫检验合作协议*

为保障海峡两岸农业生产安全与人民健康，促进两岸农产品贸易发展，海峡两岸关系协会与财团法人海峡交流基金会就两岸农产品检疫检验合作事宜，经平等协商，达成协议如下：

一、合作原则与目标

双方同意本着互信互惠原则，在科学务实的基础上，加强检疫检验合作与交流，协商解决农产品（含饲料）贸易中的检疫检验问题，防范动植物有害生物传播扩散，确保农产品质量安全。

二、业务交流

双方同意建立业务会商、研讨、互访、考察及技术合作机制。必要时，可成立工作小组开展检疫检验专项领域技术合作研究。

三、讯息查询

（一）双方同意提供检疫检验规定、标准、程序等讯息查询，并给予必要协助。

（二）双方同意加强农药及动物用药残留等安全卫生标准交流，协调处理标准差异问题。

四、证明文件核查

双方同意建立检疫检验证明文件核查及确认机制，防范伪造、假冒证书行为。

---

* 2009 年 12 月 22 日于台中签署。

五、通报事项

（一）双方同意及时通报进出口农产品重大疫情及安全卫生事件讯息。

（二）双方同意定期通报进出口农产品中截获的有害生物、检出的有毒有害物质及其他不合格情况。

六、紧急事件处理

双方同意建立重大检疫检验突发事件协处机制，及时通报，快速核查，紧急磋商，并相互提供协助。

七、考察确认

双方同意建立农产品安全管理追溯体系，协助进口方到出口农产品生产加工场所考察访问，对确认符合检疫检验要求的农产品，实施便捷的进口检疫检验措施。

八、文书格式

双方同意讯息通报、查询及业务联系，使用商定的文书格式。

九、联系主体

（一）本协议议定事项，由双方业务主管部门指定的联络人相互联系实施。必要时，经双方同意可指定其他单位联系实施。

（二）本协议其他相关事宜，由海峡两岸关系协会与财团法人海峡交流基金会联系。

十、协议履行及变更

（一）双方应遵守协议。

（二）协议变更，应经双方协商同意，并以书面方式确认。

十一、争议解决

因适用本协议所生争议，双方应尽速协商解决。

十二、未尽事宜

本协议如有未尽事宜，双方得以适当方式另行商定。

十三、签署生效

本协议自签署之日起各自完成相关准备后生效，最迟不超过九十日。

本协议于十二月二十二日签署，一式四份，双方各执两份。

海峡两岸关系协会　　财团法人海峡交流基金会
会长　陈云林　　　　董事长　江丙坤

海峡两岸标准计量检验认证合作协议*

为便利海峡两岸经贸往来，促进两岸产业合作，创造良好投资环境，提升两岸贸易产品质量（品质）及安全，保护消费者权益，海峡两岸关系协会与财团法人海峡交流基金会就两岸标准、计量、检验、认证认可（验证认证）及消费品安全合作事宜，经平等协商，达成协议如下：

一、合作范围

双方同意共同采取措施，开展下列领域的交流合作：

（一）标准领域：积极探索和推动重点领域共通标准的制定；开展标准信息（资讯）交换，并推动两岸标准信息（资讯）平台建设；加强标准培训资源共享。

（二）计量领域：促进两岸法制（法定）计量合作、计量技术和计量管理信息（资讯）交流；合作研究最高量值准确可靠的装置，并开展相关装置的比对；推动测量仪器溯源校准（校正）的技术合作。

（三）检验领域：沟通两岸检验标准和程序；建立两岸贸易中商品检验合作与磋商机制；开展商品安全检验检测技术合作。

（四）认证认可（验证认证）领域：沟通两岸认证认可（验证认证）标准和程序；共同推动两岸新领域认证认可（验证认证）制度的建立和实施；推动两岸认证认可（验证认证）结果的互信，就双方同意的项目作出具体安排。

（五）消费品安全领域：建立两岸消费品安全信息（讯息）通报联系机制；建立两岸贸易消费品安全协处机制；加强对不合格消费品处理的沟通与协调。

（六）加强上述合作领域内相关制度规范的信息（资讯）交换。

---

* 2009 年 12 月 22 日于台中签署。

（七）双方同意的其他合作事项。

二、合作形式

双方同意就前述合作领域采取如下措施：

（一）分别成立两岸标准、计量、检验、认证认可（验证认证）及消费品安全合作工作组，共同商定具体实施计划，明确活动范围等，并可根据需要形成相关领域的合作文件。

（二）以技术合作、专家会议、信息（资讯）交流、人员互访及业务培训等方式开展标准、计量、检验、认证认可（验证认证）及消费品安全领域的交流与合作。

（三）双方业务主管部门负责指导、协调各工作组开展工作，并指定联络人负责各领域业务的日常联络及工作方案的实施。

三、相互协助

双方同意对执行本协议的相关活动提供必要的协助。

四、保密义务

双方同意对于在执行本协议相关活动中所获信息（资讯），遵守约定的保密要求。

五、文书格式

双方同意信息（资讯）交换、通报、查询及业务联系，使用商定的文书格式。

六、联系主体

（一）本协议议定事项，由双方业务主管部门指定的联络人相互联系实施。

（二）本协议其他事宜，由海峡两岸关系协会与财团法人海峡交流基金会联系。

七、协议履行及变更

双方应遵守协议。

协议变更，应经双方协商同意，并以书面方式确认。

八、争议解决

因适用本协议所生争议，双方应尽速协商解决。

九、未尽事宜

本协议如有未尽事宜，双方可以适当方式另行商定。

十、签署生效

本协议自签署之日起各自完成相关准备后生效，最迟不超过九十日。

本协议于十二月二十二日签署，一式四份，双方各执两份。

海峡两岸关系协会　　财团法人海峡交流基金会

会长　陈云林　　董事长　江丙坤

海峡两岸经济合作框架协议*

序　　言

海峡两岸关系协会与财团法人海峡交流基金会遵循平等互惠、循序渐进的原则，达成加强海峡两岸经贸关系的意愿；

双方同意，本着世界贸易组织（WTO）基本原则，考虑双方的经济条件，逐步减少或消除彼此间的贸易和投资障碍，创造公平的贸易与投资环境；通过签署《海峡两岸经济合作框架协议》（以下简称本协议），进一步增进双方的贸易与投资关系，建立有利于两岸经济繁荣与发展的合作机制；

经协商，达成协议如下：

第一章　总　　则

第一条　目标

本协议目标为：

加强和增进双方之间的经济、贸易和投资合作。

二、促进双方货物和服务贸易进一步自由化，逐步建立公平、透明、便利的投资及其保障机制。

三、扩大经济合作领域，建立合作机制。

第二条　合作措施

双方同意，考虑双方的经济条件，采取包括但不限于以下措施，加强海峡两岸的经济交流与合作：

一、逐步减少或消除双方之间实质多数货物贸易的关税和非关税壁垒。

* 2010年6月29日于重庆签署。

二、逐步减少或消除双方之间涵盖众多部门的服务贸易限制性措施。

三、提供投资保护，促进双向投资。

四、促进贸易投资便利化和产业交流与合作。

第二章　贸易与投资

第三条　货物贸易

一、双方同意，在本协议第七条规定的“货物贸易早期收获”基础上，不迟于本协议生效后六个月内就货物贸易协议展开磋商，并尽速完成。

二、货物贸易协议磋商内容包括但不限于：

（一）关税减让或消除模式；

（二）原产地规则；

（三）海关程序；

（四）非关税措施，包括但不限于技术性贸易壁垒（TBT）、卫生与植物卫生措施（SPS）；

（五）贸易救济措施，包括世界贸易组织《关于实施1994年关税与贸易总协定第六条的协定》、《补贴与反补贴措施协定》、《保障措施协定》规定的措施及适用于双方之间货物贸易的双方保障措施。

三、依据本条纳入货物贸易协议的产品应分为立即实现零关税产品、分阶段降税产品、例外或其他产品三类。

四、任何一方均可在货物贸易协议规定的关税减让承诺的基础上自主加速实施降税。

第四条　服务贸易

一、双方同意，在第八条规定的“服务贸易早期收获”基础上，不迟于本协议生效后六个月内就服务贸易协议展开磋商，并尽速完成。

二、服务贸易协议的磋商应致力于：

（一）逐步减少或消除双方之间涵盖众多部门的服务贸易限制性措施；

（二）继续扩展服务贸易的广度与深度；

（三）增进双方在服务贸易领域的合作。

三、任何一方均可在服务贸易协议规定的开放承诺的基础上自主加速开放或消除限制性措施。

第五条　投资

一、双方同意，在本协议生效后六个月内，针对本条第二款所述事项展开磋商，并尽速达成协议。

二、该协议包括但不限于以下事项：

（一）建立投资保障机制；

（二）提高投资相关规定的透明度；

（三）逐步减少双方相互投资的限制；

（四）促进投资便利化。

第三章　经　济　合　作

第六条　经济合作

一、为强化并扩大本协议的效益，双方同意，加强包括但不限于以下合作：

（一）知识产权保护与合作；

（二）金融合作；

（三）贸易促进及贸易便利化；

（四）海关合作；

（五）电子商务合作；

（六）研究双方产业合作布局和重点领域，推动双方重大项目合作，协调解决双方产业合作中出现的问题；

（七）推动双方中小企业合作，提升中小企业竞争力；

（八）推动双方经贸社团互设办事机构。

二、双方应尽速针对本条合作事项的具体计划与内容展开协商。

第四章　早　期　收　获

第七条　货物贸易早期收获

一、为加速实现本协议目标，双方同意对附件一所列产品实施早期收获计划，早期收获计划将于本协议生效后六个月内开始实施。

二、货物贸易早期收获计划的实施应遵循以下规定：

（一）双方应按照附件一列明的早期收获产品及降税安排实施降税；但双方各自对其他所有世界贸易组织成员普遍适用的非临时性进口关税税率较低时，则适用该税率；

（二）本协议附件一所列产品适用附件二所列临时原产地规则。依据该规则被认定为原产于一方的上述产品，另一方在进口时应给予优惠关税待遇；

（三）本协议附件一所列产品适用的临时贸易救济措施，是指本协议第三条第二款第五项所规定的措施，其中双方保障措施列入本协议附件三。

三、自双方根据本协议第三条达成的货物贸易协议生效之日起，本协议附件二中列明的临时原产地规则和本条第二款第三项规定的临时贸易救济措施规则应终止适用。

第八条 服务贸易早期收获

一、为加速实现本协议目标，双方同意对附件四所列服务贸易部门实施早期收获计划，早期收获计划应于本协议生效后尽速实施。

二、服务贸易早期收获计划的实施应遵循下列规定：

（一）一方应按照附件四列明的服务贸易早期收获部门及开放措施，对另一方的服务及服务提供者减少或消除实行的限制性措施；

（二）本协议附件四所列服务贸易部门及开放措施适用附件五规定的服务提供者定义；

（三）自双方根据本协议第四条达成的服务贸易协议生效之日起，本协议附件五规定的服务提供者定义应终止适用；

（四）若因实施服务贸易早期收获计划对一方的服务部门造成实质性负面影响，受影响的一方可要求与另一方磋商，寻求解决方案。

第五章 其　　他

第九条 例外

本协议的任何规定不得解释为妨碍一方采取或维持与世界贸易组织规则相一致的例外措施。

第十条 争端解决

一、双方应不迟于本协议生效后六个月内就建立适当的争端解决程序展开磋商，并尽速达成协议，以解决任何关于本协议解释、实施和适用的争端。

二、在本条第一款所指的争端解决协议生效前，任何关于本协议解释、实施和适用的争端，应由双方通过协商解决，或由根据本协议第十一条设立的“两岸经济合作委员会”以适当方式加以解决。

第十一条 机构安排

一、双方成立“两岸经济合作委员会”（以下简称委员会）。委员会由双方指定的代表组成，负责处理与本协议相关的事宜，包括但不限于：

（一）完成为落实本协议目标所必需的磋商；

（二）监督并评估本协议的执行；

（三）解释本协议的规定；

（四）通报重要经贸信息；

（五）根据本协议第十条规定，解决任何关于本协议解释、实施和适用的争端。

二、委员会可根据需要设立工作小组，处理特定领域中与本协议相关的事宜，并接受委员会监督。

三、委员会每半年召开一次例会，必要时经双方同意可召开临时会议。

四、与本协议相关的业务事宜由双方业务主管部门指定的联络人负责联络。

第十二条 文书格式

基于本协议所进行的业务联系，应使用双方商定的文书格式。

第十三条 附件及后续协议

本协议的附件及根据本协议签署的后续协议，构成本协议的一部分。

第十四条 修正

本协议修正，应经双方协商同意，并以书面形式确认。

第十五条 生效

本协议签署后，双方应各自完成相关程序并以书面通知另一方。本协议自双方均收到对方通知后次日起生效。

第十六条 终止

一、一方终止本协议应以书面通知另一方。双方应在终止通知发出之日起三十日内开始协商。如协商未能达成一致，则本协议自通知一方发出终止通知之日起第一百八十日终止。

二、本协议终止后三十日内，双方应就因本协议终止而产生的问题展开协商。

本协议于六月二十九日签署，一式四份，双方各执两份。四份文本中对应表述的不同用语所含意义相同，四份文本具有同等效力。

附件一　货物贸易早期收获产品清单及降税安排
附件二　适用于货物贸易早期收获产品的临时原产地规则
附件三　适用于货物贸易早期收获产品的双方保障措施
附件四　服务贸易早期收获部门及开放措施
附件五　适用于服务贸易早期收获部门及开放措施的服务提供者定义

海峡两岸关系协会　　财团法人海峡交流基金会
会长　陈云林　　董事长　江丙坤

附件一

货物贸易早期收获产品清单及降税安排

大陆方面早期收获产品清单

序号	2009 年税则号列	产品名称（简称）	2009 年进口税率（%）
1	03019999	其他活鱼	10.5
2	03026990	其他鲜、冷鱼	12
3	03037990	其他未列名冻鱼	10
4	03042990	其他冻鱼片	10
5	04100090	其他编号未列名的食用动物产品	20
6	06031300	鲜兰花	10
7	07095930	鲜或冷的金针菇	13
8	08030000	鲜或干的香蕉，包括芭蕉	10
9	08051000	鲜或干橙	11
10	08055000	鲜或干的柠檬及酸橙	11
11	08071910	鲜哈密瓜	12
12	08109080	火龙果	20
13	09021090	每件净重≤3 千克的其他绿茶	15
14	09022090	每件净重 >3 千克的其他绿茶	15
15	09023010	每件净重≤3 千克的乌龙茶	15
16	09023090	每件净重≤3 千克的其他发酵、半发酵红茶	15
17	09024010	每件净重 >3 千克的乌龙茶	15
18	09024090	每件净重 >3 千克的其他红茶（已发酵）及半发酵茶	15
19	25231000	水泥熟料，不论是否着色	8
20	25232100	白水泥，不论是否人工着色	6
21	25232900	其他硅酸盐水泥，不论是否着色	8
22	27101911	航空煤油	9

续表

序号	2009年税则号列	产品名称（简称）	2009年进口税率（%）
23	27101919	其他煤油馏分产品	6
24	27101993	润滑油基础油	6
25	27101994	液体石蜡和重质液体石蜡	6
26	28030000	碳（碳黑及其他税号未列名的其他形状的碳）	5.5
27	29012200	丙烯	2
28	29012400	1，3-丁二烯及异戊二烯	2
29	29024100	邻二甲苯	2
30	29024200	间二甲苯	2
31	29024300	对二甲苯	2
32	29024400	混合二甲苯异构体	2
33	29029030	十二烷基苯	2
34	29031300	氯仿（三氯甲烷）	10
35	29032100	氯乙烯	5.5
36	29051220	异丙醇	5.5
37	29051300	正丁醇	5.5
38	29051410	异丁醇	5.5
39	29094100	2，2′-氧联二乙醇（二甘醇）	5.5
40	29094300	乙二醇或二甘醇的单丁醚	5.5
41	29103000	1-氯-2，3-环氧丙烷（表氯醇）	5.5
42	29152110	冰乙酸（冰醋酸）	5.5
43	29153200	乙酸乙烯酯	5.5
44	29161300	甲基丙烯酸及其盐	6.5
45	29161400	甲基丙烯酸酯	6.5
46	29173200	邻苯二甲酸二辛酯	6.5
47	29173300	邻苯二甲酸二壬酯，邻苯二甲酸二癸酯	6.5
48	29173490	其他邻苯二甲酸酯	6.5

续表

序号	2009年税则号列	产品名称（简称）	2009年进口税率（%）
49	29241910	二甲基甲酰胺	6.5
50	29291010	2，4和2，6甲苯二异氰酸酯混合物（甲苯二异氰酸酯TDI）	6.5
51	29321100	四氢呋喃	6
52	29333100	吡啶及其盐	6
53	32041200	酸性染料（不论是否预金属络合）及以其为基本成分的制品（不论是否已有化学定义）；媒染染料及以其为基本成分的制品（不论是否已有化学定义）	6.5
54	32041400	直接染料及以其为基本成分的制品（不论是否已有化学定义）	6.5
55	32041600	活性染料及以其为基本成分的制品（不论是否已有化学定义）	6.5
56	32041700	颜料及以其为基本成分的制品（不论是否已有化学定义）	6.5
57	32041990	由子目号3204.11至3204.19中两个或多个子目所列着色料组成的混合物，（不论是否已有化学定义）	6.5
58	32042000	用作萤光增白剂的有机合成产品（不论是否已有化学定义）	6.5
59	32061110	钛白粉	6.5
60	32061900	二氧化钛为基料的颜料及制品，干量计二氧化钛<80%	10
61	32064900	其他着色料及其制品；32章注释三所述的制品，但税目32.03，32.04及32.05的货品除外	6.5
62	32081000	分散或溶于非水介质的聚酯油漆及清漆等	10
63	32082010	分散或溶于非水介质的丙烯酸聚合物油漆及清漆	10
64	32089090	分散或溶于非水介质其他油漆、清漆溶液	10

续表

序号	2009年税则号列	产品名称（简称）	2009年进口税率（%）
65	32099010	以环氧树脂为基本成分的溶于水介质其他聚合物油漆及清漆	10
66	32099090	溶于水介质其他聚合物油漆及清漆	10
67	32100000	其他油漆及清漆（包括瓷漆、大漆及水浆涂料）；皮革用水性颜料	10
68	32151900	其他印刷油墨（不论是否固体或浓缩），黑色印刷油墨除外	6.5
69	34021300	非离子型有机表面活性剂	6.5
70	35061000	适于作胶或粘合剂的产品，零售包装每件净重≤1千克	10
71	35069110	以聚酰胺为基本成份的粘合剂	10
72	35069120	以环氧树脂为基本成分的粘合剂	10
73	35069190	以其他橡胶或塑料为基本成分的粘合剂	10
74	35069900	其他调制胶、粘合剂	10
75	38170000	混合烷基苯及混合烷基萘，但税目27.07及29.02的产品除外	6.5
76	39023010	初级形状的乙烯丙烯共聚物（乙丙橡胶丙烯单体单元的含量大于乙烯单体单元）	6.5
77	39029000	其他初级形状的烯烃聚合物	6.5
78	39032000	初级形状苯乙烯－丙烯腈共聚物	12
79	39039000	初级形状的其他苯乙烯聚合物	6.5
80	39052100	乙酸乙烯酯共聚物的水分散体	10
81	39053000	初级形状的聚乙烯醇（不论是否含有未水解的乙酸酯基）	14
82	39061000	初级形状的聚甲基丙烯酸甲酯	6.5
83	39069010	聚丙稀酰胺	6.5

续表

序号	2009 年税则号列	产品名称（简称）	2009 年进口税率（%）
84	39069090	其他初级形状的丙烯酸聚合物	6.5
85	39071010	初级形状的聚甲醛	6.5
86	39072010	聚四亚甲基醚二醇	6.5
87	39073000	初级形状的环氧树脂	6.5
88	39074000	初级形状的聚碳酸酯	6.5
89	39075000	初级形状的醇酸树脂	10
90	39079100	初级形状的不饱和聚酯	6.5
91	39079990	初级形状的其他聚酯	6.5
92	39091000	初级形状的尿素树脂及硫尿树脂	6.5
93	39092000	初级形状的蜜胺树脂	6.5
94	39093090	其他初级形状的其他氨基树脂	6.5
95	39094000	初级形状的酚醛树脂	6.5
96	39095000	初级形状的聚亚氨酯	6.5
97	39100000	初级形状的聚硅氧烷	6.5
98	39111000	初级形状的石油树脂、苯并呋喃－茚树脂、多萜树脂	6.5
99	39191099	其他材料制的，宽度≤20 厘米的其他成卷塑料胶粘板片等	6.5
100	39199090	其他自粘塑料板、片、膜等材料	6.5
101	39201090	其他乙烯聚合物制板、片、带	6.5
102	39202090	其他丙烯聚合物制板、片、带	6.5
103	39203000	非泡沫聚苯乙烯板、片、膜、箔及扁条	6.5
104	39204300	按重量计增塑剂含量不小于 6% 的聚氯乙烯板、片、膜、箔及扁条	6.5
105	39204900	按重量计增塑剂含量小于 6% 的聚氯乙烯板、片、膜、箔及扁条	6.5

续表

序号	2009年税则号列	产品名称（简称）	2009年进口税率（%）
106	39205100	聚甲基丙烯酸甲酯板片膜箔及扁条	6.5
107	39206100	聚碳酸酯制板、片、膜、箔及扁条	6.5
108	39206200	聚对苯二甲酸乙二酯板片膜箔扁条	6.5
109	39206900	其他聚酯板、片、膜、箔及扁条	10
110	39209990	其他塑料制的非泡沫塑料板片	6.5
111	39211210	泡沫聚氯乙烯人造革及合成革	9
112	39211310	泡沫聚氨酯制人造革及合成革	9
113	39211990	其他泡沫塑料板、片、膜、箔及扁条	6.5
114	39219090	未列名塑料板、片、膜、箔及扁条	6.5
115	39231000	塑料制盒、箱及类似品	10
116	39235000	塑料制塞子、盖子及类似品	10
117	39239000	供运输或包装货物用其他塑料制品	10
118	39269010	塑料制机器及仪器用零件	10
119	39269090	其他塑料制品	10
120	40029911	其他初级形状的合成橡胶	7.5
121	40111000	机动小客车用新的充气橡胶轮胎	10
122	40112000	客或货运车用新的充气橡胶轮胎	10
123	40114000	摩托车用新的充气橡胶轮胎	15
124	40115000	自行车用新的充气橡胶轮胎	20
125	40116100	农业或林业车辆及机器用人字形胎面或类似胎面的新充气橡胶轮胎	17.5
126	40116900	其他人字形胎面或类似胎面的新充气橡胶轮胎	17.5
127	40119200	农业或林业车辆及机器用非人字形胎面或类似胎面的新充气橡胶轮胎	25
128	42021210	以塑料或纺织材料作面的衣箱	20
129	42021290	塑料或纺织材料作面的其他箱包	20

续表

序号	2009 年税则号列	产品名称（简称）	2009 年进口税率（%）
130	42021900	其他材料制箱包	20
131	42022200	以塑料片或纺织材料作面的手提包	10
132	52051100	非零售粗梳粗支纯棉单纱	5
133	52051200	非零售粗梳中支纯棉单纱	5
134	52061200	非零售粗梳中支混纺棉单纱	5
135	52062200	非零售精梳中支混纺棉单纱	5
136	52062400	非零售精梳较细支混纺棉单纱	5
137	52083100	染色的轻质全棉平纹布	10
138	52083200	染色的较轻质全棉平纹布	10
139	52083900	染色的轻质其他全棉机织物	10
140	52084200	色织的较轻质全棉平纹布	10
141	52085990	印花的轻质其他全棉机织物	10
142	52093100	染色的重质全棉平纹布	10
143	52093200	染色的重质全棉三、四线斜纹布	10
144	52093900	染色的重质其他全棉机织物	10
145	52094100	色织的重质全棉平纹布	10
146	52094200	色织的重质全棉粗斜纹布（劳动布）	10
147	52103100	与化纤混纺染色的轻质平纹棉布	10
148	52103900	与化纤混纺染色的轻质其他棉布	10
149	52104100	与化纤混纺色织的轻质平纹棉布	10
150	52104990	与化纤混纺色织的轻质其他棉布	10
151	52113900	与化纤混纺染色的重质其他棉布	10
152	54011010	非供零售用合成纤维长丝缝纫线	5
153	54022000	非零售聚酯长丝高强力纱	5
154	54023310	非零售聚酯弹力丝	5
155	54026200	非零售聚酯多股纱线	5

续表

序号	2009 年税则号列	产品名称（简称）	2009 年进口税率（%）
156	54071010	尼龙或其他聚酰胺高强力纱制机织物	10
157	54071020	聚酯高强力纱制机织物	10
158	54074100	未漂白或漂白的纯尼龙布	10
159	54074200	染色的纯尼龙布	10
160	54074300	色织的纯尼龙布	10
161	54075100	未漂白或漂白纯聚酯变形长丝布	10
162	54075200	染色的纯聚酯变形长丝布	10
163	54075300	色织的纯聚酯变形长丝布	10
164	54075400	印花的纯聚酯变形长丝布	10
165	54076100	其他纯聚酯非变形长丝布	10
166	54076900	其他纯聚酯长丝布	10
167	54077100	未漂白或漂白其他纯合成纤维长丝布	10
168	54077200	染色的其他纯合成纤维长丝布	10
169	54078200	染色的与棉混纺合成纤维长丝布	10
170	54078300	色织的与棉混纺合成纤维长丝布	10
171	54079200	染色的其他混纺合成纤维长丝布	10
172	54079300	色织的其他混纺合成纤维长丝布	10
173	54082220	纯醋酸长丝制染色机织物	10
174	54082290	纯其他人造长丝制染色机织物	10
175	54082390	纯其他人造长丝制色织机织物	10
176	54083200	染色的人纤长丝混纺布	10
177	55039000	未梳的其他合成纤维短纤	5
178	55049000	未梳的其他人造纤维短纤	5
179	55093200	非零售纯聚丙烯腈短纤多股纱线	5
180	55095300	非零售与棉混纺聚酯短纤纱线	5
181	55099200	非零售与棉混纺其他合成纤维短纤纱线	5

续表

序号	2009 年税则号列	产品名称（简称）	2009 年进口税率（%）
182	55101100	非零售纯人造纤维短纤单纱	5
183	55101200	非零售纯人造纤维短纤多股纱线	5
184	55103000	非零售与棉混纺人造纤维短纤纱线	5
185	55121100	未漂或漂白的纯聚酯布	16.9
186	55121900	其他纯聚酯布	10
187	55129900	其他纯合成纤维布	10
188	55132100	与棉混纺染色的轻质聚酯平纹布	10
189	55151100	与粘胶纤维短纤混纺的聚酯布	10
190	55151200	与化纤长丝混纺的聚酯布	10
191	55161200	染色的纯人造纤维短纤布	10
192	55162200	与化纤长丝混纺的染色人造纤维布	10
193	56012290	化学纤维制的絮胎及其他絮胎制品	12
194	56031110	每平米≤25 克经浸渍化纤长丝无纺织物	10
195	56031290	25 克＜每平米≤70 克其他化纤长丝无纺织物	10
196	56031310	70 克＜每平米≤150 克浸渍化纤长丝无纺织物	10
197	56031390	70 克＜每平米≤150 克其他化纤长丝无纺织物	10
198	56031410	每平米＞150 克经浸渍化纤长丝无纺织物	10
199	56031490	每平米＞150 克的其他化纤长丝无纺织物	10
200	56039290	25 克＜每平米≤70 克其他无纺织物	10
201	56039390	70 克＜每平米≤150 克的其他无纺织物	10
202	56039410	每平米＞150 克经浸渍其他无纺织物	10
203	56039490	每平米＞150 克的其他无纺织物	10
204	56075000	其他合纤制线、绳、索、缆	5
205	56081900	化纤材料制成的其他网	12
206	58012200	割绒的棉制灯芯绒	10
207	58013300	其他化纤纬起绒织物	10

续表

序号	2009 年税则号列	产品名称（简称）	2009 年进口税率（%）
208	58041030	化纤制网眼薄纱及其他网眼织物	12
209	58041090	其他纺织材料网眼薄纱及其他网眼织物	10
210	58042100	化纤机制花边	10
211	58061090	其他材料狭幅起绒织物及绳绒织物	10
212	58062000	含弹性纱线≥5% 的狭幅织物	10
213	58063200	化纤制其他狭幅机织物	10
214	58071000	机织非绣制纺织材料标签、徽章等	10
215	58109200	化学纤维制见底布刺绣品	10
216	59031020	用聚氯乙烯浸、涂的人造革	10
217	59031090	用聚氯乙烯浸、涂的其他纺织物	10
218	59032020	用聚氨基甲酸酯浸、涂的人造革	10
219	59032090	用聚氨基甲酸酯浸、涂的其他纺织物	10
220	59039020	用其他塑料浸、涂的人造革	10
221	59039090	用其他塑料浸、涂的其他纺织物	10
222	59069100	用橡胶处理的针织或钩编的纺织物	10
223	59069990	用橡胶处理的其他纺织物	10
224	59100000	纺织材料制的传动带或输送带及带料	8
225	60019200	化纤制针织或钩编起绒织物	10
226	60041030	宽 >30 厘米，弹性纱线≥5% 合成纤维制针织、钩编织物	10
227	60041090	宽 >30 厘米，弹性纱线≥5% 其他纺织材料针织、钩编织物	10
228	60049030	宽 >30 厘米含橡胶线的合成纤维制针织、钩编织物	10
229	60049090	宽 >30 厘米含橡胶线的其他纺织材料针织、钩编织物	10
230	60053100	未漂白或漂白合成纤维制的其他经编织物	10

续表

序号	2009 年税则号列	产品名称（简称）	2009 年进口税率（%）
231	60053200	染色合成纤维制的其他经编织物	10
232	60062400	印花棉制的其他针织、钩编织物	10
233	60063100	未漂白或漂白合成纤维制的其他针织、钩编织物	10
234	60063200	染色合成纤维制的其他针织、钩编织物	10
235	60063300	色织合成纤维制的其他针织、钩编织物	10
236	60063400	印花合成纤维制的其他针织、钩编织物	10
237	60064200	染色人造纤维制的其他针织、钩编织物	10
238	61051000	棉制针织或钩编男衬衫	16
239	61069000	其他纺织材料制针织或钩编女衬衫	16
240	61101100	羊毛制针织或钩编套头衫等	14
241	61102000	棉制针织或钩编套头衫等	14
242	61103000	化纤制针织或钩编套头衫等	16
243	61124100	合纤制针织或钩编女式游泳服	17.5
244	61152200	单丝≥67 分特合纤制连裤袜等	16
245	61152990	其他纺织材料制针织连裤袜及紧身裤袜	14
246	61159900	其他纺织材料制针织或钩编短袜及其他袜类	14
247	61178010	针织或钩编领带及领结	14
248	61178090	针织或钩编其他衣着附件	14
249	61179000	其他针织或钩编衣着零件	14
250	62089200	化纤制女式背心、内衣及类似品	16
251	62121010	化纤制胸罩	16
252	62121090	其他纺织材料制胸罩	14
253	62122010	化纤制束腰带及腹带	16
254	62122090	其他纺织材料制束腰带及腹带	14
255	62129010	化纤制吊裤带、吊袜带等	16
256	62129090	其他纺织材料制吊裤带、吊袜带等	14

续表

序号	2009 年税则号列	产品名称（简称）	2009 年进口税率（%）
257	62171010	非针织非钩编袜子及袜套	14
258	62171020	非针织非钩编和服腰带	14
259	62171090	非针织非钩编服装或衣着附件	14
260	62179000	非针织非钩编服装或衣着零件	14
261	63019000	其他纺织材料制毯子及旅行毯	16
262	63026010	棉制浴巾	14
263	63026090	棉制盥洗及厨房用毛巾织物	14
264	63071000	擦地布、擦碗布等	14
265	64061000	鞋面及其零件，硬衬除外	15
266	64062010	橡胶制的外底及鞋跟	15
267	64069900	其他材料制鞋靴、护腿等零件	15
268	70031900	铸、轧制的其他非夹丝玻璃板、片	17.5
269	70060000	经其他加工税号 70.03 – 70.05 的玻璃	15
270	70091000	车辆后视镜	10
271	70191100	长度≤50 毫米的短切玻璃纤维	12
272	70191900	玻璃纤维、梳条、纱线	10
273	70193900	玻璃纤维制的网及类似无纺产品	10.5
274	72082790	其他厚度 <3 毫米的其他经酸洗的热轧卷材	5
275	72083890	其他 3 毫米≤厚度 <4.75 毫米的其他卷材	5
276	72083990	其他厚度 <3 毫米的其他热轧卷材	3
277	72091690	其他 1 毫米 <厚度 <3 毫米的冷轧卷材	6
278	72091790	其他 0.5 毫米≤厚度≤1 毫米的冷轧卷材	3
279	72091890	其他厚度 <0.5 毫米的冷轧卷材	6
280	72103000	电镀锌的铁或非合金钢宽板材	8
281	72104900	镀锌的其他形铁或非合金钢宽板材	4
282	72171000	未镀或涂层的铁或非合金钢丝	8

续表

序号	2009 年税则号列	产品名称（简称）	2009 年进口税率（%）
283	72191200	4.75 毫米≤厚度≤10 毫米热轧不锈钢卷板	4
284	72191319	厚度在 3 毫米及以上，但小于 4.75 毫米的未经酸洗的其他不锈钢卷板	4
285	72191329	厚度在 3 毫米及以上，但小于 4.75 毫米的经酸洗的其他不锈钢卷板	4
286	72192300	3 毫米≤厚度 <4.75 毫米热轧不锈钢平板	10
287	72192410	1 毫米 <厚度 <3 毫米热轧不锈钢平板	10
288	72193100	厚度≥4.75 毫米冷轧不锈钢板	10
289	72193200	3 毫米≤厚度 <4.75 毫米冷轧不锈钢板材	10
290	72193300	1 毫米 <厚度 <3 毫米冷轧不锈钢板材	10
291	72193400	0.5 毫米≤厚度≤1 毫米冷轧不锈钢板材	10
292	72193500	厚度 <0.5 毫米冷轧不锈钢板材	10
293	72199000	其他不锈钢冷轧板材	10
294	72209000	其他不锈钢带材	10
295	72251900	其他硅电钢宽板	6
296	74071000	精炼铜条、杆及型材及异型材	4
297	74072100	黄铜条、杆及型材及异型材	7
298	74072900	其他铜合金条杆、型材及异型材	7
299	74081100	最大截面尺寸 >6 毫米的精炼铜丝	4
300	74081900	截面尺寸≤6 毫米的精炼铜丝	4
301	74082100	黄铜丝	7
302	74091900	其他精炼铜板、片、带	4
303	74092100	成卷的黄铜板、片、带	7
304	74092900	其他黄铜板、片、带	7
305	74093100	成卷的青铜板、片、带	7
306	74093900	其他青铜板、片、带	7

续表

序号	2009 年税则号列	产品名称（简称）	2009 年进口税率（%）
307	74094000	白铜或德银制板、片、带	7
308	74099000	其他铜合金板、片、带	7
309	74101100	无衬背的精炼铜箔	4
310	74101210	无衬背的白铜或德银铜箔	7
311	74101290	无衬背的其他铜合金箔	7
312	74102110	印刷电路用覆铜板	4
313	74102190	有衬背的其他精炼铜箔	4
314	76061190	纯铝制矩形的其他板、片及带	6
315	76061220	厚度＜0.28 毫米的铝合金制矩形铝板片带	6
316	76061230	0.28 毫米≤厚度≤0.35 毫米的铝合金制矩形铝板片带	6
317	76069100	纯铝制非矩形的板、片及带	6
318	76069200	铝合金制非矩形的板、片及带	10
319	76071190	轧制后未进一步加工的无衬背铝箔	6
320	76071900	其他无衬背铝箔	6
321	76072000	有衬背铝箔	6
322	81130000	金属陶瓷及其制品，包括废碎料	8.4
323	82032000	钳子、镊子及类似工具	10.5
324	82041200	可调式的手动扳手及板钳	10
325	82052000	手工锤子	10
326	82054000	手工螺丝刀	10.5
327	82055900	其他手工工具	10
328	82072010	带超硬部件的金属拉拔或挤压用模	8
329	82072090	其他金属拉拔或挤压用模	8
330	82073000	锻压或冲压工具	8
331	82074000	攻丝工具	8

续表

序号	2009年税则号列	产品名称（简称）	2009年进口税率（%）
332	82075010	带超硬材料部件的钻孔工具	8
333	82075090	带其他材料工作部件的钻孔工具	8
334	82076010	带超硬材料部件的镗孔或铰孔工具	8
335	82077000	铣削工具	8
336	82078000	车削工具	8
337	82079010	带超硬材料部件的其他可互换工具	8
338	82079090	其他可互换工具	8
339	82082000	木工机械用刀及刀片	8
340	82084000	农、林业机器用刀及刀片	8
341	82089000	其他机器或机械器具用刀及刀片	8
342	84122100	直线作用的液压动力装置（液压缸）	12
343	84123100	直线作用的气压动力装置（气压缸）	14
344	84138100	其他液体泵	8
345	84139100	液体泵用零件	5
346	84141000	真空泵	8
347	84143013	功率0.4－5千瓦的空气调节器用压缩机	10
348	84143014	功率>5千瓦的空气调节器用压缩机	10
349	84145120	功率≤125瓦的换气扇	20
350	84145199	功率≤125瓦其他风扇、风机	10
351	84145990	其他扇，风机	8
352	84148090	其他气体压缩机及通风罩或循环气罩	7
353	84149019	其他用于制冷设备的压缩机零件	8
354	84149020	风机、风扇、通风罩及循环气罩零件	12
355	84149090	税号84.14其他所列机器零件	7
356	84159090	制冷量>4千大卡/时等空调的零件	10
357	84178090	其他非电热的工业用炉及烘箱	10

续表

序号	2009 年税则号列	产品名称（简称）	2009 年进口税率（%）
358	84191900	其他非电热的快速或贮备式热水器	35
359	84193200	木材、纸浆、纸或纸板用干燥器	9
360	84193990	其他用途的干燥器	9
361	84195000	热交换装置	10
362	84199090	税号 84.19 的其他机器设备用零件	4
363	84201000	研光机或其他滚压机器	8.4
364	84212190	其他过滤或净化水的装置	5
365	84212990	其他液体的过滤、净化机器及装置	5
366	84213910	家用型气体过滤、净化机器及装置	15
367	84213921	工业用静电除尘器	5
368	84213923	工业用旋风式除尘器	5
369	84213929	工业用其他除尘器	5
370	84213990	其他气体的过滤、净化机器及装置	5
371	84219990	其他过滤、净化装置用零件	5
372	84243000	喷汽机、喷砂机及类似喷射机	8.4
373	84281090	其他升降机及倒卸式起重机	6
374	84283300	其他带式连续运货升降、输送机	5
375	84283910	链式连续运送货物的升降机及输送机	5
376	84283920	辊式连续运送货物的升降机及输送机	5
377	84283990	其他未列名连续运货升降、输送机	5
378	84289090	其他升降、搬运、装卸机械	5
379	84388000	84 章其他未列名食品等加工机器	8.5
380	84392000	纸或纸板的抄造机器	8.4
381	84393000	纸或纸板的整理机器	8.4
382	84411000	切纸机	12
383	84418090	其他制造纸浆制品、纸制品的机器	12

续表

序号	2009 年税则号列	产品名称（简称）	2009 年进口税率（%）
384	84431922	平网印刷机	10
385	84431929	其他网式印刷机	10
386	84431980	其他印刷机	8
387	84440010	合成纤维长丝纺丝机	10
388	84463040	所织织物宽度 >30 厘米的喷水织机	8
389	84471100	圆筒直径≤165 毫米的圆型针织机	8
390	84471200	圆筒直径 >165 毫米的圆型针织机	8
391	84472020	平型纬编机	8
392	84485900	税号 84.47 机器用的其他零附件	6
393	84514000	洗涤、漂白或染色机器	8.4
394	84515000	纺织物卷绕、退绕、折叠、剪切或剪齿边机器	8
395	84518000	税号 84.51 所列其他未列名的机器	12
396	84522190	其他自动缝纫机	12
397	84529099	其他缝纫机用其他零件	14
398	84581100	切削金属的数控卧式车床	9.7
399	84589100	切削金属的其他数控车床	5
400	84592100	切削金属的数控钻床	9.7
401	84601100	数控平面磨床	9.7
402	84604020	研磨机床	13
403	84609010	砂轮机	15
404	84609020	抛光机床	15
405	84612020	插床	15
406	84613000	拉床	12
407	84615000	锯床或切断机	12
408	84619011	龙门刨床	15
409	84619019	其他刨床	15

续表

序号	2009年税则号列	产品名称（简称）	2009年进口税率（%）
410	84621010	数控锻造或冲压机床及锻锤	9.7
411	84621090	非数控锻造或冲压机床及锻锤	12
412	84624900	非数控冲孔、开槽机、冲剪两用机	10
413	84629910	其他机械压力机	10
414	84631019	其他冷拔管机	10
415	84662000	工件夹具	7
416	84669400	税号84.62－84.63机器用其他零附件	6
417	84772010	塑料造粒机	5
418	84772090	其他加工橡胶或塑料的挤出机	5
419	84774010	塑料中空成型机	5
420	84774020	塑料压延成型机	5
421	84774090	其他真空模塑及热成型机器	5
422	84775900	其他橡胶或塑料的模塑机、成型机	5
423	84778000	其他橡胶或塑料加工机器	5
424	84798110	绕线机	9.5
425	84798190	其他处理金属的机械	9.5
426	84798200	其他混合、研磨、筛选、均化等机器	7
427	84804100	金属、硬质合金用注模或压模	8
428	84807900	塑料或橡胶用其他型模	5
429	84812010	油压传动阀	5
430	84813000	止回阀	5
431	84814000	安全阀或溢流阀	5
432	84818010	其他阀门	7
433	84819010	阀门用零件	8
434	84819090	龙头、旋塞及类似装置的零件	8
435	84824000	滚针轴承	8

续表

序号	2009 年税则号列	产品名称（简称）	2009 年进口税率（%）
436	84829900	滚动轴承的其他零件	6
437	84834010	滚子螺杆传动装置	8
438	84834090	其他齿轮及齿轮传动装置	8
439	84839000	单独报验的带齿的轮及其他传动元件；零件	8
440	84841000	金属片密封垫或类似接合衬垫	8
441	84879000	本章其他税号未列名机器零件	8
442	85011010	输出功率≤37.5 瓦玩具电动机	24.5
443	85011099	其他输出功率≤37.5 瓦微电机	9
444	85013100	输出功率≤750 瓦直流电动机、发电机	12
445	85030010	玩具用电动机微电机零件	12
446	85030090	其他电动机、发电机（组）零件	8
447	85043110	额定容量≤1 千伏安的互感器	5
448	85043190	额定容量≤1 千伏安的其他变压器	5
449	85049019	其他变压器零件	8
450	85049020	稳压电源及不间断供电电源零件	8
451	85049090	其他静止式变流器及电感器零件	8
452	85051110	稀土永磁体	7
453	85051190	其他金属的永磁体	7
454	85078020	锂离子电池	12
455	85081100	功率不超过 1500 瓦，且带有容积不超过 20L 的电动真空吸尘器	10
456	85094090	食品研磨机及搅拌器或果、菜榨汁器	10
457	85122010	机动车辆用照明装置	10
458	85129000	税号 85.12 所列装置的零件	8
459	85158000	其他焊接机器及装置	8
460	85162100	电气储存式散热器	35

续表

序号	2009年税则号列	产品名称（简称）	2009年进口税率（%）
461	85164000	电熨斗	35
462	85166030	电饭锅	15
463	85166050	电烤箱	15
464	85167210	家用自动面包机	32
465	85181000	传声器（麦克风）及其座架	10
466	85184000	音频扩大器	12
467	85189000	税号85.18所列货品的零件	10.5
468	85258013	非特种用途的其他电视摄像机	35
469	85299042	非特种用途的取像模块	12
470	85299049	其他电视摄像机、静像视频摄像机及其他视频摄录一体机、数字相机零件	12
471	85361000	熔断器（电压≤1000伏）	10
472	85371011	可编程序控制器	5
473	85371019	其他数控装置	5
474	85389000	税号85.35、85.36或85.37装置的零件	7
475	85393990	其他用途的其他放电灯管	8
476	85399000	税号85.39所列货品的零件	8
477	85408900	其他电子管	8
478	85432010	输出信号频率<1500兆赫的通用信号发生器	15
479	85432090	输出信号频率≥1500兆赫的通用信号发生器	8
480	85441100	铜制绕组电线	10
481	85442000	同轴电缆及其他同轴电导体	10
482	85444929	80伏<耐压≤1000伏无接头电导体	12
483	87081000	缓冲器（保险杠）及其零件	10
484	87082930	车窗玻璃升降器	10

续表

序号	2009 年税则号列	产品名称（简称）	2009 年进口税率（%）
485	87082941	汽车电动天窗	10
486	87082942	汽车手动天窗	10
487	87082951	侧围	10
488	87082952	车门	10
489	87082953	发动机罩盖	10
490	87082954	前围	10
491	87082955	行李箱盖（或背门）	10
492	87082956	后围	10
493	87082957	翼子板（或叶子板）	10
494	87082959	车身的其他覆盖件	10
495	87082990	车身的未列名零部件	10
496	87084010	牵引车、拖拉机用变速箱及零件	6
497	87084020	大型客车用变速箱及零件	10
498	87084030	非公路自卸车用变速箱及零件	6
499	87084040	柴、汽油轻型货车用变速箱及零件	10
500	87084050	其他柴油型重型货车用变速箱及零件	10
501	87084060	特种车用变速箱及零件	10
502	87084099	未列名机动车辆用变速箱及零件	10
503	87087010	牵引车及拖拉机用车轮及其零附件	6
504	87087020	大型客车用车轮及其零附件	10
505	87087030	非公路货运自卸车用车轮及其零件	6
506	87087040	中小型货车用车轮及其零件	10
507	87087050	大型货车用车轮及其零件	10
508	87087060	特种车用车轮及其零件	10

续表

序号	2009 年税则号列	产品名称（简称）	2009 年进口税率（%）
509	87087090	其他车辆用车轮及其零附件	10
510	87089991	其他税号所列车辆用车架	10
511	87089992	汽车传动轴	10
512	87089999	机动车辆用未列名零附件	10
513	87120020	竞赛型自行车	13
514	87120030	山地自行车	13
515	87120041	16、18、20 英寸自行车	13
516	87120049	其他越野自行车	13
517	87120081	≤16 英寸的未列名自行车	13
518	87120089	其他未列名自行车	13
519	87120090	其他非机动脚踏车	23
520	87149100	非机动脚踏车车架、轮叉及其零件	12
521	87149200	非机动脚踏车轮圈及辐条	12
522	87149310	非机动脚踏车的轮毂	12
523	87149320	飞轮	12
524	87149390	其他非机动脚踏车的飞轮	12
525	87149400	非机动脚踏车的制动器及其零件	12
526	87149500	非机动脚踏车的鞍座	12
527	87149610	非机动脚踏车脚蹬及其零件	12
528	87149620	非机动脚踏车曲柄、链轮及其零件	12
529	87149900	非机动脚踏车的其他零附件	12
530	90021190	其他照相机、投影仪等用物镜	15
531	90021990	税号 90. 02 未列名的其他物镜	15
532	90029010	照相机用未列名光学元件	15

续表

序号	2009 年税则号列	产品名称（简称）	2009 年进口税率（%）
533	90029090	其他光学仪器用未列名光学元件	15
534	90213100	人造关节	4
535	90318090	未列名测量、检验仪器器具及机器	5
536	95063900	其他高尔夫球用具	14
537	95069110	健身及康复器械	12
538	96062100	塑料制钮扣，未用纺织材料包裹	21
539	96062200	金属制钮扣，未用纺织材料包裹	15

注：表中产品名称为简称，具体产品范围按大陆 2009 年税则相应税则号列的规定执行。

大陆方面早期收获产品降税安排

	2009 年进口税率（X%）	协议税率		
		早期收获计划实施第 1 年	早期收获计划实施第 2 年	早期收获计划实施第 3 年
1	$0<X\leqslant 5$	0		
2	$5<X\leqslant 15$	5	0	
3	$X>15$	10	5	0

注：

1. 2009 年进口税率指大陆 2009 年对其他所有世界贸易组织成员普遍适用的非临时性进口关税税率。

2. 《海峡两岸经济合作框架协议》如在上半年生效，早期收获计划的实施时间为当年的 7 月 1 日；如在下半年生效，早期收获计划的实施时间为次年的 1 月 1 日。

3. 早期收获计划产品的协议税率在该计划实施后不超过 2 年的时间内最多分 3 次降为零，第 1 年开始降税时间为早期收获计划实施时，第 2 年、第 3 年的降税时间为当年的 1 月 1 日。

台湾方面早期收获产品清单

序号	2009年税则号列	产品名称（简称）	2009年进口税率（%）
1	27079100	杂酚油	1.0
2	27101941	燃料油，温度15℃，比重超过0.93	5.0
3	27111990	其他液化碳化氢（烃）	5.0
4	27131200	石油焦，已煅烧	1.0
5	28030010	碳烟	2.5
6	28121010	三氯化磷	5.0
7	28151200	氢氧化钠水溶液（鹹水或液碱）	2.5
8	28161010	氢氧化镁	5.0
9	28230090	其他氧化钛	2.0
10	28258000	氧化锑	2.5
11	28273990	其他金属氯化物（氯化钠归列第2501节）	3.4
12	28332400	镍之硫酸盐	2.7
13	28352500	磷酸氢钙（磷酸二钙）	5.0
14	28362010	晶碱	5.5
15	28362090	碳酸纳（纯碱）	3.5
16	28419090	其他氧金属或过氧金属酸盐	5.0
17	29033990	其他非环烃之氟化、溴化或碘化衍生物	5.0
18	29034900	其他含二种或以上不同卤素原子之非环烃卤化衍生物	5.5
19	29055990	其他非环醇之卤化、磺化、硝化或亚硝化衍生物	2.5
20	29094999	其他醚醇及其卤化、磺化、硝化或亚硝化衍生物	5.0
21	29103000	1-氯-2，3-环氧丙烷	1.0
22	29124990	未列名醛醚、醛酚及具有其他氧官能基之醛	2.5
23	29145000	酮酚及具有其他氧官能基之酮	2.5
24	29151100	蚁酸（甲酸）	2.5
25	29152100	醋酸（乙酸）	1.0

续表

序号	2009年税则号列	产品名称（简称）	2009年进口税率（%）
26	29153100	醋酸乙酯	2.5
27	29153900	其他醋酸之酯类	2.5
28	29159090	其他饱和非环一元羧酸及酸酐、卤化物、过氧化物及过氧酸；其卤化、磺化、硝化或亚硝化衍生物	4.0
29	29161200	丙烯酸之酯类	2.5
30	29161410	甲基丙烯酸甲酯	2.5
31	29163990	其他芳香族一元羧酸、其酐、卤化物、过氧化物、过氧酸及其衍生物	5.0
32	29181400	柠檬酸	3.5
33	29182900	其他具有酚官能基但无其他氧官能基之羧酸，其酐、卤化物、过氧化物、过氧酸及其衍生物	5.0
34	29209049	其他亚磷酸酯及其盐类，及其卤化、磺化、硝化或亚硝化衍生物	5.0
35	29211900	其他非环一元胺及其衍生物；其盐类	1.0
36	29214200	苯胺衍生物及其盐类	2.5
37	29215990	其他芳香族多元胺及其衍生物；其盐类	5.0
38	29222100	胺基羟基萘磺酸及其盐类	5.0
39	29224990	其他胺基酸（含氧官能基超过一种以上者除外）及其酯类；其盐类	5.0
40	29239000	其他第四铵盐类及氢氧化物	5.0
41	29241910	二甲基甲酰胺	2.5
42	29242990	其他环酰胺（包括环状胺甲酸酯）及其衍生物及其盐类	5.0
43	29270010	偶氮二甲酰胺	5.0
44	29270090	其他重氮、偶氮或氧化偶氮化合物	5.0
45	29291020	二异氰酸二苯甲烷	1.2

续表

序号	2009 年税则号列	产品名称（简称）	2009 年进口税率（%）
46	29299000	其他氮官能基化合物	4.0
47	29309090	其他有机硫化物	2.5
48	29310029	有机锡化合物	4.0
49	29321310	呋喃甲醇	2.5
50	29321320	四氢呋喃甲醇	5.0
51	29321990	其他之结构中含有一未稠合之呋喃环（不论是否氢化）之化合物	5.0
52	29322900	其他内酯	5.0
53	29329900	其他仅具有氧杂原子之杂环化合物	5.0
54	29333990	其他结构中含有一未稠合之吡啶环（不论是否氢化）之化合物	5.0
55	29336990	其他含有一未经稠合之三氮口井 环（不论是否氢化）之化合物	5.0
56	29339990	其他仅具有氮杂原子之杂环化合物	5.0
57	32041120	以分散性染料为基料之调制品	5.0
58	32041210	酸性染料，不论是否已金属预处理	5.0
59	32041220	以酸性染料为基料之调制品	5.0
60	32041230	媒染染料	5.0
61	32041240	以媒染染料为基料之调制品	5.0
62	32041711	有机荧光颜料	5.0
63	32041719	其他合成有机颜料	5.0
64	32041720	以合成有机颜料为基料之调制品	5.0
65	32042000	用作荧光增亮剂之合成有机产品	5.0
66	32061100	以干物质计，含二氧化钛在 80% 或以上之颜料及调制品	2.0
67	32061900	其他以二氧化钛为基料之颜料及调制品	2.0

续表

序号	2009年税则号列	产品名称（简称）	2009年进口税率（%）
68	32141090	其他玻璃匠用之油灰、接合用之油灰、树脂黏合剂，填隙料及其他灰泥；漆匠用之填充物	5.0
69	33073000	沐浴香盐及其他沐浴用剂	5.0
70	33074100	亚珈倍地及其他熏香物品	5.0
71	33074900	其他室内熏香或除臭剂，包括用于宗教仪式之芳香制品	5.0
72	33079090	脱毛剂及其他未列名之香料制剂、化妆品或盥洗用制剂，不论是否芳香或有消毒性质者	5.0
73	34021300	非离子性有机界面活性剂	4.0
74	34022000	零售包装接口活性制剂、洗涤制剂及清洁制剂	4.0
75	35061000	适于作胶用或粘着剂用之产品，以零售包装当作胶或粘着剂出售，每件净重不逾一公斤者	6.5
76	35069110	热熔胶	6.5
77	35069190	其他以第3901至第3913节之聚合物或以橡胶为基料之粘着剂	6.5
78	35069900	其他调制胶及调制粘着剂	6.5
79	37079030	供照相用调色剂	3.5
80	38021000	活性碳	6.5
81	38061000	松香及树脂酸	1.2
82	38069090	其他松香及树脂酸之衍生物	1.2
83	38121000	调制之橡胶促进剂	5.0
84	38123020	橡胶或塑料用其他复合安定剂	5.0
85	38151900	其他载体上触媒	1.0
86	38159019	其他触媒	1.0
87	38160000	耐火水泥、灰泥、混凝土及类似配制品，不包括第3801节所列者	2.5

续表

序号	2009 年税则号列	产品名称（简称）	2009 年进口税率（%）
88	38243000	未经凝聚之金属碳化物混合物或其与金属黏结剂混合者	5.0
89	38249099	其他化学或相关工业之未列名化学品及化学制品（包括天然产品混合物）	5.0
90	39029090	其他烯烃之聚合物，初级状态	2.5
91	39039090	其他苯乙烯之聚合物，初级状态	2.5
92	39061010	聚甲基丙烯酸甲酯粒，初级状态	2.5
93	39069010	其他丙烯酸聚合物粒，初级状态	1.0
94	39069090	其他丙烯酸聚合物乳液，初级状态	4.0
95	39074000	聚碳酸树脂，初级状态	2.5
96	39075000	醇酸树脂，初级状态	5.0
97	39079100	其他聚酯，不饱和者，初级状态	2.5
98	39091000	尿素树脂或硫脲树脂，初级状态	5.0
99	39092000	三聚氰胺树脂，初级状态	5.0
100	39093090	其他胺基树脂，初级状态	5.0
101	39094000	酚树脂，初级状态	5.0
102	39095000	聚胺基甲酸乙酯，初级状态	2.5
103	39100030	硅树脂	4.0
104	39100040	硅橡胶	4.0
105	39111010	石油树脂	5.0
106	40111000	新橡胶气胎，小客车（包括旅行车及赛车）用	10.0
107	40112000	新橡胶气胎，大客车及货车用	10.0
108	40115000	新橡胶气胎，脚踏车用	5.0
109	52054800	多股（合股）或粗股精梳棉纱，单股纱支数在 83.33 分德士以下（公制支数超过 120 支）者	4.0
110	52081300	未漂白棉三枚或四枚斜纹梭织物，含棉重量在 85% 及以上，每平方公尺重量不超过 200 公克者	7.5

续表

序号	2009 年税则号列	产品名称（简称）	2009 年进口税率（%）
111	52083200	染色棉平纹梭织物，含棉重量在 85% 及以上，每平方公尺重量超过 100 公克，不超过 200 公克者	10.0
112	52083900	其他染色棉梭织物，含棉重量在 85% 及以上，每平方公尺重量不超过 200 公克者	10.0
113	54021900	其他高强力尼龙或聚酰胺丝纱，非供零售用者	1.5
114	54022000	高强力聚酯丝纱，非供零售用者	1.5
115	54024900	其他未加捻或捻度每公尺不超过 50 捻之其他合成纤维单股丝纱，非供零售用者	1.5
116	55039090	其他合成纤维棉，未初梳、未精梳或未另行处理以供纺制用者	1.5
117	55081000	合成纤维棉制缝纫线，不论是否供零售用者	4.0
118	55092200	多股（合股）或粗股纱，含聚酯纤维棉重量在 85% 及以上，非供零售用者	4.0
119	56031290	其他不织布，不论是否经浸渍、涂布、被覆或黏合者	5.0
120	56031390	其他不织布，不论是否经浸渍、涂布、被覆或黏合者	5.0
121	56039290	其他不织布，不论是否经浸渍、涂布、被覆或黏合者	5.0
122	56039490	其他不织布，不论是否经浸渍、涂布、被覆或黏合者	5.0
123	58012300	棉制其他纬线圈绒梭织物	10.0
124	59021000	尼龙或其他聚酰胺高强力纱制之轮胎帘布	5.0
125	59031010	PVC 合成皮	5.0
126	59031020	其他用聚氯乙烯浸渍、涂布、被覆或黏合之棉纺织物，但第 5902 节所列者除外	8.0

续表

序号	2009年税则号列	产品名称（简称）	2009年进口税率（%）
127	59032010	PU合成皮	5.0
128	59069990	用橡胶处理之其他纺织物，其他纺织材料制	10.0
129	60041010	丝制其他针织品或钩针织品，宽度超过30公分且含弹性纱重量在5%及以上，但不含橡胶线者，第6001节除外	10.0
130	70139100	其他铅水晶玻璃器	6.5
131	70140011	道路标线及标志用反光玻璃	10.0
132	70140019	其他信号用玻璃器，未经光学加工	10.0
133	70171090	其他实验室、卫生或医疗用之玻璃器，已否刻度或校正者均在内，属熔凝石英或其他熔化硅砂制者	5.0
134	74111000	精炼铜管	3.0
135	78041900	铅板及其他铅片、扁条及箔	1.2
136	82072020	挤压金属用模	4.0
137	82073010	冷压及冲压金属片机器用冲头及模；落锤锻模	10.0
138	82073090	其他压、冲、撞打工具之可互换工具	5.0
139	82075010	可互换之钻孔工具，手工具用	4.0
140	82075020	可互换之钻孔工具，工具机用	5.0
141	82079010	其他可互换工具，手工具用	4.0
142	82089090	其他机器或机械工具用刀及刀片	5.0
143	84122110	液压缸	5.0
144	84123110	气压缸	5.0
145	84138190	其他液体泵	3.0
146	84139100	液体泵之零件	3.0
147	84141000	真空泵	3.0
148	84143010	输出功率600瓦特及以上但未达2000瓦特之冷藏设备用压缩机	5.0

续表

序号	2009 年税则号列	产品名称（简称）	2009 年进口税率（%）
149	84143020	其他冷藏设备用之压缩机	5.0
150	84145900	其他风扇	4.7
151	84148011	离心式空气压缩机	2.5
152	84148019	其他压缩机	4.0
153	84148020	鼓风机	4.0
154	84148090	其他第 8414 节所属之货品	4.0
155	84149010	空气泵及真空泵之零件	3.0
156	84149020	压缩机之零件	3.4
157	84149030	风扇及鼓风机之零件	3.4
158	84149090	其他第 8414 节所属货品之零件	4.0
159	84159000	空气调节器零件	1.5
160	84178090	其他非电热式工业或实验室用炉及烘烤箱	4.0
161	84193200	木材、纸浆、纸或纸板用干燥机	4.0
162	84193900	其他干燥机	4.0
163	84195000	热交换器	3.0
164	84212190	其他水过滤或净化机具	4.0
165	84212900	其他液体过滤或净化机具	3.0
166	84213990	其他气体过滤或净化机具	4.0
167	84219990	其他液体或气体过滤及净化机具之零件	3.0
168	84243000	喷水蒸汽机或喷砂机及类似喷射机器	4.0
169	84388000	其他第 8438 节所属之机械	4.0
170	84392000	纸或纸板制造机械	4.0
171	84411000	切纸机	3.0
172	84418090	其他第 8441 节所属之机械	4.0
173	84431990	其他印刷机	3.0
174	84440000	人造纤维材料射丝、延伸、捻丝或切割机器	3.0

续表

序号	2009年税则号列	产品名称（简称）	2009年进口税率（%）
175	84471100	环型针织机（圆编机），针筒直径不超过165公厘者	3.0
176	84471200	环型针织机（圆编机），针筒直径超过165公厘者	3.0
177	84472000	编织针织机；合缝机	3.0
178	84485900	其他第8447节机器或其辅助机械之零件及附件	2.5
179	84514000	洗涤、漂白或染色机器	3.0
180	84515090	其他织物之卷取、松卷、折叠、切断或剪边机器	4.0
181	84518090	其他第8451节所属之机械	4.0
182	84522110	锁边缝纫机（拷克车）	2.0
183	84529000	缝纫机之其他零件	2.5
184	84729090	其他第8472节所属办公室用机器	3.5
185	84772090	其他押出机	3.0
186	84774000	真空成型机及其他热定型机	3.0
187	84775900	其他模制或造型用机械	3.0
188	84778000	其他第8477节所属之机械	3.0
189	84779000	第8477节所属机械之零件	2.5
190	84798100	处理金属用机械，包括电线卷绕机	3.0
191	84798200	混合、糅合、轧碎、磨粉、筛分、精选、均质、乳化或搅拌机器	2.5
192	84798990	其他第8479节所属之机械	4.0
193	84799090	其他第8479节所属机械之零件	2.5
194	84804100	金属或金属碳化物用射出模或压缩模	4.0
195	84807900	其他橡胶或塑料用模	2.5
196	84812000	油压或气压传动阀	3.0
197	84813000	止回（不回流）阀	3.0
198	84814000	安全阀或放泄阀	3.0

续表

序号	2009年税则号列	产品名称（简称）	2009年进口税率（%）
199	84818020	消防栓及消防撒水头	2.5
200	84819020	消防栓之零件	2.5
201	84819090	其他第8481节所属货品之零件	5.0
202	84824090	其他滚针轴承	10.0
203	84829910	轴承用钢圈（未经研磨）	2.5
204	84829920	轴承用保持器	2.5
205	84829990	其他滚珠或滚子轴承之零件	2.5
206	84834090	其他第848340目所属之货品	5.0
207	84839090	其他齿轮、链轮及其他传动组件，单独呈现者；及第8483节所属货品之零件	5.0
208	84841000	密合垫及金属片与其他材料或两层或多层金属片合成之类似接合垫	5.0
209	85011010	防爆型电动机，输出未超过37.5瓦者	5.0
210	85011090	其他电动机，输出未超过37.5瓦者	5.0
211	85030090	其他专用或主要用于第8501或8502节所列机器之零件	1.0
212	85044091	其他交换式电源供应器	5.0
213	85049000	第8504节所属货品之零件	1.7
214	85051100	金属制永久磁铁及经磁化可成永久磁铁之货品	2.5
215	85051900	其他材料制永久磁铁及经磁化可成永久磁铁之货品	1.7
216	85061021	二氧化锰干电池（中性），外体积未超过300毫升者	7.5
217	85061090	其他二氧化锰原电池及原电池组	2.5
218	85078000	其他蓄电池	2.5
219	85129010	脚踏车用照明或视觉信号设备之零件	5.0
220	85181090	其他有线微音器及其座	7.5

续表

序号	2009年税则号列	产品名称（简称）	2009年进口税率（%）
221	85184090	其他声频扩大器	10.0
222	85189090	其他第8518节所属货品之零件	1.0
223	85258010	电视摄影机	5.0
224	85285910	其他彩色非阴极射线管监视器	10.0
225	85361000	熔丝装置，电压未超过1000伏特者	6.0
226	85371010	专供配合机器使用之电子控制设备（包括数值、程序、计算机及其他类似控制设备），电压未超过1000伏特者	1.0
227	85392100	卤素钨丝灯泡	5.0
228	85393920	冷阴极灯管	1.0
229	85393990	其他放电式灯泡	5.0
230	85399000	第8539节所属货品之零件	1.7
231	87120010	二轮脚踏车	6.0
232	87120090	其他脚踏车	5.0
233	87149120	其他车架及叉及其零件	5.0
234	87149200	轮圈及轮幅	5.0
235	87149310	轮毂，但倒煞车轮毂及轮毂煞车除外	5.0
236	87149320	飞轮之链轮	5.0
237	87149410	钢线煞车器及其零件	5.0
238	87149420	倒煞车轮毂及其零件	5.0
239	87149490	其他煞车器及其零件	5.0
240	87149500	脚踏车车座	5.0
241	87149610	踏板及其零件	5.0
242	87149620	曲柄齿轮及其零件	5.0
243	87149910	边车零件	5.0
244	87149920	车辆用反光片、带	5.0

续表

序号	2009 年税则号列	产品名称（简称）	2009 年进口税率（%）
245	87149990	其他第 8711 至 8713 节所属车辆之零件及附件	5.0
246	87150000	婴儿用车及其零件	5.0
247	90015000	其他材料制眼镜用透镜	3.0
248	90019090	其他未装配光学组件	5.0
249	90021100	物镜，供照相机、投影机或照相放大器或缩影器用者	5.0
250	90021900	其他物镜	3.4
251	90029032	电视或电影摄影机或放映机用附加镜头	3.4
252	90029090	其他已装配光学组件	5.0
253	90292090	其他第 902920 目所属之货品	7.5
254	90330090	其他本章未列名之机器、用具、仪器或器具之零件及附件	1.7
255	91021100	手表，电动者，仅有机械显时装置者，已列入第 9101 节者除外	5.0
256	94051000	枝形吊灯及其他天花板或墙壁之电照明配件，不包括公共露天场所或街道照明用者	3.4
257	94059900	第 9405 节所属货品之其他材料制零件	3.4
258	95063900	其他高尔夫球设备	5.0
259	95066990	其他球	3.3
260	95069100	一般体能运动、体操或竞技比赛用物品及设备	3.0
261	95089000	其他游乐场回转台、秋千台、射击场及其他游乐场之娱乐设备；巡回剧团	5.0
262	96032100	牙刷，包括假牙床用刷	5.0
263	96039090	其他帚、刷，手操作之机械式地板刷，无动力拖把及羽毛掸帚；T 型擦干器（滚筒擦干器除外）	3.3
264	96072000	拉链之零件	2.5

续表

序号	2009年税则号列	产品名称（简称）	2009年进口税率（%）
265	96081000	原子笔	3.4
266	96091000	铅笔及蜡笔，其笔芯装于硬质护层内者	3.4
267	96170000	具有外壳之保温瓶及其他真空保温器皿；上述物品之零件，不包括玻璃制瓶胆	5.0

注：表中产品名称为简称，具体产品范围按台湾2009年税则相应税则号列的规定执行。

台湾方面早期收获产品降税安排

	2009年进口税率（X%）	协议税率		
		早期收获计划实施第1年	早期收获计划实施第2年	早期收获计划实施第3年
1	0 < X≤2.5	0		
2	2.5 < X≤7.5	2.5	0	
3	X > 7.5	5	2.5	0

注：

1. 2009年进口税率指台湾2009年对其他所有世界贸易组织会员普遍适用的非临时性进口关税税率。

2. 《海峡两岸经济合作框架协议》如在上半年生效，早期收获计划的实施时间为当年的7月1日；如在下半年生效，早期收获计划的实施时间为次年的1月1日。

3. 早期收获计划产品的协议税率在该计划实施后不超过2年的时间内最多分3次降为零，第1年开始降税时间为早期收获计划实施时，第2年、第3年的降税时间为当年的1月1日。

附件二

适用于货物贸易早期收获产品的临时原产地规则

第一条 定义

就本规则而言：

海关估价协定是指作为《马拉喀什建立世界贸易组织协定》组成部分的《关于实施1994年关税与贸易总协定第七条的协定》。

可互换材料是指在商业上可互换的材料，其性质实质相同，仅凭目视无法加以区分。

公认的会计原则是指一方有关记录收入、支出、成本、资产及负债、信息披露以及编制财务报表方面公认的实质上具有权威性的会计准则。上述准则包括普遍适用的概括性指引、详细的标准、惯例及程序。

材料是指构成另一货物的一部分或用于生产另一货物的货物，包括组成成分、零件、部件、组件及半组装件。

中性成分是指在另一货物的生产、测试或检验过程中使用，但本身不构成该货物组成成分的货物。

非原产材料是指除依据本规则规定具备原产资格的材料以外的其他材料。

原产材料或原产货物是指依据本规则规定具备原产资格的材料或货物。

生产是指获得货物的方法，包括但不限于种植、饲养、开采、收获、捕捞、耕种、诱捕、狩猎、捕获、采集、收集、养殖、提取、制造、加工或装配。

协调制度是指世界海关组织编制的《商品名称及编码协调制度》。

品目是指协调制度使用的四位数编码。

子目是指协调制度使用的六位数编码。

第二条 原产货物

除本规则另有规定外，符合下列情况之一的货物应认定为原产于一方：

（一）该货物是依据本规则第三条的规定，在一方完全获得；

（二）该货物完全是在一方或双方，仅由原产材料生产；

（三）该货物是在一方或双方使用非原产材料生产，符合第四条产品特定规则。

第三条 完全获得货物

依据本规则第二条（一）的规定，下列货物应认定为在一方完全获得：

（一）在一方出生并饲养的活动物；

（二）在一方从上述（一）所述活动物中获得的产品；

（三）在一方收获、采摘或采集的植物或植物产品；

（四）在一方狩猎、诱捕、捕捞、耕种、采集或捕获获得的货物；

（五）在一方采掘的矿物；

（六）一方在相关的水域、海床或底土获得的产品；

（七）在一方注册的加工船上，完全用上述（六）所述货物加工、制造的货物；

（八）在一方加工过程中产生且仅用于原材料回收的废碎料，或在一方消费后所收集且仅用于原材料回收的废品；

（九）在一方完全从上述（一）至（八）所述货物获得的货物。

第四条 产品特定原产地规则

除本规则另有规定外，在一方或双方使用非原产材料生产的货物，应依据本规则附件规定的税则归类改变、区域价值成分、加工工序标准或其他标准确定其原产资格。

上述附件由双方原产地规则磋商小组另行商定后实施。

第五条 税则归类改变

在适用本规则第四条所称的税则归类改变标准时，货物生产过程中所使用的非原产材料，在一方或双方经过生产后，均须发生本规则附件所规定的税则归类改变。

第六条 区域价值成分

一、在适用本规则第四条所规定的区域价值成分（RVC）标准时，其区域价值成分应依据下列公式计算：

$$RVC = \frac{FOB - VNM}{FOB} \times 100\%$$

上述 VNM 是指非原产材料的价格。该价格应以到岸价格（CIF）为基础进行确定。

二、本规则所述的离岸价格（FOB）和到岸价格（CIF）应依据《海关估价协定》及公认会计原则进行核定。

第七条 加工工序

在适用本规则第四条所规定的加工工序标准时，货物只有在一方或双方经过本规则附件所规定的加工工序后，方能赋予原产资格。

第八条 累积规则

一方的原产材料在另一方构成另一货物的组成部分时，该材料应视为原产于该另一方。

第九条 微小加工

一、本条所称“简单”是指既不需要专业技能，也不需要专用的机器、仪器或设备即可进行加工或处理。

二、对货物的本质特性影响轻微的简单加工或处理，无论是单独或合并，均应认定为微小加工，不得赋予原产资格。其中包括但不限于：

（一）为确保货物在运输或储藏期间处于良好状态而进行的处理，例如通风、干燥、冷藏、冷冻、上油、涂抹防锈漆、包覆保护层、加盐或水溶液；

（二）为便利托运而对货物进行的拆解、组装；

（三）以销售或展示为目的的包装、拆包或重新包装等处理；

（四）动物屠宰、冷冻、分割、切片；

（五）过滤、筛选、挑选、分类、分级、匹配（包括成套物品的组合）、纵切、弯曲、卷绕、展开等作业；

（六）洗涤、清洁、除尘、去除氧化物、除油、去漆以及去除其他涂层；

（七）简单的上漆、磨光、削尖、研磨、切割、装配或拆卸等作业；

（八）装瓶、装罐、装袋、装箱、装盒、固定于纸板或木板及其他类似的包装工序；

（九）在产品或其包装上粘贴或印刷标志、标签、标识及其他类似的区别标记；

（十）稀释、溶解或简单混合，未实质改变货物本质的；

（十一）除稻米以外的谷物的去壳、部分或完全的漂白、抛光及上光；

（十二）食糖上色或形成糖块的操作；

（十三）纺织品的熨烫或压平；

（十四）水果、坚果及蔬菜的去皮、去核或去壳。

第十条 微小含量

货物不符合本规则附件规定的税则归类改变标准，但同时符合下列条件的，仍应视为原产货物：

一、对于不符合税则归类改变的非原产材料，其依据第六条规定核定的价值不超过该货物离岸价格的百分之十；

二、该货物符合其所适用的本规则所有其他规定。

第十一条 可互换材料

一、在确定货物是否为原产货物时，任何可互换材料应据实加以区分；或依据出口方公认会计原则承认的库存管理方法择一办理。

二、上述经择定的库存管理方法，应在其整个会计年度内，连续使用该方法对上述货物或材料进行管理。

第十二条 中性成分

在确定货物是否为原产货物时，下列中性成分的原产地应不予考虑：

（一）燃料、能源、催化剂及溶剂；

（二）用于测试或检验货物的设备、装置及相关用品；

（三）手套、眼镜、鞋靴、衣服、安全设备及用品；

（四）工具及模具；

（五）用于维护设备和建筑的备用零件及材料；

（六）在货物生产过程中使用，虽未构成该货物组成成分，但能合理表明为该货物生产过程一部分的其他货物。

第十三条 成套货品

协调制度归类总规则三规定的成套货品，如果各组成货品均原产于一方，则该成套货品应认定为原产于该方；若部分组成货品非原产于一方，依第六条规定所确定的非原产材料价格不超过该成套货品离岸价格的百分之十，该成套货品仍应认定为原产于该方。

第十四条 包装材料及容器

一、对于应适用本规则附件所列税则归类改变标准的货物，如果零售用包装材料及容器与该货物归在同一税号，则在确定该货物的原产地时，零售用包装材料及容器应不予考虑。但对于必须符合区域价值成分标准的货物，在确定该货物原产地时，零售用包装材料及容器的价值应视实际情况认定为原产材料或非原产材料后予以核计。

二、在确定货物原产地时，用于货物运输的包装材料及容器应不予考虑。

第十五条 配件、备用零件及工具

一、对于本规则附件规定的原产地所需税则归类改变标准，在货物进口时，货物的配件、备用零件、工具、说明书及信息资料等，与该货物一并报关，并与该货物归入同一税号，且不单独开具发票，则在确定该货物原产地时，上述配件、备用零件、工具、说明书及信息资料等应不予考虑。

二、对于必须符合区域价值成分标准的货物，如果配件、备用零件、工具、说明书及信息资料等，与该货物一并报关，且不单独开具发票，则在计算该货物的区域价值成分时，上述配件、备用零件、工具、说明书及信息资料的价值应视实际情况认定为原产材料或非原产材料后予以核计。

三、上述配件、备用零件、工具、说明书及信息资料的数量和价值，应符合该货物的惯例。

第十六条 直接运输

一、申请适用优惠关税待遇的一方原产货物，应在双方之间直接运输。

二、货物运经双方以外的一个或多个第三方，不论是否在第三方转换运输工具或临时储存，若同时符合下列条件，仍应视为在双方之间直接运输：

（一）基于地理原因或运输需要；

（二）货物在该第三方未发生贸易、商业或消费的情况；

（三）除装卸、重新包装或使货物保持良好状态所需的处理外，货物在该第三方未经任何其他处理。

三、在本条第二款规定情形下，货物在第三方临时储存的停留时间，自运抵该方之日起不得超过六十天，并且货物在停留期间必须处于该第三方海关监管之下。

四、对于本条第二款所述货物，在货物申报进口时，应提交中转方海关出具的证明文件以及进口方海关认可的其他证明文件。

第十七条 原产地相关操作程序

执行本规则所需的操作程序由双方原产地规则磋商小组另行商定后实施。

附件三

适用于货物贸易早期收获产品的双方保障措施

一、进口方因履行早期收获计划，导致从另一方进口特定产品的数量绝对增加或与其产量相比相对增加，且此种情况已对其生产同类或直接竞争产品的产业造成严重损害或严重损害威胁，进口方可要求与另一方进行磋商，以寻求双方满意的解决方案。

根据上述规定，经调查，如一方决定采取双方保障措施，可将所涉产品适用的关税税率提高至采取双方保障措施时实施的普遍适用于世界贸易组织成员的非临时性进口关税税率。

二、双方保障措施的实施期限应尽可能缩短，并以消除或防止进口方产业受到损害的范围为限，最长不超过一年。

三、当一方终止针对某一产品实施的双方保障措施时，该产品的关税税率应根据《海峡两岸经济合作框架协议》附件一所规定的降税模式，按照该措施终止时的关税税率执行。

四、实施双方保障措施时，对于本附件中未规定的规则，双方应对相关条款作必要修改后适用世界贸易组织《保障措施协定》，但世界贸易组织《保障措施协定》第五条所列的数量限制措施及第九条、第十三条、第十四条不适用。

五、本附件适用世界贸易组织《保障措施协定》条款时所称的“货物贸易理事会”或“保障措施委员会”均指《海峡两岸经济合作框架协议》所称的“两岸经济合作委员会”。

六、一方不得对另一方同一产品同时实施以下措施：

（一）双方保障措施；

（二）《1994 年关税与贸易总协定》第十九条及世界贸易组织《保障措施协定》规定的措施。

附件四

服务贸易早期收获部门及开放措施①

大陆方面非金融服务部门的开放承诺

服务提供模式：（1）跨境交付　　（2）境外消费　　（3）商业存在

部门或分部门	市场开放承诺	其他承诺
1. 商业服务		
A. 专业服务 b. 会计、审计和簿记服务（CPC862）	（1）没有限制 （2）没有限制 （3）除在加入世界贸易组织时承诺的内容外，不作承诺。	允许台湾会计师事务所在大陆临时开展审计业务时申请的《临时执行审计业务许可证》的有效期为1年。
B. 计算机及其相关服务 b. 软件实施服务（CPC842）	（1）没有限制 （2）没有限制 （3）在加入世界贸易组织时承诺的基础上，允许台湾服务提供者在大陆设立独资企业，提供软件实施服务。	
c. 数据处理服务（CPC843，不包括CPC8439）	（1）没有限制 （2）没有限制 （3）在加入世界贸易组织时承诺的基础上，允许台湾服务提供者在大陆设立独资企业，提供数据处理服务。	
C. 研究和开发服务 自然科学和工程学的研究和实验开发服务（CPC8510）	（1）没有限制 （2）没有限制 （3）允许台湾服务提供者在大陆设立合资、合作或独资企业，提供自然科学和工程学的研究和实验开发服务。	

① 部门分类使用世界贸易组织《服务贸易总协定》服务部门分类（GNS/W/120），部门的内容参考相应的联合国临时中央产品分类（CPC，United Nations Provisional Central Product Classification，ST/ESA/STAT/SER. M/77）。

续表

服务提供模式：(1) 跨境交付　(2) 境外消费　(3) 商业存在

部门或分部门	市场开放承诺	其他承诺
F. 其他商业服务 s. 会议服务（CPC87909）	(1) 没有限制 (2) 没有限制 (3) 在加入世界贸易组织时承诺的基础上，允许台湾服务提供者在大陆设立独资企业，提供会议服务。	
F. 其他商业服务 －专业设计服务（CPC87907）	(1) 没有限制 (2) 没有限制 (3) 允许台湾服务提供者在大陆设立合资、合作或独资企业，提供专业设计服务。	
2. 通讯服务		
D. 视听服务－录像的分销服务，包括娱乐软件及（CPC83202） －录音制品分销服务	(1) 没有限制 (2) 没有限制 (3) 除在加入世界贸易组织时承诺的内容外，不作承诺。	根据台湾有关规定设立或建立的制片单位所拍摄的、拥有50%以上的电影片著作权的华语电影片经大陆主管部门审查通过后，不受进口配额限制在大陆发行放映。该电影片主要工作人员组别[①]中台湾居民应占该组别整体员工数目的50%以上。
8. 与健康相关的服务和社会服务（除专业服务中所列以外）		
A. 医院服务（CPC9311）	(1) 不作承诺 (2) 不作承诺 (3) 允许台湾服务提供者在大陆设立合资、合作医院；允许台湾服务提供者在上海市、江苏省、福建省、广东省、海南省设立独资医院。[②]	

续表

服务提供模式：(1) 跨境交付　(2) 境外消费　(3) 商业存在

部门或分部门	市场开放承诺	其他承诺
11. 运输服务		
C. 航空运输服务 d. 飞机的维修和保养服务③ (CPC8868)	(1) 不作承诺④ (2) 没有限制 (3) 在加入世界贸易组织时承诺的基础上，允许台湾服务提供者以独资或合资形式投资大陆航空器维修领域，台湾服务提供者必须为法人或多个台湾服务提供者共同投资时其主要投资者必须为法人。	

① 主要工作人员组别包括导演、编剧、男主角、女主角、男配角、女配角、监制、摄影师、剪接师、美术指导、服装设计、动作/武术指导、以及原创音乐。

② 应符合大陆关于外商投资设立合资、合作或独资医院的有关规定。

③ 适用世界贸易组织《服务贸易总协定〈关于空运服务的附件〉》的定义。

④ 由于缺乏技术可行性，因此不作承诺。

大陆方面金融服务部门的开放承诺

部　门　名　称	具　体　承　诺
保险及其相关服务	允许台湾保险公司经过整合或战略合并组成的集团，参照外资保险公司市场准入条件（集团总资产 50 亿美元以上，其中任何一家台湾保险公司的经营历史在 30 年以上，且其中任何一家台湾保险公司在大陆设立代表处 2 年以上）申请进入大陆市场。
银行及其他金融服务（不包括证券期货和保险）	1. 台湾的银行比照大陆《外资银行管理条例》的有关规定，在大陆申请设立独资银行或分行（非独资银行下属分行），提出申请前应在大陆已经设立代表处 1 年以上。 2. 台湾的银行在大陆的营业性机构申请经营人民币业务，应具备下列条件：提出申请前在大陆开业 2 年以上且提出申请前 1 年盈利。

续表

部门名称	具体承诺
银行及其他金融服务（不包括证券期货和保险）	3. 台湾的银行在大陆的营业性机构具备下列条件可申请经营在大陆的台资企业人民币业务：提出申请前在大陆开业1年以上且提出申请前1年盈利。 4. 台湾的银行在大陆设立的营业性机构可建立小企业金融服务专营机构。具体要求参照大陆相关规定执行。 5. 为台湾的银行申请在大陆中西部、东北部地区开设分行（非独资银行下属分行）设立绿色通道。 6. 主管部门审查台湾的银行在大陆分行的有关盈利性资格时，采取多家分行整体考核的方式。
证券、期货及其相关服务	1. 对符合条件的台资金融机构在大陆申请合格境外机构投资者资格给予适当便利。 2. 尽快将台湾证券交易所、期货交易所列入大陆允许合格境内机构投资者投资金融衍生产品的交易所名单。 3. 简化台湾证券从业人员在大陆申请从业人员资格和取得执业资格的相关程序。

台湾方面非金融服务业的开放承诺①

服务提供模式：（1）跨境提供服务　（2）境外消费　（3）商业据点呈现

行业或次行业别	市场开放承诺	其他承诺
一、商业服务业		
C. 研究与发展服务业（CPC851、852、853）	（1）没有限制。 （2）没有限制。 （3）允许大陆服务提供者在台湾以独资、合资、合伙及设立分公司等形式设立商业据点，提供研究与发展服务。	

① 行业分类使用世界贸易组织《服务贸易总协定》服务行业分类（GNS/W/120），行业的内容参照联合国中央产品分类暂行版（CPC, United Nations Provisional Central Product Classification, ST/ESA/STAT/SER. M/77）。

续表

服务提供模式：（1）跨境提供服务　（2）境外消费　（3）商业据点呈现

行业或次行业别	市场开放承诺	其他承诺
F. 其他商业服务业（s）会议服务业（CPC87909*） －*指为会议或类似事件提供计划、组织、管理及行销等营业性活动（包括外烩及饮料服务）	（1）没有限制。 （2）没有限制。 （3）允许大陆服务提供者在台湾以独资、合资、合伙及设立分公司等形式设立商业据点，提供会议服务。	
F. 其他商业服务业（s）展览服务业（CPC87909） －限合办之专业展览		允许大陆企业、事业单位、与会展相关之社团或基金会等来台从事与台湾会展产业之企业或公会、商会、协会等团体合办之专业展览，惟须符合相关规定。
F. 其他商业服务业（t）其他 v. 特制品设计服务业（CPC87907） －凡从事室内设计以外专门设计服务之行业均属之，如服装、珠宝、家具等商品及其他个人或家庭物品之设计、视觉传达（平面）设计及包装设计等服务	（1）没有限制。 （2）没有限制。 （3）允许大陆服务提供者在台湾以独资、合资、合伙及设立分公司等形式设立商业据点，提供特制品设计服务。	

续表

服务提供模式：（1）跨境提供服务　（2）境外消费　（3）商业据点呈现

行业或次行业别	市场开放承诺	其他承诺
二、通讯服务业		
D. 视听服务业（b）电影放映服务业 －华语电影片和合拍电影片		根据大陆有关规定设立的制片单位所拍摄、符合台湾相关规定所定义之大陆电影片，经台湾主管机关审查通过后，每年以10部为限，可在台湾商业发行映演，并应符合大陆电影片进入台湾发行映演相关规定。
四、配销服务业		
A. 经纪商服务业（活动物除外）（CPC 621） －凡以按次计费或依合约计酬方式，从事有形商品买卖居间说合而收取佣金之行业均属之。经由网际网路从事商品经纪亦归入本类	（1）没有限制。 （2）没有限制。 （3）允许大陆服务提供者在台湾以独资、合资、合伙及设立分公司等形式设立商业据点，提供经纪商服务。	
十、娱乐、文化及运动服务业（视听服务业除外）		
D. 运动及其他娱乐服务业（CPC96411、96412、96419）	（1）没有限制。 （2）没有限制。 （3）允许大陆服务提供者在台湾以独资、合资、合伙及设立分公司等形式设立商业据点，提供运动休闲服务。	

续表

服务提供模式：(1) 跨境提供服务　(2) 境外消费　(3) 商业据点呈现

行业或次行业别	市场开放承诺	其他承诺
十一、空运服务业		
(c) 电脑订位系统[①]	(1) 没有限制。 (2) 没有限制。 (3) 允许大陆服务提供者在台湾以独资、合资、合伙及设立分公司等形式设立商业据点，提供电脑订位系统服务。	

① 适用世界贸易组织《服务贸易总协定〈空运服务业附则〉》的定义。

台湾方面金融服务业的开放承诺

行业别名称	具体承诺
银行及其他金融服务（不包括证券期货和保险）	大陆的银行经许可在台湾设立代表人办事处且满1年，可申请在台湾设立分行。

附件五

适用于服务贸易早期收获部门及开放措施的服务提供者定义

双方同意，就《海峡两岸经济合作框架协议》附件四（以下简称附件四）所列并超出各自在世界贸易组织承诺的服务部门及开放措施制定适用的服务提供者定义①如下：

一、适用于服务贸易早期收获部门及开放措施的服务提供者，指为另一方提供服务的一方自然人或一方法人。②

（一）“一方自然人”指持有两岸任一方身份证明文件的自然人；

（二）“一方法人”指根据两岸任一方相关规定在该方设立的实体，包括任何公司、信托、合伙企业、合资企业、独资企业或协会（商会）。

二、一方法人服务提供者应同时具备下列条件：

（一）在该方提供服务的性质和范围，应包含其拟在另一方提供服务的性质和范围；③

（二）在该方从事实质性商业经营，应符合下列规定：

1. 在该方从事与拟在另一方提供服务的性质和范围相同的商业经营持续三年以上④。其中：

从事银行及其他金融服务（不包括证券期货和保险）的一方银行机构，应在该方获得银行业监督管理机构营业许可并注册或登记设立且从事商业经营持续五年以上；

从事证券期货及其相关服务的一方证券期货公司，应在该方获得证券期货监督管理机构营业许可并注册或登记设立且从事商业经营持续五年以上；

从事保险及其相关服务的一方保险公司，应在该方获得保险业监督管理机构营业许可并注册或登记设立且从事商业经营持续五年以上；

2. 在该方缴纳所得税；

3. 在该方拥有或租用经营场所。

---

① 仅适用于以商业存在模式提供服务的服务提供者。

② 不包括在一方登记的分公司、办事处、联络处和其他非法人机构。

③ 就台湾方面医疗服务提供者而言，包括：（1）法人医疗机构；（2）医疗机构的设置人；（3）医疗机构设置的特定目的公司。

④ 就台湾方面医疗服务提供者而言，注3规定的医疗机构应符合此项规定。

三、一方服务提供者为享有附件四所列并超出在世界贸易组织承诺的优惠待遇，应按下列规定向该方业务主管部门或其委托机构提供文件、资料，申请“服务提供者证明书”：

（一）一方自然人服务提供者应提供身份证明文件，及业务主管部门或其委托机构认为需要提供的其他文件、资料；

（二）一方法人服务提供者应提供：

1. 注册登记证明副本；

2. 最近三年或五年的完税证明副本；

3. 最近三年或五年经审计的财务报表；

4. 拥有或租用经营场所的证明文件或其副本；

5. 其他证明提供服务性质和范围的文件或其副本；

6. 业务主管部门或其委托机构认为需要提供的其他文件、资料。

四、一方服务提供者按本附件第三条规定提供相关文件、资料，业务主管部门或其委托机构认为符合本附件规定，向其核发服务提供者证明书。

五、一方服务提供者申请在另一方提供附件四所列并超出在世界贸易组织承诺的服务时，应向另一方的相关业务主管部门提交有效的服务提供者证明书，及申请所涉服务部门规定的文件、资料。

六、已在另一方提供服务的一方服务提供者可按照本附件的相关规定申请取得服务提供者证明书，以享有附件四所列并超出在世界贸易组织承诺的优惠待遇。

海峡两岸知识产权保护合作协议*

为保障海峡两岸人民权益，促进两岸经济、科技与文化发展，海峡两岸关系协会与财团法人海峡交流基金会就两岸知识产权（智慧财产权）保护合作事宜，经平等协商，达成协议如下：

一、合作目标

双方同意本着平等互惠原则，加强专利、商标、著作权及植物新品种权（植物品种权）（以下简称品种权）等两岸知识产权（智慧财产权）保护方面的交流与合作，协商解决相关问题，提升两岸知识产权（智慧财产权）的创新、应用、管理及保护。

二、优先权利

双方同意依各自规定，确认对方专利、商标及品种权第一次申请日的效力，并积极推动作出相应安排，保障两岸人民的优先权权益。

三、保护品种

双方同意在各自公告的植物品种保护名录（植物种类）范围内受理对方品种权的申请，并就扩大植物品种保护名录（可申请品种权之植物种类）进行协商。

四、审查合作

双方同意推动相互利用专利检索与审查结果、品种权审查和测试等合作及协商。

---

* 2010年6月29日于重庆签署。

五、业界合作

双方同意促进两岸专利、商标等业界合作，提供有效、便捷服务。

六、认证服务

双方同意为促进两岸著作权贸易，建立著作权认证合作机制，于一方音像（影音）制品于他方出版时，得由一方指定之相关协会或团体办理著作权认证，并就建立图书、软件（电脑程式）等其他作品、制品认证制度交换意见。

七、协处机制

双方同意建立执法协处机制，依各自规定妥善处理下列知识产权（智慧财产权）保护事宜：

（一）打击盗版及仿冒，特别是查处经由网络（网路）提供或帮助提供盗版图书、音像（影音）及软件（电脑程式）等侵权网站，以及在市场流通的盗版及仿冒品；

（二）保护驰名（著名）商标、地理标志或著名产地名称，共同防止恶意抢注行为，并保障权利人行使申请撤销被抢注驰名（著名）商标、地理标志或著名产地名称的权利；

（三）强化水果及其他农产品虚伪产地标识（示）之市场监管及查处措施；

（四）其他知识产权（智慧财产权）保护事宜。

在处理上述权益保护事宜时，双方可相互提供必要的资讯，并通报处理结果。

八、业务交流

双方同意开展知识产权（智慧财产权）业务交流与合作事项如下：

（一）推动业务主管部门人员进行工作会晤、考察参访、经验和技术交流、举办研讨会等，开展相关业务培训；

（二）交换制度规范、数据文献资料（资料库）及其他相关资讯；

（三）推动相关文件电子交换合作；

（四）促进著作权集体管理组织交流与合作；

（五）加强对相关企业、代理人及公众的宣导；

（六）双方同意之其他合作事项。

九、工作规划

双方同意分别设置专利、商标、著作权及品种权等工作组，负责商定具体工作规划及方案。

十、保密义务

双方同意对于在执行本协议相关活动中所获资讯予以保密。但依请求目的使用者，不在此限。

十一、限制用途

双方同意仅依请求目的使用对方提供之资料。但双方另有约定者，不在此限。

十二、文书格式

双方同意交换、通报、查询资讯及日常业务联系等，使用商定的文书格式。

十三、联系主体

本协议议定事项，由双方业务主管部门指定的联络人相互联系实施。必要时，经双方同意得指定其他单位进行联系。

本协议其他相关事宜，由海峡两岸关系协会与财团法人海峡交流基金会联系。

十四、协议履行与变更

双方应遵守协议。

本协议变更，应经双方协商同意，并以书面形式确认。

十五、争议解决

因适用本协议所生争议，双方应尽速协商解决。

十六、未尽事宜

本协议如有未尽事宜，双方得以适当方式另行商定。

十七、签署生效

本协议签署后，双方应各自完成相关程序并以书面通知对方。本协议自双方均收到对方通知后次日起生效。

本协议于六月二十九日签署，一式四份，双方各执两份。

海峡两岸关系协会	财团法人海峡交流基金会
会长　陈云林	董事长　江丙坤

海峡两岸医药卫生合作协议*

本于维护人的健康价值，保障海峡两岸人民健康权益，促进两岸医药卫生合作与发展，海峡两岸关系协会与财团法人海峡交流基金会就两岸医药卫生合作事宜，经平等协商，达成协议如下：

第一章　总　　则

一、合作领域

双方同意本着平等互惠原则，在下列领域进行交流合作：

（一）传染病防治；

（二）医药品安全管理及研发；

（三）中医药研究与交流及中药材安全管理；

（四）紧急救治；

（五）双方同意的其他领域。

二、合作方式

双方同意以下列方式进行医药卫生业务交流与合作：

（一）推动业务主管部门人员定期工作会晤、考察参访、技术交流及举办研讨会等；

（二）交换、通报、查询及公布相关业务资讯、制度规范及实际运作措施；

（三）双方同意的其他合作方式。

三、联系主体

本协议议定事项，由双方相关业务主管部门指定的联络人相互联系实施。

* 2010 年 12 月 21 日于台北签署。

必要时，经双方同意得指定其他单位进行联系。

本协议其他相关事宜，由海峡两岸关系协会与财团法人海峡交流基金会联系。

四、工作规划

双方同意分别设置下列工作组，负责商定具体工作规划、方案：

（一）传染病防治工作组；

（二）医药品安全管理及研发工作组；

（三）中医药研究与交流及中药材安全管理工作组；

（四）紧急救治工作组；

（五）检验检疫工作组；

（六）双方商定设置的其他工作组。

各工作组应于本协议生效后三个月内召开会议，商讨资讯交换和通报项目、内容、格式、频率及联系窗口等相关事宜。

必要时，各工作组得商定变更相关事宜，并得另设工作分组。

第二章　传染病防治

五、合作范围

双方同意就可能影响两岸人民健康之传染病的检疫与防疫、资讯交换与通报、重大传染病疫情处置、疫苗研发及其他事项，进行交流与合作。

传染病范围、类别依双方各自规定及商定办理。

六、检疫与防疫措施

双方同意依循公认检疫防疫准则所规范的核心能力，加强合作，采取必要检疫及防疫措施，避免或减少传染病传播至对方。

双方同意对在己方发现对方的疑似或确诊传染病病人，进行适当处置或协助返回原居住地治疗。

七、传染病疫情资讯交换与通报

双方同意平时应以书面方式定期互相交换传染病疫情及卫生检疫等资讯。

双方同意尽速通报可能或已构成重大突发公共卫生事件的传染病疫情，并持续沟通及通报相关资讯。如接获对方查询时，应尽速给予回应与协助。

重大疫情通报的内容，包括病例定义、实验室检验数据、疫情来源、病例数、死亡数及采取的防治措施等。必要时，双方得商定变更通报内容。

如有对方人民在发生重大疫情方受感染的资讯，该方应通报对方。

八、重大疫情处置

发生重大疫情方，应即时采取有效监测及处置措施；必要时，得请求对方积极提供协助。

发生重大疫情方，于对方请求时，应提供疫情调查情况，并积极考量协助对方实地了解疫情。

九、共同关切的传染病防治交流与合作

双方同意就共同关切的传染病防治策略、检疫标准、处置措施及其实务演练、检验技术与实验室标本以及疫苗研发等，进行交流与合作。

第三章　医药品安全管理及研发

十、合作范围

本协议所称医药品，指药品、医疗器材、保健食品（健康食品）及化妆品，不包括中药材。

双方同意就两岸医药品的非临床检测、临床试验、上市前审查、生产管理、上市后管理等制度规范，及技术标准、检验技术与其他相关事项，进行交流与合作。

十一、品质与安全管理

双方同意就下列两岸医药品事项，建立合作机制：

（一）非临床试验管理规范（GLP）、临床试验管理规范（GCP）及生产管理规范（GMP）的检查；

（二）不良反应及不良事件通报、处置与追踪；

（三）伪、劣、禁及违规医药品的稽查，并交换资讯及追溯其来源。

十二、协处机制

双方同意建立两岸重大医药品安全事件协处机制，采取下列措施妥善处理：

（一）紧急磋商，交换相关资讯；

（二）采取控制措施，防止事态蔓延；

（三）提供实地了解便利；

（四）核实发布资讯，并相互通报；

（五）提供事件原因分析，及时通报调查及处理结果；

（六）督促应负责的厂商及其负责人妥善处理纠纷，并就受损害厂商及消费者权益的保障，给予积极协助。

十三、标准规范协调

双方同意在医药品安全管理公认标准（ICH、GHTF 等）的原则下，加强合作，积极推动双方技术标准及规范的协调性，以提升医药品的安全、有效性。

在上述基础上，进行医药品检验、审批（查验登记）及生产管理规范检查合作，探讨逐步采用对方执行的结果。

十四、临床试验合作

双方同意就彼此临床试验的相关制度规范、执行机构及执行团队的管理、受试者权益保障和临床试验计划及试验结果审核机制等，进行交流与合作。

在符合临床试验管理规范（GCP）标准下，以减少重复试验为目标，优先以试点及专案方式，积极推动两岸临床试验及医药品研发合作，并在此基础上，探讨逐步接受双方执行的结果。

第四章　中医药研究与交流及中药材安全管理

十五、合作范围

双方同意就中药材品质安全保障措施、中医药诊疗方法研究、中医药学术研究及其他相关事项，进行交流与合作。

十六、品质安全

双方同意进行下列合作：

（一）中药材品质安全标准及检验方法的交流合作；

（二）相互协助中药材检验证明文件查核及确认。

十七、输出检验措施

双方同意采取措施，保障输往对方的中药材符合品质安全要求：

（一）输入方应及时通知输出方最新制度规范、检验标准、检测方法及限量要求，并由输出方转知相关机构及企业，要求企业对输往对方的中药材，依输入方要求取得检验证明文件，保证品质和安全；

（二）输出方应对申报输出的中药材实施检验，并对输入方多次通报的品质安全不合格项目，根据需要实施密集输出检验。

十八、通报及协处机制

双方同意建立两岸中药材重大的安全事件、不良反应及品质安全问题通报及协处机制，并依第十二条所定措施妥善处理。

十九、中医药研究与交流

双方同意共同商定中医药研究与交流优先合作项目，建立交流平台，积极举办交流活动，促进中医药发展。

第五章　紧急救治

二十、合作范围

双方同意就两岸重大意外事件所致伤病者的紧急救治措施、资讯交换及伤病者转送等事项，进行交流与合作。

二十一、紧急救治措施

双方同意对在己方因重大意外事件所致伤病的对方人民，提供紧急救治，协助安排收治医院，并采取其他适当医疗措施。

二十二、紧急救治资讯交换

双方同意重大意外事件发生方，应尽速提供对方伤病者名册、伤病情形、收治医院和联系方式，以及其他相关资讯。

二十三、紧急伤病者转送协助

双方同意重大意外事件发生方，于对方请求时，应积极协助办理伤病者转送事宜。

第六章　附　　则

二十四、保密义务

双方同意对于执行本协议相关活动所获个人资料、营业秘密及其他资讯予以保密。但依请求目的使用者，不在此限。

二十五、限制用途

双方同意仅依请求目的使用对方提供的资料。但双方另有规定者，不在此限。

二十六、文书格式

双方同意资讯交换、通报、查询及业务联系等，使用商定的文书格式。

二十七、协议履行与变更

双方应遵守协议。

本协议变更，应经双方协商同意，并以书面形式确认。

二十八、争议解决

因适用本协议所生争议，双方应尽速协商解决。除另有约定外，协商应于请求提出后十五个工作日内举行。

二十九、未尽事宜

本协议如有未尽事宜，双方得以适当方式另行商定。

三十、签署生效

本协议签署后，双方应各自完成相关程序并以书面通知对方。本协议自双方均收到对方通知后次日起生效。

本协议于十二月二十一日签署，一式四份，双方各执两份。

海峡两岸关系协会	财团法人海峡交流基金会
会长　陈云林	董事长　江丙坤